Die Genehmigungsentscheidung
nach dem Kriegswaffenkontrollgesetz

Europäische Hochschulschriften
Publications Universitaires Européennes
European University Studies

Reihe II
Rechtswissenschaft

Série II Series II
Droit
Law

Bd./Vol. 2584

PETER LANG
Frankfurt am Main · Berlin · Bern · New York · Paris · Wien

Hubertus von Poser
und Groß Naedlitz

Die Genehmigungsentscheidung nach dem Kriegswaffenkontrollgesetz

PETER LANG
Europäischer Verlag der Wissenschaften

Die Deutsche Bibliothek - CIP-Einheitsaufnahme

Poser, Hubertus von und Groß Naedlitz:

Die Genehmigungsentscheidung nach dem Kriegswaffenkontrollgesetz / Hubertus von Poser und Groß Naedlitz. - Frankfurt am Main ; Berlin ; Bern ; New York ; Paris ; Wien : Lang, 1999
(Europäische Hochschulschriften : Reihe 2, Rechtswissenschaft ; Bd. 2584)
Zugl.: Freiburg (Breisgau), Univ., Diss., 1998
ISBN 3-631-34434-1

Gedruckt auf alterungsbeständigem, säurefreiem Papier.

D 25
ISSN 0531-7312
ISBN 3-631-34434-1

Printed in Germany 1 2 3 4 5 7

Für Friederike

Vorwort

In meiner persönlichen Planung sollte die Arbeit ursprünglich ca. zwei Jahre in Anspruch nehmen. Die Gründung einer Familie, der Einstieg in das Berufsleben und manch andere unerwartete Wendung des Lebens haben den Zeitraum auf nahezu sechs Jahre anschwellen lassen.

Nach all der Zeit bin ich Herrn Professor Dr. Thomas Würtenberger für zahlreiche wertvolle Anregungen, die geduldige Begleitung sowie die Nachsicht im Hinblick auf manch voreilige Versprechung, was die Fertigstellung der Arbeit betraf, besonders dankbar.

Herrn Professor Dr. Dietrich Murswiek danke ich für die Erstellung des Zweitgutachtens.

Der Krauss Maffei AG bin ich für die Übernahme der Kosten der Drucklegung sehr dankbar.

Neben all' denjenigen, die auf die unterschiedlichste Art und Weise zur Entstehung dieser Arbeit beigetragen haben, möchte ich mich bei einigen Weggefährten für ihre Unterstützung besonders bedanken.

Ohne die Hilfe und manchen Tip der zuständigen Mitarbeiter in Verbänden und Bundesministerien, insbesondere dem Verband Deutscher Maschinen- und Anlagenbau, dem Bundesverband der Deutschen Industrie, dem Bundesministerium für Wirtschaft und dem Bundesministerium für Verteidigung, wäre die Bearbeitung eines Gebietes, das - aus forschender Sicht - immer mit dem Odium der Geheimhaltungsbedürftigkeit belastet ist, sicher nicht möglich gewesen.

In fachlicher Hinsicht bin ich insbesondere Herrn Dr. Klaus Pottmeyer für wertvolle Hilfestellungen und sein stets offenes Ohr dankbar.

Herrn Dr. Herbert Alisch und Herrn Leopold Tröbinger danke ich für ihre großzügige und flexible Unterstützung, um die Arbeit neben der beruflichen Tätigkeit fertigstellen zu können. Herrn Dr. Wolfgang Glass danke ich für den Impuls, nicht aufzugeben. Unterstützt haben mich auch Herr Dr. Heinrich Wefing durch fruchtbare Diskussionen und menschlichen Rückhalt sowie mein Schwager Falk Schnurbusch durch technische Hilfestellungen.

Frau Irene Körner danke ich für die tatkräftige und engagierte Hilfe bei der Erstellung des Manuskriptes.

Die Kraft, die Arbeit zu vollenden, wäre nicht ohne die familiäre Unterstützung möglich gewesen. Meinen Eltern und Schwiegereltern bin ich dabei für zahlreiche spontane Hilfsaktionen besonders dankbar.

Nicht nur immens geholfen, sondern auch verzichtet haben meine Frau und meine Kinder Till und Maximilian. Ohne ihren Rückhalt und ihre stille Geduld wäre die Fertigstellung dieser Arbeit nicht möglich gewesen. Für den Beitrag meiner Frau reichen Worte nicht aus. Ihr widme ich diese Arbeit.

Berlin, im Sommer 1998.

Hubertus von Poser und Groß Naedlitz

Inhaltsverzeichnis

Zweiter Teil
Die fakultativen Versagungsgründe

Dritter Teil
Die zwingenden Versagungsgründe

Einleitung

Genehmigungsentscheidungen nach dem Kriegswaffenkontrollgesetz (KWKG) geben immer wieder Anlaß zu heftigen Debatten in Politik und Medien.

Dabei stehen die Entscheidungen der Bundesregierung über den Export von Kriegswaffen im Zentrum der Diskussion. Zwar hat die Bundesregierung als das nach Art. 26 Abs. 2 GG für Genehmigungsentscheidungen nach dem KWKG zuständige Organ von der ihr durch § 11 Abs. 2 KWKG eingeräumten Möglichkeit der Delegation der Entscheidung auf einzelne Bundesministerien Gebrauch gemacht[1]. In Fällen besonderer politischer Bedeutung befaßt sie sich jedoch in Form des Bundessicherheitsrats selbst mit der anstehenden Entscheidung. Diesem "nationalen Verteidigungsrat"[2], gehören der Bundeskanzler sowie die Bundesminister für Verteidigung, Inneres, Auswärtiges, Finanzen und Wirtschaft an[3].

So kam es z. B. 1994 zu einer intensiven Debatte um einen möglichen Export deutscher U-Boote nach Taiwan. Außenwirtschaftlichen Argumenten, insbesondere der Hoffnung auf lukrative Anschlußgeschäfte, standen außenpolitische Erwägungen, die Beziehungen zur Volksrepublik China nicht zu gefährden, gegenüber[4]. Der Bundessicherheitsrat hat schließlich letzterem den Vorzug gegeben und das Geschäft nicht genehmigt[5].

Aber nicht nur die Einzelfallentscheidungen bewegen Politik und Medien, sondern auch die allgemeinen Richtlinien, die die Bundesregierung für Genehmigungsentscheidungen nach dem KWKG festlegt, sind immer wieder Anlaß für öffentliche Auseinandersetzungen. So beschloß der Bundessi-

---

[1] Siehe Erste Verordnung zur Durchführung des Gesetzes über die Kontrolle von Kriegswaffen vom 1.6.1961 (BGBl. I S. 649).

[2] Pottmeyer, Komm., § 11 RN 5a. An den Sitzungen nehmen auch teil: Die Chefs des Bundespräsidialamtes, des Bundeskanzleramtes, des Bundespresseamtes, der Generalinspekteur der Bundeswehr sowie die Parlamentarischen Staatssekretäre oder die Staatssekretäre im AA, BMI und BMVg; vgl. Presse- und Informationsamt der Bundesregierung, Referat Außen-, Sicherheits- und Europapolitik, "Rüstungsgüter - Zivil und Militärisch verwendbare Güter", Stand September 1996, Anlage 3.

[3] Bulletin Nr. 61 des Presse- und Informationsamtes der Bundesregierung vom 5.6.1985; Siehe hierzu Epping, 224 - 228, der diese Rolle des BSR für unvereinbar mit Art. 26 Abs. 2 GG und damit für verfassungswidrig hält; ähnlich Beschorner, Jürgen ZVglRWiss 90 (1991), 262 (286); aA aus praktischen Erwägungen Sohm, NZWehrr 1994, 99 (109) mwNachw.

[4] SZ vom 28.4.1994, S. 2.

[5] Handelsblatt vom 28.4.1994, S. 3.

cherheitsrat 1996, Kriegswaffenexporte in Länder außerhalb des NATO-Bereichs "zu erleichtern"[6]. Dies rief sofort die Opposition auf den Plan, die tags darauf bekanntgab, daß sie nicht bereit sei, diese Entscheidung hinzunehmen[7].

Die Plazierung derartiger Nachrichten auf den ersten Seiten der Tagespresse macht deutlich, welchen Stellenwert zumindest die Medien dem Thema beimessen. Im Gegensatz dazu führt die Behandlung von kriegswaffenkontrollrechtlichen Genehmigungsentscheidungen in der juristischen Literatur ein Schattendasein, obwohl die in den §§ 2 - 4a KWKG statuierten Genehmigungsvorbehalte geradezu "klassisches" Verwaltungsrecht[8] sind. Aufsätze behandeln entweder nur Einzelaspekte[9] oder beschränken sich auf eine konzentrierte Darstellung der Materie[10]. Die einzelnen Elemente des verfassungsrechtlichen Genehmigungstatbestands aus Art. 26 Abs. 2 GG hat als erster *Volker Epping* in seiner 1993 erschienenen Dissertation mit dem Titel "Grundgesetz und Kriegswaffenkontrolle" analysiert und dabei untersucht, ob der Gesetzgeber durch den Erlaß des KWKG den Verfassungsauftrag des Art. 26 Abs. 2 GG erfüllt hat.

Verwaltungs- oder verfassungsrechtliche Judikate sind, soweit überhaupt vorhanden, zum überwiegenden Teil unveröffentlicht. Konkretisierungen der insbesondere in § 6 KWKG festgelegten Entscheidungsmaßstäbe für die Genehmigung konnten darin von den Gerichten nur rudimentär herausgearbeitet werden[11].

Die geringe Zahl gerichtlicher Auseinandersetzungen erklärt sich aus tatsächlichen Gegebenheiten. Auf der einen Seite werden Kriegswaffen, wie sie das KWKG in § 1 in Verbindung mit der Kriegswaffenliste (KWL) definiert, nämlich hauptsächlich schwere Waffen, in der Regel nur von Armeen oder anderen staatlichen Sicherheitseinheiten nachgefragt. Auf der anderen Seite werden diese Waffen aus technischen und Kostengründen in der Bundesrepublik weitgehend nur noch industriell gefertigt[12]. Die industrielle Fertigung und Entwicklung von Kriegswaffen erfolgt, anders als z. B. in

---

[6] FAZ vom 10.7.1996, S. 13 "Bonn erleichtert Waffengeschäfte mit dem Ausland".
[7] FAZ vom 12.7.1996, S. 1.
[8] Epping, 26; vgl. Grote, Exportkontrolle und Exportförderung, DVBl. 1997, 108 (108).
[9] So z. B. Epping , Exportfreiheit und Exportkontrolle, DWiR 1991, 276ff.
[10] So z. B. Sohm, Strukturen des deutschen Rüstungsexportrechts, NZWehrr 1994, 99ff.
[11] Vgl. BVerwGE 61, 24 ff; OVG Münster, Urteil v. 11.11.1988, 20 A 1552/85 nv.; Urteil v. 2.11.1976, XIV A 1829/75 nv.; VG Köln, Urteil v. 26.4.1985 20 K 4855/83 nv.
[12] Vgl. allgemein zum Kosten- und Fusionsdruck in der westeuropäischen Rüstungsindustrie: Wulf (Hrsg.), Arms Industry Limited.

Frankreich[13], durch privatwirtschaftlich organisierte *und* sich nahezu ausschließlich in Privatbesitz befindende Unternehmen[14]. Damit tritt der Staat de facto sowohl als Käufer bzw. Auftraggeber und gleichzeitig als Genehmigungsbehörde auf[15]. Deshalb scheuen die involvierten Unternehmen den Gang vor die Verwaltungsgerichte und "schlucken" abschlägige Entschei-

---

[13] In Frankreich liegt die Produktion von Kriegswaffen weitgehend in der Hand von Staatsunternehmen; Oeter, 184.

[14] Oeter, 193; Das KWKG läßt sich dadurch auch begrifflich einordnen, nämlich als Teilgebiet des Wirtschaftsverwaltungsrechts. Zwar ist die Feststellung Hubers (Huber I, 8), daß es bisher nicht gelungen ist, den Begriff des Wirtschaftsverwaltungsrechts eindeutig abzugrenzen und zu definieren, immer noch berechtigt (Frotscher, 2; vgl. Brohm, DÖV 1979, 18). Da das KWKG aber von seiner Zielrichtung her auf Wirtschaftsunternehmen zugeschnitten ist und in deren Betätigung überwachend eingreift, sind die Voraussetzungen der meisten Definitionsversuche erfüllt.
(vgl. die Definitionen bei Badura in: Schmidt-Aßmann (Hrsg.): "Das Wirtschaftsverwaltungsrecht umfaßt die Rechtssätze, durch die der Staat mit den Zielen der Gefahrenabwehr, der Lenkung und der Förderung auf den wirtschaftlichen Prozeß ordnend, gestaltend und leistend einwirkt, indem er Aufgaben und Befugnisse der Verwaltung und öffentlich-rechtliche Rechte und Pflichten der am wirtschaftlichen Prozeß Beteiligten begründet".; Besonderes Verwaltungsrecht, 287; Huber I, 18: "Das Wirtschaftsverwaltungsrecht ist der Inbegriff der Rechtseinrichtungen und rechtlichen Maßnahmen, mit denen die öffentliche Verwaltung mit administrativen Mitteln entweder auf die privatwirtschaftliche Ordnung gestaltend einwirkt oder selbst wirtschaftlich tätig wird".;
Stober, Studienbuch, 15: "Wirtschaftsverwaltungsrecht ist die Summe der Normen und Maßnahmen, welche die Einrichtung und Tätigkeit von Verwaltungsorganen und Behörden vornehmlich zur Sicherung, Planung, Überwachung, Lenkung und Förderung des wirtschaftlichen Geschehens sowie die Rechtsverhältnisse der am Wirtschaftsleben Teilnehmenden zur öffentlichen Verwaltung regeln".; vgl. auch Jarass, Wirtschaftsverwaltungsrecht und Wirtschaftsverfassungsrecht, 31f; Schmidt, 57, der allerdings den Begriff "öffentliches Wirtschaftsrecht" verwendet.
Wirtschaftsüberwachung bzw. Wirtschaftsaufsicht (Die besondere staatliche Überwachung wird zum Teil auch als Wirtschaftsaufsicht bezeichnet; vgl. etwa Jarass, Wirtschaftsverwaltungsrecht und Wirtschaftsverfassungsrecht, 107f; vgl. zum ganzen auch Bullinger, VVDStRL 22 (1965), 264ff) ist diejenige Tätigkeit des Staates, die das wirtschaftliche Verhalten von Privatpersonen dahingehend überwacht, ob es mit den Vorschriften des Wirtschaftsverwaltungsrechts in Einklang steht. Wirtschaftsüberwachung ist anerkanntermaßen ein Teilgebiet des Wirtschaftsverwaltungsrechts (Henke, DVBl. 83, 982; Jarass, Wirtschaftsverwaltungsrecht und Wirtschaftsverfassungsrecht, 107; Schmidt, 299; Tettinger, 252ff). Klassische Aufgabe der Wirtschaftüberwachung ist die Gefahrenabwehr (Henke, DVBl. 83, 982; Schmidt, 300; Scholz, 16; Stober, Handbuch, 628; vgl. Tettinger, 256).
In der Literatur wird das KWKG teils der Wirtschaftsaufsicht, teils der Wirtschaftsüberwachung (Henke, DVBl. 1983, 984; Stober, Handbuch, 629), teils generell dem Wirtschaftsverwaltungsrecht (Jarass, Wirtschaftsverwaltungsrecht und Wirtschaftsverfassungsrecht, 172; Tettinger, 442) zugerechnet.

[15] Oeter, aaO.

dungen, um das Verhältnis zu ihrem potentiellen Auftraggeber für zukünftige Entscheidungen nicht zu belasten. Darüber hinaus wird wohl auch das Geheimhaltungsinteresse an den sensitiven Produkten eine Rolle spielen. Bezeichnenderweise beruhen die wenigen bisher durchgeführten gerichtlichen Verfahren nahezu ausschließlich auf der Klage privater (Kriegs)Waffensammler.

Die volkswirtschaftliche Bedeutung der "Verteidigungsproduktion" ist als gering einzustufen. Nach Angaben der Bundesregierung entsprach die gesamte "Verteidigungsgüterproduktion" der deutschen Industrie (einschließlich Exporte) im Jahr 1995 einem Wert von 15 Mrd. DM bzw. 0,4 % des Bruttoinlandproduktes. Der Anteil der "Verteidigungsgüterproduktion" an der Produktion des verarbeitenden Gewerbes betrug 0,7 %[16].

Ziel der vorliegenden Arbeit ist es, die rechtlichen Grenzen der Genehmigungsentscheidung nach dem KWKG zu konkretisieren und zu untersuchen, ob die Genehmigungspraxis, soweit sie bekannt und zugänglich ist, sich in diesen Grenzen bewegt. Um die rechtlichen Grenzen der Genehmigungsentscheidung konkretisieren zu können, stellt sich dabei notwendig die Frage nach den Grenzen der "Letztentscheidungskompetenz" der Verwaltung[17]. Da diese spiegelbildlicher Ausdruck der Frage nach den Grenzen der gerichtlichen Überprüfbarkeit der Genehmigungsentscheidung sind, soll auch diese Frage beantwortet werden.

Da nicht alle denkbaren Fälle von Entscheidungssituationen analysiert werden können, orientiert sich die Untersuchung an § 6 KWKG, der vorschreibt, wann die Genehmigung versagt werden *kann* und wann sie versagt werden *muß*. Verfassungs-, europa- und völkerrechtliche Aspekte können dabei schon nach allgemeinen verwaltungsrechtlichen Grundsätzen nicht ausgespart bleiben.

Nicht geprüft wird die in den §§ 2 bis 5 KWKG beantwortete Frage, welche Handlungen im Zusammenhang mit Kriegswaffen genehmigungspflichtig sind.

---

[16] Presse- und Informationsamt der Bundesregierung; Referat Außen-, Sicherheits- und Europapolitik: „Rüstungsgüter - Zivil und militärisch verwendbare Güter (Stand: September 1996), S. 5.

[17] Vgl. Maurer, 120f.

Da sich Kriterien für die praktische Handhabung der Genehmigungsentscheidung aus der rechtlichen Qualität des Genehmigungsvorbehalts ergeben können[18], steht diese am Anfang der Arbeit.

[18] So zutreffend Epping, 104.

Erster Teil

Die rechtliche Qualität der Genehmigungsentscheidung

A. Art. 26 Abs. 2 GG

Gemäß Art. 26 Abs. 2 Satz 1 GG dürfen zur Kriegsführung bestimmte Waffen nur mit Genehmigung der Bundesregierung hergestellt, befördert und in Verkehr gebracht werden. Gemäß Art. 26 Abs. 2 Satz 2 GG regelt das Nähere ein Bundesgesetz. Dieses Bundesgesetz ist das Kriegswaffenkontrollgesetz vom 20. April 1961[1].

Art. 26 Abs. 2 Satz 1 GG kann nicht losgelöst von Art. 26 Abs. 1 GG gelesen werden. Danach sind Handlungen, die geeignet sind und in der Absicht vorgenommen werden, das friedliche Zusammenleben der Völker zu stören, insbesondere die Führung eines Angriffskrieges vorzubereiten, verfassungswidrig. Art. 26 Abs. 1 GG ist die verfassungsrechtliche Garantie eines völkerrechtsfreundlichen (friedlichen) Verhaltens der Bundesrepublik und ihrer Organe. Diese Verfassungsbestimmung soll jede Art von Politik als verfassungswidrig kennzeichnen, die sich negativ auf das friedliche Zusammenleben der Völker auswirkt[2].

Die Frage, ob der Umgang mit Kriegswaffen als friedensgefährdende Handlung anzusehen ist, erübrigt sich insofern, als Art. 26 Abs. 2 GG diesen Spezialfall selbst regelt und dem Art. 26 Abs. 1 GG vorgeht[3].

1. Die Bedeutung des Art. 26 Abs. 2 GG für die Qualität der Genehmigungsentscheidung

In der Literatur ist umstritten, ob die Genehmigungsvorbehalte in den §§ 2 - 4a KWKG trotz des scheinbar eindeutigen Wortlautes des § 6 KWKG ("Auf die Erteilung einer Genehmigung besteht kein Anspruch") als *repressive* Verbote mit Erlaubnisvorbehalt[4] oder *präventive* Verbote mit Erlaubnisvorbehalt[5] ausgestaltet sind[6].

---

[1] BGBl. I S. 444.

[2] Schmidt/Bleibtreu-Klein, Art. 26 RN 1.

[3] AK-Frank, Art. 26 RN 44; MD-Maunz, Art. 26 RN 41; Schmidt/Bleibtreu-Klein, Art. 26 RN 4.

[4] So AK-Frank, Art. 26 RN 47; Beschorner, ZVgl.RWiss 90 (1991), 262 (267); Brauer, 119; Faber, S. 117; Gusy, JA 81, 80ff (84); Henke, DVBl. 83, 982ff (984) allerdings mit

Liegen präventive Verbote mit Erlaubnisvorbehalt vor, sind die zu genehmigenden Tätigkeiten nach dem KWKG grundsätzlich erlaubt und nur ausnahmsweise verboten. Das Genehmigungserfordernis dient dann nur der vorbeugenden Kontrolle, denn das Gesetz sieht die Tätigkeiten als sozialadäquat an[7]. Der Antragsteller hat bei Nichtvorliegen der Versagungsgründe grundsätzlich einen Anspruch auf die zu genehmigenden Tätigkeiten[8].

Liegen dagegen repressive Verbote mit Erlaubnisvorbehalt vor, sind die zu genehmigenden Tätigkeiten nach dem KWKG grundsätzlich verboten und nur ausnahmsweise erlaubt[9]. Das Genehmigungserfordernis will dann die Tätigkeiten schlechthin unterdrücken, denn sie werden als sozialschädlich angesehen[10]. Der Antragsteller hat grundsätzlich keinen Anspruch auf die zu genehmigende Tätigkeit[11].

---

anderer Begrifflichkeit; Hernekamp in: v. Münch, Art. 26 RN 29; Jarass, Wirtschaftsverwaltungsrecht und Wirtschaftsverfassungsrecht, 172f; Jarass-Pieroth, Art. 26 RN 7; wohl auch Potrykus, KWKG Komm., § 6 Anm. 3., (S. 66); BGH NJW 1994, 61 (62); von einem repressivem Verbot mit Erlaubnisvorbehalt ging auch die beklagte Bundesrepublik Deutschland in ihrem Vortrag OVG Münster, Urt. v. 2.11.1976, XIV A 1829/75 nv., S. 5 aus.

5 So v. Burchard, 19ff; Epping, 120ff; Hinze, Komm., § 6 KWKG, Anm. 1; Mussgnug, S. 92, FN 99; Pottmeyer, Komm., Einl. RN 72 ff; Schünemann in: Handwörterbuch Wirtschaftsstrafrecht, KWKG, S. 3; Sohm, NZWehrR1994, 99 (108f); Stober, Handbuch, 439f, 629.

6 Die von Vertretern beider Meinungen zitierten weiteren Literaturnachweise geben *keine* Antwort auf die aufgeworfene Frage. Als Beispiel sei angeführt der Kommentar von v. Mangoldt/Klein (Art. 26 GG, S. 689), der z. B. von Pottmeyer (Komm., Einl. RN 71) als Beleg für die Annahme eines präventiven Verbotes mit Erlaubnisvorbehalt zitiert wird. Der Kommentar spricht von einem "Verbot mit Erlaubnisvorbehalt", einem "Verbot des Absatzes 2" und einem "Genehmigungsvorbehalt für die Bundesregierung". Solange nicht geklärt ist, was der Kommentar unter diesem Begriff versteht, kann er aber nicht als Beleg zitiert werden. Es spricht sogar einiges dafür, daß der Kommentar von einem repressiven Verbot mit Erlaubnisvorbehalt ausgeht, denn in Anm. IV.4. ist von einer "Ausnahmegenehmigung" die Rede.

7 Vgl. Forsthoff[10], 267f; Huber I, 71; Maurer, 205ff; Mussgnug, 87ff.

8 BVerfGE 20, 150 (155ff); Faber, Verwaltungsrecht, 116; Huber, AöR 1952/53, 113; Jarass, GewArch 1980, 178f; Mussgnug, 89ff; vgl. Püttner, Wirtschaftsverwaltungsrecht, 82f.

9 Vgl. Forsthoff[10], 267f; Huber I, 71; Mussgnug, 88.

10 Huber, AöR 1952/53, 113; Maurer, 207f.

11 Faber, Verwaltungsrecht, 116; Huber I, 698; ders., AöR 1952/53, 113; vgl. Jarass, GewArch 1980, 178f.

Gegen diese "traditionelle"[12] Unterscheidung wird angeführt, daß sowohl der präventive wie auch der repressive Erlaubnisvorbehalt ein Verbot enthalten, das unter bestimmten Voraussetzungen aufgehoben wird[13]. Dem ist einzugestehen, daß zwar letztlich beide Verbotsarten "vordergründig"[14] dem Ziel der Verhinderung verbotener, d. h. ungenehmigter Tätigkeiten dienen[15]. Das macht den Unterschied jedoch nicht nur zu einem gesetzestechnischen oder quantitativen[16]. Denn beim präventiven Verbot bewegt sich die Betätigung im grundgesetzlich garantierten Freiheitsraum, während andererseits die Betätigung generell verboten ist[17] und ein materielles Unwerturteil ausgesprochen wird[18]. Dementsprechend kann auch das aufgrund einer Tätigkeit, die ohne die erforderliche Genehmigung vorgenommen wird, Geschaffene beim präventiven Verbot nicht beseitigt werden, ohne daß die Tätigkeit auch materiell rechtswidrig ist. Hingegen kennt das repressive Verbot keine formelle Rechtswidrigkeit, weil formelle und materielle Rechtmäßigkeit nicht auseinanderfallen können[19]. An der Unterscheidung ist somit festzuhalten.

Bei dem Streit um die Auslegung der Genehmigungsvorbehalte des KWKG wird jedoch folgendes übersehen:

Die Frage, ob das KWKG repressive oder präventive Verbote mit Erlaubnisvorbehalt enthält, darf nur gestellt werden, wenn Art. 26 Abs. 2 GG die nähere Ausgestaltung des Genehmigungserfordernisses dem einfachen Gesetzgeber überhaupt überlassen hat.

Fordert schon Art. 26 Abs. 2 GG selbst ein repressives Verbot mit Erlaubnisvorbehalt[20], gebietet das Gebot der verfassungskonformen Auslegung[21], auch die Genehmigungsvorbehalte in §§ 2 - 4a KWKG als repressive Verbote auszulegen. Denn das KWKG als Ausführungsgesetz zu Art. 26 GG darf die Anforderungen des GG nicht umgehen.

---

[12] Epping, 106.
[13] Gusy, JA 1981, 80 (81); Schwabe JUS 1973, 133 (134f).
[14] Brauer, 47.
[15] Epping, 106.
[16] So aber Schwabe, JUS 1973, 133 (134f).
[17] Brauer, 48; Ossenbühl DÖV 1968, 618 (623f).
[18] Epping, 106f.
[19] Brauer, 48; Epping, 107; Maurer, 206f.
[20] Diese Ansicht vertreten: AK-Frank, Art. 26 RN 47; Brauer, 118ff; Hernekamp in: v. Münch, Art. 26 RN 29; Jarass-Pieroth, Art. 26 RN 7; Roeser, 97; Sachs-Streinz, Art. 26 RN 45; wohl auch Merten, MDR 1964, 806 (809).
[21] Dazu BVerfGE 2, 266, 282; 21, 292, 305; 59, 336 (350ff).

Beinhaltet Art. 26 Abs. 2 GG dagegen ein präventives Verbot mit Erlaubnisvorbehalt[22], dann ist es zumindest verfassungsrechtlich problematisch, ob die §§ 2 - 4a KWKG nicht die wirtschaftliche Betätigung der Herstellung, Beförderung und des Inverkehrbringens von Kriegswaffen grundrechtswidrig (Art.12 GG) weiter einschränken, als es die Schranke des Art. 26 Abs. 2 GG erlaubt[23].

Es ist also zunächst nicht entscheidend, wie das KWKG auszulegen ist. Maßgeblich ist zuerst, ob Art. 26 Abs. 2 GG ein repressives oder ein präventives Verbot mit Erlaubnisvorbehalt fordert.

Die Rechtsprechung läßt die Frage offen. Der 1. Senat des Bundesverwaltungsgerichts spricht in der einzigen zu Art. 26 Abs. 2 GG veröffentlichten Entscheidung[24] von einem "Verbot mit Genehmigungsvorbehalt". Aus dem Urteil geht aber nicht hervor, was der Senat mit diesem Ausdruck meint. In einer früheren Entscheidung[25] hatte der 1. Senat diese Terminologie für ein repressives Verbot benutzt, dies aber auch näher begründet. So ist es nicht verwunderlich, daß in der Literatur Vertreter beider Auffassungen diese Entscheidung als Beleg ihrer Auffassung zitieren[26].

Auch in einer nichtveröffentlichten Entscheidungen des VG Köln zum KWKG ist in Anlehnung an die Rechtsprechung des Bundesverwaltungsgerichts nur von einem "Verbot mit Genehmigungsvorbehalt" die Rede[27], ohne daß der Inhalt des Begriffes näher erläutert wird.

---

[22] Diese Ansicht vertreten: Epping, 108ff; MD-Maunz, Art. 26 RN 42; Pottmeyer, Komm., Einl. RN 72ff; Stober, Handbuch, 439f, 629; wohl auch Scheuner, Gutachten in: Der Kampf um den Wehrbeitrag, Bd. 2, 2. Hlbd., 108; Weber, Gutachten in: Der Kampf um den Wehrbeitrag, Bd. 2, 2. Hlbbd., 181f.

[23] Vgl. Epping, RiW 1996, 453; aA aber Epping (121), der ein 'mehr' gegenüber dem Verfassungsauftrag aus Art. 26 Abs. 2 GG vom gesetzgeberischen Ermessen als gedeckt ansieht.

[24] BVerwGE 61, 24ff.

[25] BVerwGE 41, 1 (5ff).

[26] Vgl. Pottmeyer, Komm., Einl., RN 71, der die Entscheidung als Beleg für ein präventives Verbot mit Erlaubnisvorbehalt zitiert. Anders Jarass-Pieroth, GG Komm., Art. 26 RN 7, die die Entscheidung als Beleg für ein repressives Verbot mit Erlaubnisvorbehalt zitieren.

[27] VG Köln, Urteil vom 26.04.1985 20 K 4855/83 nv., S. 6.

2. Die Auslegung des Art. 26 Abs. 2 GG

2.1. Wortlaut

Für die Beantwortung der Frage, ob das Grundgesetz in Art. 26 Abs. 2 GG die Herstellung, Beförderung und das Inverkehrbringen von Kriegswaffen grundsätzlich verboten und nur ausnahmsweise erlaubt, oder grundsätzlich erlaubt und nur ausnahmsweise verboten hat, kommt es bei der Wortauslegung einzig darauf an, festzustellen, was mit der Formulierung "*nur* mit Genehmigung" gemeint ist. Soweit ein *besonderer* Sprachgebrauch des Gesetzes im Hinblick auf die Formulierung von Verboten mit Erlaubnisvorbehalten feststellbar ist, ist dieser maßgeblich[28].

Zuvor gilt es jedoch zu klären, ob zum Zeitpunkt der Formulierung des Grundgesetzes die Unterscheidung zwischen repressivem und präventivem Verbot bereits allgemein geläufig war. Andernfalls wäre es verfehlt, das Grundgesetz auf einen besonderen Sprachgebrauch bei der Formulierung von Genehmigungsvorbehalten zu untersuchen. Denn was den Verfassern des Grundgesetzes noch nicht bekannt war, konnte folglich von diesen auch nicht formuliert werden.

Die Differenzierung zwischen repressivem und präventivem Verbot mit Erlaubnisvorbehalt in ihrer heutigen Klarheit tauchte zwar erst nach den Beratungen des Parlamentarischen Rates auf[29]. Aber schon seit den Anmerkungen von Thoma zur Entscheidung des III. Senats des Preußischen OVG v. 29.10.1925 ("Stahlhelm")[30] im Jahre 1927 war der Unterschied zwischen einer präventiven Kontrolle mittels einer Erlaubnispflicht und einem grundsätzlichem Verbot mit Ausnahmebewilligung ("Dispensation") bekannt[31]. Thoma hatte nämlich erstmals den von Otto Mayer[32] geprägten Begriff des "Polizeiverbots mit Erlaubnisvorbehalt" in die genannten zwei Rechtsinstitute aufgeteilt[33]. Die beiden unterschiedlichen Ausgestaltungsmöglichkeiten einer Genehmigungspflicht waren Mitgliedern des Parlamentarischen Rates

---

[28] Vgl. Bydlinski, Methodenlehre, 439; Larenz, Methodenlehre, 320f; zur Anwendung der "klassischen" Auslegungsmethoden im Verfassungsrecht: Larenz, Methodenlehre, 360ff; vgl. zur Problematik der Verfassungsinterpretation: Böckenförde, 53ff.

[29] Wohl erstmals bei Huber, AöR 1952/53, 113; Forsthoff[3], 218f.

[30] Thoma, VerwArch 32 (1927), 248f.

[31] Vgl. Schwabe, JUS 1973, 133ff (133).

[32] Mayer, 249f.

[33] Huber, AöR 1952/53, 113.

wie z. B. Wilhelm Laforet (CSU) bekannt[34]. Dieser war auch Mitglied des u. a. mit Art. 26 GG befaßten Hauptausschusses.

Das Grundgesetz bedient sich derselben Formulierungsweise wie in Art. 26 Abs. 2 Satz 1 GG nur noch einmal an anderer Stelle, nämlich in Art. 46 Abs. 2 GG. Demnach kann die Immunität eines Abgeordneten "*nur* mit Genehmigung des Bundestages" aufgehoben werden. Im selben Satz heißt es jedoch zugleich: "... es sei denn, daß er bei Begehung der Tat oder im Laufe des folgenden Tages festgenommen wird.". Die Formulierung des Artikels macht deutlich, daß das Grundgesetz die Aufhebung der Immunität grundsätzlich verbietet und nur bei Vorliegen der aufgezählten Ausnahmen oder bei Vorliegen einer Genehmigung erlaubt[35].

Es muß aber abgelehnt werden, aus der Verwendung desselben Begriffes an anderer Stelle des Grundgesetzes diesem im Hinblick auf die Formulierung von Genehmigungs- bzw. Erlaubnisvorbehalten einen *besonderen* Sprachgebrauch zu entnehmen. Erstens normiert Art. 46 Abs. 2 GG ein völlig anderes Regelungsgebiet. Zweitens kann nicht von einem *besonderen* Sprachgebrauch des Grundgesetzes gesprochen werden, wenn dieses denselben Ausdruck nur zweimal gebraucht.
Schließlich ergibt sich auch aus einem Vergleich zu Art. 7 Abs. 4 GG, daß das GG keinen einheitlichen Wortlaut für Genehmigungsvorbehalte verwendet. Denn dort werden, anders als in Art. 26 Abs. 2 und Art. 46 GG, die Gründe für eine Genehmigungserteilung bzw. -versagung für private Schulen explizit aufgezählt[36].

Zu untersuchen bleibt also die Auslegung nach dem *allgemeinen* Sprachgebrauch[37]. *Pottmeyer* behauptet, daß der Gesetzgeber durch die erwähnte Formulierung ausdrückt, daß er den Umgang mit Kriegswaffen für sozialadäquat hält und daher grundsätzlich als erlaubt ansieht. Hätte der Gesetzgeber ein repressives Verbot mit Erlaubnisvorbehalt formuliert, hätte er sich - wie in anderen Waffengesetzen (z. B. § 37 WaffG) - des Wortlautes "es ist verboten" bedient[38].

Dem ist entgegenzuhalten, daß bei der Verwendung eines besonderen Sprachgebrauchs nur der des Grundgesetzes heranzuziehen ist (s. o.). Auf

---

[34] Vgl. dessen Lehrbuch Deutsches Verwaltungsrecht, S. 62 und 236f.
[35] Vgl. AK-Schneider, Art 46 RN 1 u. 9ff; Schmidt-Bleibtreu-Klein, Art. 46 RN 7f.
[36] Vgl. Dreier-Gröschner, Art. 7 RN 92.
[37] Vgl. Bydlinski, 439ff.
[38] Pottmeyer, Komm., Einl. RN 72. Eine ähnliche Begründung vertritt von Burchard, S. 24, allerdings nur für § 6 KWKG.

vergleichbare Regelungen in *einfach*gesetzlichen Vorschriften kann es hier nicht ankommen. Selbst wenn man einen derartigen Vergleich vornimmt, ist es nicht zwingend, daß ein repressives Verbot mit Erlaubnisvorbehalt etwa mit der Schärfe eines "es ist verboten" o. ä. normiert wird. Denn es gibt repressive Verbote mit Erlaubnisvorbehalt, die in einer wesentlich "milderen" Weise verfaßt sind. So hat etwa das Bundesverfassungsgericht entschieden, daß Art. 6 § 1 Abs. 1 Satz 1 des Gesetzes zur Verbesserung des Mietrechts und zur Begrenzung des Mietanstieges sowie zur Regelung von Ingenieur und Architektenleistungen vom 4. November 1971 "*eindeutig*" ein repressives Verbot mit Erlaubnisvorbehalt beinhaltet[39]. Diese Vorschrift wählte jedoch nicht die Formulierung "es ist verboten" o. ä., sondern lautete:

> Die Landesregierungen werden ermächtigt, für Gemeinden, in denen die Versorgung der Bevölkerung mit ausreichendem Wohnraum zu angemessenen Bedingungen besonders gefährdet ist, durch Rechtsverordnung zu bestimmen, daß Wohnraum anderen als Wohnzwecken *nur mit Genehmigung* der von der Landesregierung bestimmten Stelle zugeführt werden darf.[40]

Aus dem Vergleich mit anderen Vorschriften wird aber zumindest eines deutlich: Der Formulierung "nur mit Genehmigung" ist *zwingend* keine Antwort auf die Frage repressives oder präventives Verbot zu entnehmen[41]. Wenn auch dem Wort "nur" im allgemeinen Sprachgebrauch eine gewisse Schärfe im Sinne von "ausschließlich" oder "wenn schon, dann nur mit Genehmigung" zukommt[42], was tendenziell für ein grundsätzliches Verbot spricht, so ist diese Interpretation eben nicht obligatorisch. Die Formulierung läßt auch die andere Deutung zu, daß es dem Gesetz nur auf eine präventive Kontrolle ankommt, was im Ergebnis nichts daran ändert, daß die aufgezählten Tätigkeiten auch nur mit Genehmigung zulässig sind.

Zwingend zu entnehmen ist dem Wortlaut des Art. 26 Abs. 2 GG nur, daß Herstellung, Beförderung und Inverkehrbringen von Kriegswaffen auf jeden Fall einer Kontrolle unterworfen werden sollen.

---

[39] BVerfGE 38, 348 (367); das Gericht spricht allerdings von einem repressiven Verbot mit Befreiungsvorbehalt.

[40] BGBl.I S. 1745, Hervorhebung des Verfassers.

[41] So auch im Ergebnis Epping (109), der allerdings der Auffassung ist, daß die Gesetzestechnik des Art. 26 Abs. 2 Satz 1 GG auf die Formulierung eines präventiven Verbotes mit Erlaubnisvorbehalt hindeute.

[42] Duden, Bd. 10 Bedeutungswörterbuch, Dudenverlag 1985, Anm. I d) u. III. zum Wort "nur".

2.2. Systematik

Aus dem Zusammenhang von Art. 26 Abs. 2 Satz 1 GG zu Art. 26 Abs. 1 GG ergibt sich, daß der durch Art. 26 Abs. 2 Satz 1 GG erfaßte Umgang mit Kriegswaffen als ein Spezialfall der durch Art. 26 GG verbotenen Handlungen anzusehen ist[43].

Epping[44] weist zutreffend auf folgendes hin: Nachdem die lex generalis, Art. 26 Abs. 1 GG, sämtliche Handlungen, die geeignet sind, das friedliche Zusammenleben der Völker zu stören, für verfassungswidrig erklärt, liegt es nahe, daraus den Schluß zu ziehen, daß die in Art. 26 Abs. 2 Satz 1 GG genannten genehmigungspflichtigen Tätigkeiten generell verboten sind, mithin unter einem repressiven Verbot mit Erlaubnisvorbehalt stehen. Dieser Schluß dränge sich insbesondere vor dem Hintergrund auf, daß sich im Parlamentarischen Rat mit der Qualifizierung der friedensstörenden Handlungen i. S. des Art. 26 Abs. 1 GG als "verfassungswidrig" die schärfere Formulierung gegenüber der Bezeichnung "sind verboten und unter Strafe zu stellen" durchgesetzt habe. Denn nach der wohl überwiegenden Meinung im Parlamentarischen Rat sollte durch den Ausdruck "verfassungswidrig" "die in der Verfassung stärkste rechtliche Verurteilung eines Tuns ausgesprochen werden"[45]. Gegen derartige Handlungen sollte vorgegangen werden können, ohne daß "der Betroffene gegen dieses Vorgehen den Schutz der Verfassung anrufen" könne[46]. Die in Art. 26 Abs. 1 Satz 1 GG angeordnete Rechtsfolge der Verfassungswidrigkeit umfasse demnach nicht nur den Charakter des Verbotenseins, sondern gehe noch darüber hinaus[47].

Epping betont jedoch anschließend, daß die Eignung zur Friedensgefährdung nur eine von zwei kumulativ notwendigen Voraussetzungen zur Bejahung des Tatbestandes des Art. 26 Abs. 1 Satz 1 GG und der Qualifizierung als verfassungswidrig sei. Denn auf der subjektiven Seite sei eine entsprechende Absicht erforderlich. Das bedeute, daß auch nur dann, wenn eine entsprechende Absicht bei den genehmigungspflichtigen Handlungen zu konstatieren sei, die Rechtsfolge des Art. 26 Abs. 1 Satz 1 GG ausgelöst werde. Im Umkehrschluß bedeute dies, daß sofern eine solche Absicht i. S.

---

[43] AK-Frank, Art. 26 RN 44; MD-Maunz, Art. 26 RN 41; Schmidt-Bleibtreu-Klein, Art. 26 RN 4.

[44] Epping, 110.

[45] Hauptausschuß, 6. Sitzung vom 19.11.1948, Sten. Prot. S. 72. Ebenso v. Münch-Hernekamp, Art. 26 RN 25; vgl. E. Forsthoff, in: Der Kampf um den Wehrbeitrag, Band 2, 2. Hlbbd., S. 312 (318).

[46] Hauptausschuß, 29. Sitzung vom 05.01.1949, Sten. Prot. S. 348.

[47] Epping, 111.

des Art. 26 Abs. 1 Satz 1 GG nicht festzustellen sei, die in Art. 26 Abs. 2 Satz 1 GG beschriebenen Handlungen nicht dem auch durch den Genehmigungsvorbehalt zu schützenden Rechtsgut des Art. 26 GG zuwiderlaufen. Wenn aber dementsprechend die Genehmigung nach Art. 26 Abs. 2 Satz 1 GG nur dann zu versagen sei, wenn auch eine Absicht zur Friedensgefährdung festzustellen sei, bedeute dies, daß im umgekehrten Fall eine Genehmigung zu erteilen sei. Die Systematik lege somit nahe, daß dem Genehmigungsvorbehalt kein generelles Verbot zugrunde liege, sondern, daß von einem präventiven Verbot mit Erlaubnisvorbehalt auszugehen sei.[48].

Der von *Epping* gezogene Umkehrschluß ist jedoch nicht zwingend. Denn von der Tatsache, daß nur die friedensgefährdende Absicht eine Handlung als verfassungswidrig i. S. des Art. 26 Abs. 1 Satz 1 GG brandmarkt, kann nicht ohne weiteres geschlossen werden, daß der Umgang mit Kriegswaffen dann zu genehmigen ist, wenn eine derartige Absicht fehlt. Bei dieser Überlegung wird übersehen, daß Art. 26 Abs. 2 Satz 1 GG gerade abstrakt, also unabhängig von der jeweils konkret verfolgten Absicht, jeden Umgang mit Kriegswaffen als potentiell friedensgefährdend ansieht und den Umgang mit Kriegswaffen gerade deshalb einer besonderen Regelung unterwirft. Erfaßt ist also auch der Umgang ohne friedensstörende Absicht. Andernfalls hätte es der Regelung des Art. 26 Abs. 2 Satz 1 GG nicht bedurft, da sonst der Umgang mit Kriegswaffen in friedensgefährdender Absicht bereits von Art. 26 Abs. 1 Satz 1 GG mit erfaßt gewesen wäre. Denn nicht nur nach Art. 26 Abs. 1 GG steht außer Frage, daß der Umgang mit Kriegswaffen auch geeignet ist, das friedliche Zusammenleben der Völker zu stören[49]. Zweifelsohne kommt der Regelung des Art. 26 Abs. 2 GG jedoch nicht nur deklaratorische Bedeutung zu. Denn andernfalls wäre man im Parlamentarischen Rat dem Antrag des Abgeordneten Dr. Eberhard gefolgt, Abs. 2, "der als Spezialbestimmung neben der scharfen Ablehnung des Krieges ... nicht notwendig sei", zu streichen[50].

Systematisch ist dem Art. 26 Abs. 2 Satz 1 GG somit nur zu entnehmen, daß der Umgang mit Kriegswaffen einer eigenständigen Regelung unterworfen werden sollte. Daraus ergibt sich zugleich, daß sich weitergehende Rückschlüsse aus dem systematischen Zusammenhang der Regelung nicht ziehen lassen. Denn die Selbstständigkeit der Norm steht einem Sinnzusammenhang, wie ihn Epping konstruieren will, entgegen.

---

[48] Epping, 111f, 120.
[49] So auch Epping, 111.
[50] So ausdrücklich der Abgeordnete Dr. Eberhard in der 6. Sitzung des Hauptausschusses vom 19.11.1948; entnommen JöR Bd. 1 1951, 242.

Auch Art. 26 Abs. 2 Satz 2 GG ("Das Nähere regelt ein Bundesgesetz") gibt für die hier aufgeworfene Frage keine Antwort. Er eröffnet sogar grundsätzlich die Möglichkeit, daß Art. 26 Abs. 2 GG auf die Frage repressives oder präventives Verbot gar keine Antwort gibt, sondern dies dem einfachen Gesetzgeber überläßt.

2.3. Historische Auslegung

Zu prüfen bleibt, was die historische Auslegung ergibt[51]. Hierbei ist die besondere Situation zu beachten, in der sich die Verfasser des Grundgesetzes befanden. Alle Abgeordneten waren nach der Katastrophe des 2. Weltkrieges fest entschlossen, in jeder Weise dazu beizutragen, den Frieden als hohes Rechtsgut für alle Zukunft in Deutschland, Europa und der Welt zu sichern[52]. Von Deutschen sollten niemals wieder friedensstörende Handlungen ausgehen[53].

So waren beim Verfassungskonvent von Herrenchiemsee grundgesetzliche Regelungen über Waffenherstellung noch kein Thema. Einig war man sich allerdings im Plenum wie in den entsprechenden Ausschüssen, daß das Grundgesetz einer Bestimmung bedürfe, wonach Handlungen unter Strafe zu stellen seien, die in der Absicht vorgenommen werden, die Führung eines Krieges vorzubereiten. Dabei sollten nicht nur Handlungen, die auf einen konkreten Krieg abzielen, sondern auch solche, die einer Kriegsvorbereitung im allgemeinen dienen, geahndet werden[54].

In Fortführung der Überlegungen von Herrenchiemsee machte der Abgeordnete Dr. Eberhard im Grundsatzausschuß des Parlamentarischen Rates am 15.10.1948 den Vorschlag, das Verbot friedensstörender Handlungen um eine Bestimmung über Waffenproduktion zu ergänzen. Zur Begründung führte er aus, daß dies zum einen den Grundsatz der Friedfertigkeit weiter betone, und zum anderen hätten sich SA und SS nicht bewaffnen können, wenn die Weimarer Verfassung eine Bestimmung enthalten hätte, die

---

[51] Vgl. dazu Epping, 115ff.

[52] Vgl. AK-Frank, Art. 26 RN 1; Brauer, 118f; Löwenstein, Gutachten in: Der Kampf um den Wehrbeitrag, Bd. 2, 2. Hlbbd., 356; Süsterhenn, Gutachten in: Der Kampf um den Wehrbeitrag, Bd. 2, 1. Hlbbd., 266.

[53] Brauer, 119.

[54] Bericht des Unterausschußes I; Plenarsitzung vom 21.08.1948; Verfassungsausschuß der Ministerpräsidentenkonferenz der westlichen Besatzungszonen, Bericht über den Verfassungskonvent auf Herrenchiemsee v. 10.-23.08.48; alle in: Der Parlamentarische Rat, Akten und Protokolle, Bd. 2, 208, 354, 518.

Transport, Einfuhr, Lagerung und Inverkehrbringen von Munition verboten hätte[55]. Der Grundsatzausschuß schlug dann folgende Fassung des Artikels vor[56]:

(1) Kriegsgerät jeder Art darf außer mit Genehmigung der Bundesregierung weder hergestellt noch befördert oder in Verkehr gebracht werden.

(2) Das Nähere wird durch Gesetz bestimmt.

Der "Höhepunkt" dieser restriktiven Betrachtungsweise war erreicht, als der Grundsatzausschuß nach einem Vorschlag des Abgeordneten Dr. Schmid auch noch die Vorbehaltsklausel ("außer mit Genehmigung") strich, so daß Kriegswaffenherstellung in der Bundesrepublik vollkommen verboten sein sollte[57].

Diese von den Grundgesetzverfassern angestellten Überlegungen lassen zunächst vermuten, daß nach dem historischen Willen des Grundgesetzes Kriegswaffen grundsätzlich unerwünscht sind und nur ausnahmsweise erlaubt sein sollen[58].

Nun war aber andererseits der Mehrheit der Abgeordneten klar, daß eine völlige Demilitarisierung der Bundesrepublik unrealistisch und unvernünftig sei[59] und daß die militärische Verteidigungsbereitschaft über kurz oder lang wiederhergestellt werden würde und müßte[60].

Deshalb beantragte der Abgeordnete Dr. Stock in der 1. Lesung im Hauptausschuß am 19.11.1948[61] die Wiedereinsetzung der Vorbehaltsklausel[62]. Außerdem wurde zu bedenken gegeben, daß nach der Fassung des Grundsatzausschusses es nicht einmal möglich sei, in Deutschland Revolver herzustellen, um die Polizei zu bewaffnen[63]. Diesen Bedenken stattgebend, beschloß der Hauptausschuß die Wiedereinführung der Vorbehaltsklausel und schlug folgenden Wortlaut vor:

---

55 Sitzung vom 15.10.1948, Sten. Prot. S. 6 und 30.
56 Drs. 203.
57 Kurzprot., Drs. 269, Anlage; Stenoprot., S. 50.
58 Brauer, 119.
59 Vgl. Abg. Dr. von Bretano, Stenoprot., 74.
60 Vgl. hierzu den angenommenen Antrag des Abgeordneten Dr. Dehler in: Parlamentarischer Rat, Verhandlungen des Hauptausschusses, 626.
61 6. Sitzung vom 19.11.1948.
62 Stenoprot. S. 73.
63 Stenoprot. S. 74.

(1) Zur Kriegsführung bestimmte Waffen dürfen außer mit Genehmigung der Bundesregierung weder hergestellt noch befördert oder in Verkehr gebracht werden.

(2) Das Nähere wird durch Gesetz bestimmt.

Diese Vorgänge sprechen wiederum dafür, daß die Grundgesetzverfasser Kriegswaffenherstellung - zumindest für verteidigungs- und sicherheitspolitische Zwecke - als grundsätzlich erlaubt ansahen[64].

Die Darstellung der gegensätzlichen Vorstellungen des historischen Gesetzgebers zeigt, daß das Grundgesetz *keine* Antwort auf die Frage repressives oder präventives Verbot mit Erlaubnisvorbehalt gibt und auch nicht geben wollte. Die bei der systematischen Untersuchung angedeutete Auslegungsmöglichkeit wird also bestätigt.

Die Materie der Kriegswaffen und mit ihr das gesamte Gebiet der Rüstung war noch mit zu vielen Unwägbarkeiten belegt und mit Blick auf die Alliierten zu heikel[65], als daß man sich auf eine nähere Ausgestaltung einlassen konnte. Dies wird auch dadurch belegt, daß damals vereinzelt bezweifelt wurde, ob die Angelegenheit der Waffenherstellung überhaupt in deutscher Zuständigkeit stand[66]. Einig war man sich eben nur darin, daß Kriegswaffen auf jeden Fall einer Kontrolle unterliegen sollten[67].

Es lassen sich auch keine *zwingenden* Folgerungen aus der am Ende der Beratungen vorgenommenen Änderung des Wortlautes von "außer mit Genehmigung" zu "nur mit Genehmigung"[68] ziehen, was in der Literatur allerdings vereinzelt geschieht[69].

Weder folgt daraus zwingend, daß es sich nur um eine redaktionelle Änderung handelte, die ein grundsätzlich bestehendes Regel-/ Ausnahmeprinzip unangetastet ließ[70]. Denn *allein* aus der Formulierung "außer mit Genehmi-

---

[64] Vgl. Weber, Gutachten in: Der Kampf um den Wehrbeitrag, Bd. 2, 2. Hlbbd., 177 (180f).
[65] So unterlag das Kriegswaffenkontrollrecht zunächst auch alliierter Kontrolle; vgl. die Darstellung bei Pottmeyer, Komm., Einl. RN 11ff.
[66] Hauptausschuß, 6. Sitzung vom 19.11.1948, Stenoprot. S. 73.
[67] Vgl. LG Düsseldorf NStZ 88, 231 (232); Oeter, ZRP 92, 51.
[68] 2. Lesung des Hauptausschusses, 29. Sitzung vom 05.01.1949.
[69] Brauer, 119; Pottmeyer, Komm, Einl. RN 74f; vgl. auch Epping, 118f.
[70] So aber Brauer, 119; vgl. dazu auch Epping, 118f, für den die Auffassung Brauers nicht nur für gut vertretbar sondern auch naheliegend ist.

gung" kann nicht geschlossen werden, daß damit einem Regel-/Ausnahmeprinzip Ausdruck verliehen werden sollte, wenn es an weiteren Anhaltspunkten für diese Annahme fehlt. Noch fordert die Änderung des Wortlautes die Auslegung, daß der Parlamentarische Rat seine Auffassung überdacht habe und deshalb zu einer anderen Formulierung gelangt sei[71]. Denn über die Änderung erfolgte keine Aussprache.

Festzustellen bleibt also, daß auch die historische Auslegung ergibt, daß Art. 26 Abs. 2 Satz 1 GG die Frage repressives oder präventives Verbot offen läßt.

2.4. Objektiv-teleologische Auslegung

Zu untersuchen bleibt, ob die Ergebnisse der systematischen und historischen Auslegung durch die objektiv-teleologische Auslegung bestätigt werden. Bei der objektiven Auslegung sind die im Spiel befindlichen Interessen des normierten Sachbereiches zu berücksichtigen[72]. Demnach müßte Art. 26 Abs. 2 GG die Frage repressives oder präventives Verbot bzw. nach der Sozialadäquanz oder Sozialschädlichkeit von Kriegswaffen offen lassen.

Zu unterscheiden sind Kriegswaffen nach ihrer Zweckbestimmung im Anwendungs- und im Nichtanwendungsfall. Im Anwendungsfall werden sie dazu eingesetzt, um bewaffnete Auseinandersetzungen zu führen bzw. um politische Konflikte zu lösen. Ihre Anwendung führt zur Tötung von Menschen und zur Beschädigung von Sachen[73]. "Die Pönalisierung dieser Handlungen durch das StGB zeigt, daß diese nicht sozialadäquat sind"[74]. Dabei darf jedoch nicht übersehen werden, daß in bewaffneten Auseinandersetzungen immer eine Partei die angegriffene ist. Diese kann sich auf ihr Selbstverteidigungsrecht aus Art. 51 UN-Charta berufen[75]. Demnach sind ihre Handlungen als sozialadäquat anzusehen.

Kriegswaffen sind aber nicht nur im Hinblick auf ihre Anwendung von hoher Brisanz, sondern allein schon ihre Herstellung und Lieferung kann zu erheblichen politischen Verstimmungen und somit zur Gefährdung des

---

[71] Pottmeyer, Komm., Einl. RN 74f.

[72] Larenz, Methodenlehre, 333.

[73] V. Burchard, 22; Epping, 112; vgl. Hirsch ZStW 74, 107ff; Pottmeyer, Komm., Einl. RN 77.

[74] Epping, 112.

[75] Epping, 113.

Völkerfriedens i. S. des Art. 26 Abs. 1 Satz 1 GG führen[76]. Dies kann sich etwa daraus ergeben, daß durch eine intensiv betriebene Aufrüstung die militärisch-politische Lage einer Region oder wie zuweilen im Ost-West-Konflikt sogar die eines geopolitischen Blockgefüges destabilisiert wird. Zu letzterem sei nur an die Stationierung sowjetischer SS-20 Raketen erinnert, die zum sog. NATO-Doppelbeschluß und einer Verschlechterung der Ost-West-Beziehungen führte. Ferner ist denkbar, daß die außenpolitischen Beziehungen zu bestimmten Staaten dadurch gefährdet werden, daß diese über Lieferungen an andere Staaten verärgert sind[77].

Auf der anderen Seite ist aber zu berücksichtigen, daß durch Kriegswaffen das vitale Interesse eines Staates an seiner Verteidigungsbereitschaft verwirklicht wird[78]. Kriegswaffen dienen durch ihre abschreckende Wirkung dem Schutz der Gesellschaft nach außen[79]. Zum anderen dienen sie in der Hand der Polizeikräfte der inneren Sicherheit. Ihnen kommt also auch eine friedenssichernde und kriegsverhindernde Wirkung zu[80].

Der Wortlaut des Art. 26 Abs. 2 Satz 1 GG ("Herstellen", "Befördern" und "In Verkehr bringen") legt den Schluß nahe, daß es für die Beurteilung der Sozialadäquanz von Kriegswaffen ausschließlich auf deren friedlichen Gebrauch ankommt. Dies wäre aber im Hinblick darauf, daß Art. 26 Abs. 2 Satz 1 GG diese Handlungen gerade deshalb erfaßt, weil er den friedlichen Umgang mit Kriegswaffen als Vorstufe kriegerischer Auseinandersetzungen ansieht, nicht haltbar. Es widerspräche zudem der oben angesprochenen friedensgefährdenden Dimension der Stationierung neuer Kriegswaffenarsenale[81].

Mithin kann der Umgang mit Kriegswaffen, abhängig vom konkreten Verwendungsfall, sowohl als sozialschädlich als auch als sozial unschädlich bezeichnet werden. Eine eindeutige Qualifikation ist nicht möglich. Bezeichnenderweise kommt *Epping* bei der Auslegung des Art. 26 Abs. 2 Satz 1 GG auch nur zu dem negativen Schluß, daß sich die Qualifikation als repressives Verbot wegen der positiven Aspekte von Kriegswaffen verbie-

---

[76] Vgl. Brzoska, Aus Politik und Zeitgeschichte, B 18/ 1984, 15 (17).

[77] Vgl. Brzoska, Aus Politik und Zeitgeschichte, B 18/ 1984, 15 u. 17; Hantke, NJW 92, 2123ff; Oeter, ZRP 92, 49; Schön, ZParl 1986, 159ff; zu den Risiken des Waffenhandels Roeser, 46ff.

[78] V. Burchard, 22; Pottmeyer, Komm., Einl. RN 77.

[79] Vgl. Epping, 114f.

[80] Vgl. dazu die gleichgerichteten Ausführungen bei Epping, 114f und Pottmeyer, Komm., Einl., RN 77; v. Burchard, 21f.

[81] Epping, 114.

tet[82]. Folgerichtig müßten es aber auch die negativen Aspekte sein, die eine Qualifikation als präventives Verbot ausschließen.

Bleibt somit die Beantwortung der Sozialadäquanz offen, bleibt auch die Frage nach repressivem oder präventivem Verbot mit Erlaubnisvorbehalt offen.

Es drängt sich vielmehr der Schluß auf, daß Art. 26 Abs. 2 Satz 1 GG eine Entscheidung über die Sozialadäquanz von Kriegswaffen gar nicht treffen, sondern nur sicherstellen will, daß der Umgang mit Kriegswaffen im Hinblick auf sein Gefahren- und Risikopotential hinreichend kontrolliert werden kann.

Die Kontrolle muß streng und effektiv sein und die besonderen Gefahren bannen, die von Kriegswaffen für Leib und Leben ausgehen[83]. Dieser Kontrollzweck wird in Art. 26 Abs. 2 Satz 1 GG dadurch zum Ausdruck gebracht, daß die Verantwortung für Kriegswaffen in die Hände des politisch wichtigsten Exekutivorgans, in die Hände der Bundesregierung, gelegt wird[84]. Gleichzeitig drückt die Verantwortlichkeit der Bundesregierung aber auch aus, daß das GG der Politik hier ein Primat einräumt. Denn Kriegswaffenkontrolle und -steuerung sind in hohem Maße *politische* Entscheidungen. Aus diesem Grunde erhebt das GG *rechtlich* nur die Forderung, daß Kriegswaffen überhaupt staatlich kontrolliert werden und richtet deshalb in Art. 26 Abs. 2 Satz 2 GG den Auftrag an den Gesetzgeber, diese Kontrolle auszugestalten[85]. Ob allerdings eine präventive oder eine repressive Kontrolle gewählt wird, läßt das GG offen. Auch eine präventive Kontrolle wäre durchaus in der Lage, die Gefahrenquellen zu steuern, denn sie wirkt gefahrverhindernd.

Das GG überläßt also die Entscheidung dem einfachen Bundesgesetzgeber. Dies ist auch zulässig, denn der Gesetzgebungsauftrag "Das Nähere regelt ein Bundesgesetz" überläßt dem einfachen Gesetzgeber die Regelung all dessen, was das GG selbst nicht geregelt hat[86]. Und hier hat eben das GG die aufgeworfene Frage gerade nicht geregelt. Es ist auch durchaus üblich,

---

[82] Epping, 115.

[83] Vgl. BGH NJW 1996, 1355ff; LG Düsseldorf, NStZ 1988, 231 (232); Oeter, ZRP 1992, 49ff (51).

[84] Vgl. Brzoska, Aus Politik und Zeitgeschichte, B 18/ 1984, 21.

[85] Vgl. Brzoska, Aus Politik und Zeitgeschichte, B 18/ 1984, 21; Schulz, NJW 1978, 1510; BGH NJW 1996, 1355 (1356).

[86] Vgl. BVerfGE 15, 126 (138f); Maunz, BayVBl 1975, 601 u. 603.

daß das GG selbst die Ausgestaltung brisanter Fragen dem einfachen Gesetzgeber überläßt[87].

3. Ergebnis zu A.

Systematische, historische und objektiv-teleologische Auslegung haben gezeigt, daß Art. 26 Abs. 2 GG es dem einfachen Gesetzgeber überläßt, wie er die Kontrolle von Kriegswaffen durchführt. Es kommt also darauf an, festzustellen, wie die Kontrolle von Kriegswaffen im KWKG ausgestaltet ist.

[87] Vgl. Isensee/Kirchhof, Handbuch des Staatsrechts, Bd. III, § 58 RN 29.

B. §§ 2 - 4a iVm 6 Abs. 1 KWKG

1. Die Bedeutung des § 6 KWKG für die Ermessensentscheidung

Einleitend stellt sich die Frage, ob das Problem präventive oder repressive Verbote in §§ 2 - 4a KWKG überhaupt noch relevant ist[88]. Denn selbst wenn man von präventiven Verboten ausgeht, ist wegen des klaren Wortlautes des § 6 Abs. 1 KWKG ein Anspruch auf eine der in §§ 2 - 4a KWKG genannten Tätigkeiten ausgeschlossen[89]. Somit entfiele der Hauptunterschied zwischen einem präventiven Verbot mit Erlaubnisvorbehalt und einem repressivem Verbot mit Erlaubnisvorbehalt; nämlich der, daß bei ersterem grundsätzlich ein Anspruch auf die kontrollierte Tätigkeit besteht, beim letzterem dagegen nicht[90].

Die Frage bleibt trotzdem von Bedeutung:

Zum ersten ergeben sich Konsequenzen für die Strafbarkeit nach § 22a KWKG. Liegen präventive Verbote mit Erlaubnisvorbehalt vor, so gehört das Handeln "ohne Genehmigung" zum Tatbestand des § 22a Abs. 1 KWKG[91]. Sind jedoch repressive Verbote mit Erlaubnisvorbehalt normiert worden, stellt die Genehmigung im Rahmen des § 22a Abs. 1 KWKG kein Tatbestandsmerkmal, sondern lediglich einen Rechtfertigungsgrund dar[92]. Dieser Unterschied ist bedeutsam für die Feststellung der Strafbarkeit im Falle rechtswidrig erteilter Genehmigungen[93]. Darüber hinaus ergeben sich Konsequenzen für die Irrtumslehre[94] und die Teilnehmerstrafbarkeit in diesem Zusammenhang[95].

---

[88] Verneinend wohl Beschorner, ZVgl. RWiss 90 (1991), 262 (267 FN 27).
[89] Vgl. v. Burchard, 25.
[90] BVerfGE 20, 150 (155ff); Faber, Verwaltungsrecht, 116; Jarass, GewArch 1980, 178f; vgl. Püttner, Wirtschaftsverwaltungsrecht, 82f; aA Gusy, JA 81, 80ff (81) und Schwabe, JuS 1973, 133ff, die die herkömmliche Unterscheidung ablehnen.
[91] Erbs/Kohlhaas, Strafrechtliche Nebengesetze, § 22a KWKG, Anm. 2a.
[92] Vgl. Rengier ZStW 101 (1989), 874ff.
[93] Epping, 109f mwNachw; vgl. Steindorf, FS Salger, S. 167ff.
[94] Vgl. insbesondere BGH NJW 1994, 61 (62); Pottmeyer, Komm., Einl., RN 70; Schönke-Schröder, § 16 RN 8ff; Schünemann in Handbuch Wirtschaftsstrafrecht, KWKG S. 3; Sohm, NZWehrr 1994, 99 (108); zum Thema "Verwaltungsakzessorität von Strafvorschriften" vgl. die ausführlichen Literaturhinweise bei Pottmeyer, Komm., § 22a, RN 12.
[95] Vgl. Wessels, Strafrecht-AT, S. 126ff.

Zweitens ergeben sich Konsequenzen für den verwaltungsrechtlichen Teil des KWKG. Die Ermessensentscheidung nach § 6 KWKG hat sich - wie jede Ermessensentscheidung - an dem Sinn und Zweck des Gesetzes zu orientieren und die vom Gesetzgeber gewollte Ordnung der Materie zu respektieren[96]. Somit muß die Genehmigungsbehörde bei ihrer Entscheidung berücksichtigen, ob das Gesetz die zu genehmigenden Handlungen als sozialadäquat (Präventives Verbot mit Erlaubnisvorbehalt) oder als grundsätzlich sozialschädlich angesehen hat (Repressives Verbot mit Erlaubnisvorbehalt). Ihre Kontrolle ist entweder im wesentlichen auf die Prüfung von Versagungs-Tatbeständen beschränkt (Präventives Verbot mit Erlaubnisvorbehalt)[97] oder ihre Genehmigungspraxis ist insgesamt restriktiv (Repressives Verbot mit Erlaubnisvorbehalt)[98].

2. Die Auslegung der §§ 2 - 4a und 6 Abs. 1 KWKG

2.1. Wortlaut

Der Wortlaut der §§ 2 - 4a KWKG gibt für die Untersuchung nichts her[99]. In den §§ 2 - 4a KWKG ist lediglich bestimmt, daß die aufgezählten Tätigkeiten der Genehmigung bedürfen. Genehmigungspflichtig sind Tätigkeiten jedoch sowohl nach einem repressiven als auch nach einem präventiven Verbot.

Der Wortlaut des § 6 Abs. 1 KWKG dagegen ist eindeutig. Denn der Ausschluß eines Rechtsanspruchs spricht klar dafür, daß das Gesetz hier ein repressives Verbot statuiert hat[100], weil damit das Hauptmerkmal des präventiven Verbotes fehlt.

Dennoch wird in der Literatur[101] vereinzelt behauptet, daß gerade der Wortlaut nicht eindeutig sei. Es wird vielmehr argumentiert, daß § 6 Abs. 1 KWKG ohnehin nur etwas Selbstverständliches ausdrücke. Bei Genehmigungen, die - wie gem. § 6 Abs. 2 KWKG - in das pflichtgemäße Ermessen der zuständigen Behörde gestellt seien, bestehe grundsätzlich kein An-

---

[96] Vgl. BVerfGE 9, 137(147); BVerwG DVBl 1982, 306 (307); Kopp, VwVfG Komm., § 40 RN 23ff; Stelkens/Bonk/Sachs, VwVfG Komm., § 40 RN 34ff.
[97] Vgl. Hinze, WaffR Komm., § 6 Anm. 1.
[98] Vgl. Faber, Verwaltungsrecht, 116f.
[99] AA Epping, 121, der die Formulierung als Indiz für präventive Verbote mit Erlaubnisvorbehalt ansieht.
[100] Vgl. v. Burchard, 25.
[101] V. Burchard, 25; Hinze, Komm., § 6 KWKG Anm.1; Pottmeyer, Komm., § 6 RN 8.

spruch auf Genehmigungserteilung, sondern ausschließlich ein solcher auf fehlerfreie Ermessensausübung[102]. Deshalb lägen hier präventive Verbote mit Erlaubnisvorbehalt vor, mit der Besonderheit, daß ein Rechtsanspruch ausgeschlossen sei (!). Dem ist entgegenzuhalten, daß die Normierung eines Versagungsermessens in § 6 Abs. 2 KWKG nur auf dem Umstand beruhte, daß dem Gesetzgeber eine erschöpfende Nennung aller in Betracht kommender Versagungsgründe nicht möglich war[103]. Die Beispiele des § 6 Abs. 2 KWKG sollten den "Grundsatz" des § 6 Abs. 1 nur "ergänzen" und nicht - würde man der Argumentation Pottmeyers folgen - umkehren. Denn wenn die rechtliche Bedeutung der Erlaubnis beim präventiven Verbot gerade darin besteht, nur eine vorläufige Sperre zu setzen, um der Verwaltung vorbeugend die Gelegenheit einzuräumen, sich von der Gesetzesmäßigkeit des Vorhabens zu überzeugen[104], dann muß dem Antragsteller im Hinblick auf die Grundrechtsrelevanz seines Vorhabens (Art. 12 GG) das Recht eingeräumt sein, die Aufhebung der formellen Ausübungsschranken zu verlangen[105]. Gerade dieses Recht wird dem Antragsteller jedoch durch § 6 Abs. 1 KWKG verwehrt.

Ferner wird angeführt, daß das Gesetz bei Normierung repressiver Verbote mit Erlaubnisvorbehalt sich einer eindeutigeren Ausdrucksweise (z. B. "Es ist verboten ...") hätte bedienen müssen[106]. Es ist jedoch - wie oben gezeigt - nicht zwingend, ein repressives Verbot mit Erlaubnisvorbehalt mit der Schärfe eines "es ist verboten" zu formulieren. Außerdem zeigt § 18 KWKG, der ein generelles Umgangsverbot für biologische und chemische Waffen normiert[107], daß der besondere Sprachgebrauch des Gesetzes diese Ausdrucksweise bereits für die Formulierung *absoluter* Verbote, die noch schärfer sind als repressive Verbote mit Erlaubnisvorbehalt, vergeben hat. Dies übersehen *Pottmeyer* und *Epping*[108], wenn sie behaupten, die §§ 17 - 18 KWKG zeigten, daß repressive Verbote im KWKG mit der Formulierung "es ist verboten" zum Ausdruck gebracht werden.

---

102 Pottmeyer, Komm., § 6 RN 6ff.
103 BT-Drucksache III/1589, S. 17.
104 Vgl. BVerfGE 20, 150 ff. (155), Faber Verwaltungsrecht, 116 f., so im übrigen auch Pottmeyer, Komm., Einl. RN 69.
105 BVerfGE 20, 150 ff. (155).
106 Pottmeyer, Komm., Einl. RN 73f.
107 Vgl. Holthausen, NJW 1991, 203; Pottmeyer, Komm., §§ 16 - 17 RN 2f.
108 Epping, 123.

2.2. Systematik

Ein Blick auf die Systematik der §§ 2 - 4a und 6 KWKG zeigt, daß ihre Gestaltung widersprüchlich ist[109].

Denn zum einen spricht der Wortlaut des § 6 Abs. 1 KWKG - wie gezeigt - klar für ein repressives Verbot mit Erlaubnisvorbehalt. Dann hätte es aber nahegelegen, in Absatz 2 die Ausnahmefälle von diesem Verbot zu normieren. Der Gesetzgeber hätte etwa formulieren müssen: "Die Genehmigung kann jedoch erteilt werden, wenn *nicht*....". Statt dessen stellt das Gesetz in Absatz 2 die Erteilung der Genehmigung in das pflichtgemäße Ermessen der Behörde und nennt nur Gründe für eine Genehmigungsversagung[110]. Demnach läge es nahe, von einem präventiven Verbot mit Erlaubnisvorbehalt auszugehen[111].

Ferner ist die Formulierung der §§ 2 - 4a KWKG zu beachten. Sie schreiben vor, daß die dort genannten Handlungen und Tätigkeiten der Genehmigung bedürfen. Hätte der Gesetzgeber repressive Verbote mit Erlaubnisvorbehalt normiert, wäre es auch hier systematisch eindeutiger gewesen in § 6 KWKG nur die Ausnahmefälle aufzuzählen[112]. Dies gilt insbesondere vor dem Hintergrund, daß frühere kriegswaffenrechtliche Gesetze sich einer derartigen, schärferen Ausdrucksweise bedienten. So hieß es im Kontrollratsbefehl Nr. 2 vom 07.01.1946 "Es ist verboten....", oder im Kontrollratsgesetz Nr. 43 vom 20.12.1946 in Art.1 Abs.1 S.1 "....ist verboten"[113]. Das AHK-Gesetz Nr. 24 vom 30.03.1950[114] formulierte: "Verboten sind ... *soweit* nicht die Alliierte Hohe Kommission ... eine Ermächtigung dazu erteilt ...". Diese Überlegungen sprechen also ebenfalls dafür, daß die §§ 2 - 4a KWKG präventive Verbote mit Erlaubnisvorbehalt beinhalten[115].

Zum anderen muß jedoch beachtet werden, daß im Hinblick auf die wirtschaftlichen Grundrechte, insbesondere Art. 12 GG, *wirtschaftsverwaltungsrechtliche* Genehmigungen in der Regel erteilt werden müssen, wenn

---

[109] Vgl. Pottmeyer, Komm., § 6 RN 1.

[110] Vgl. VG Köln, Urteil vom 26.04.1985 20 K 4855/83; Pottmeyer, Komm., § 6 RN 7; Potrykus, Komm., S. 66.

[111] So Epping, 122.

[112] Vgl. Pottmeyer, Komm., Einl., RN 72f.

[113] Amtsblatt der Militärregierung in Deutschland, S. 399ff.

[114] Amtsblatt AHK 1950, 251ff.

[115] Und zwar dann mit der Besonderheit, daß trotzdem kein Anspruch auf Genehmigungserteilung besteht; vgl. v. Burchard, 25; Hinze, Komm., § 6 KWKG Anm. 1; Pottmeyer, Komm., Einl, RN 76.

die gesetzlich vorgeschriebenen Voraussetzungen erfüllt sind (s. o.)[116]. Wirtschaftsverwaltungsrechtliche Erlaubnisvorbehalte sehen daher meist die Erteilung einer Genehmigung als sogenannten gebundenen Verwaltungsakt vor. Von der gebundenen Genehmigung unterscheidet sich die sog. "freie" Genehmigung: Sie stellt die Erteilung der Erlaubnis in das pflichtgemäße Ermessen der Behörde ("kann"). Hier hat der Antragsteller selbst bei Erfüllung der Genehmigungsvoraussetzungen keinen Anspruch auf Genehmigungserteilung. Er hat nur einen Anspruch auf fehlerfreien Ermessensgebrauch. Die sog. "freie" Genehmigung kommt daher im Regelfall dann vor, wenn eine an sich unerwünschte und grundsätzlich nicht erlaubte Tätigkeit ausnahmsweise erlaubt werden soll[117] (Repressives Verbot mit Erlaubnisvorbehalt).

In § 6 KWKG liegt zweifelsohne eine sogenannte freie Genehmigung vor[118]. Die Erteilung der Genehmigung ist in das Ermessen der Behörde gestellt ("kann") und ein Rechtsanspruch auf Erteilung wird an exponierter Stelle[119] ausgeschlossen. Es sind aber keine Gründe ersichtlich, warum der Gesetzgeber ausgerechnet bei so gefährlichen Gütern wie Kriegswaffen von der wirtschaftsverwaltungsrechtlich üblichen Systematik abgewichen sein soll. Die gewählte Fassung der Absätze 2 und 3 kann nämlich auch ihren Grund darin haben, daß durch die Aufzählung von bestimmten Negativ-Tatbeständen lediglich die größten Gefahren, die durch die Kontrolle von Kriegswaffen auf jeden Fall unterbunden werden sollen, besonders deutlich gemacht werden sollten[120] (§ 6 Abs. 2 KWKG: "insbesondere").

---

[116] Henke, DVBl. 83, 984 und 987; Jarass, GewArch 1980, 178f; Püttner, Wirtschaftsverwaltungsrecht, 87; Stober, Handbuch, S. 764.

[117] Vgl. BVerfGE 38, 348 (368f); Frotscher, Wirtschaftsverfassungs- und Wirtschaftsverwaltungsrecht, 121; Jarass, GewArch 1980, 178f; ders., Wirtschaftsverwaltungsrecht und Wirtschaftsverfassungsrecht, 172f; Stober, Handbuch, 764f; gegen eine wirtschaftsverwaltungsrechtliche Systematik Henke, DVBl. 1983, 984f.

[118] Die Anmerkungen Pottmeyers zu dieser Problematik liegen neben der Sache. Pottmeyer behauptet, daß es ein freies Ermessen gar nicht gebe, denn jedes Ermessen sei pflichtgemäßes Ermessen (Komm., § 6 RN 5ff). Das ist zweifelsohne richtig. Doch mit dem Begriff "freies Ermessen" ist nicht gemeint, daß die Genehmigungsentscheidung ohne jede rechtliche Bindung ergeht. Es ist gemeint, daß die Genehmigungsbehörde nicht "gebunden" ist, bei Nichtvorliegen der Negativ-Tatbestände die Genehmigung zu erteilen. Trotzdem muß sie ihre Entscheidung natürlich nach pflichtgemäßen Ermessen treffen.

[119] Vgl. Hinze, Komm., § 6 KWKG Anm. 1.

[120] Vgl. Henke, DVBl. 83, 985.

2.3. Historische Auslegung

Bis zum Inkrafttreten des KWKG wurden Kriegswaffengenehmigungen auf Grund von Artikel 26 Abs. 2 GG in einem vorläufigen Verfahren erteilt, das in Bekanntmachungen des Bundesministers für Wirtschaft im einzelnen geregelt war[121]. Diese Bekanntmachungen enthielten lediglich die Bestimmung, daß Kriegswaffen der Genehmigung bedürfen und geben keine Anhaltspunkte, wie dieses Erfordernis inhaltlich ausgestaltet war[122].

Nach intensiver, etwa dreijähriger Arbeit[123] legte die Bundesregierung im Oktober 1959 den "Entwurf eines Ausführungsgesetzes zu Artikel 26 Abs. 2 des Grundgesetzes (Kriegswaffengesetz)" vor. Der Bundestag nahm das Gesetz schließlich in der dritten Lesung am 22.02.1961 in der Fassung, die der Wirtschaftsausschuß vorgeschlagen hatte, ohne Gegenstimmen bei einer Enthaltung an[124]. Der Bundesrat erteilte ebenfalls seine Zustimmung[125] und das Gesetz wurde als "Ausführungsgesetz zu Artikel 26 Abs. 2 des Grundgesetzes (Gesetz über die Kontrolle von Kriegswaffen)" unter dem 20.04.1961 ausgefertigt und am 25.04.1961 im Bundesgesetzblatt verkündet[126]. Es trat am 01.06.1961 in Kraft.

Aus den Gesetzesmaterialien zur Entstehungsgeschichte des Kriegswaffenkontrollgesetzes geht deutlich hervor, daß der Ausschluß eines Anspruchs auf Genehmigungserteilung auf einer ganz bewußten Entscheidung des Gesetzgebers beruhte. In den Begründungen heißt es:

> Die Zubilligung eines Rechtsanspruchs auf Erteilung einer Genehmigung ist wegen der besonderen Gefahren, die der Umgang mit Kriegswaffen sowohl in bezug auf außenpolitische als auch auf innenpolitische Belange haben kann, sachlich nicht vertretbar[127].

---

[121] Vgl. Bundesanzeiger Nr. 92 vom 13.05.1955 S. 6, Nr. 233 vom 04.12.1957 S. 1, Nr. 40 vom 27.02.1958 S. 2 und Nr. 64 vom 04.04.1959 S. 2.

[122] Vgl. insbesondere Bundesanzeiger Nr. 233 vom 04.12.1957, S. 1 - 2.

[123] Die lange Bearbeitungszeit brachte der Bundesregierung damals den Vorwurf ein, die Materie säumig behandelt zu haben. Diesen Vorwurf wies der Abgeordenete Dr. Dahlgrün in der 144. Sitzung der 3. Wahlperiode des Deutschen Bundestages am 22.02.1961 in aller Schärfe zurück. Er begründete die lange Bearbeitungszeit mit der Schwierigkeit und Unübersichtlichkeit der Materie (Vgl. StenProt. S. 8161).

[124] 144. Plenarsitzung, StenProt. S. 8160 - 8162.

[125] BR-Drucksache 81/61.

[126] BGBl. I S. 444.

[127] BR-Drucksache 329/59, S. 17; BT-Drucksache III/1589, S. 17.

Auch in den Ausschüssen wurde dem Ausschluß eines Rechtsanspruches "ausdrücklich" zugestimmt[128]. Davon, daß der Gesetzgeber hier nur etwas Selbstverständliches ausdrücken wollte, kann also keine Rede sein[129].

Des weiteren geht aus den Materialien deutlich hervor, daß der Gesetzgeber die Aussage des § 6 *Abs. 1* KWKG als den Grundsatz angesehen hat[130]. Wenn aber das Nichtbestehen eines Genehmigungsanspruchs der Grundsatz ist, dann kann eine Genehmigungs*erteilung* nur die Ausnahme sein.

Die widersprüchliche Systematik des § 6 KWKG findet in der Entstehungsgeschichte ebenfalls ihre Erklärung. Daß der Gesetzgeber hier Versagungsgründe und keine Ausnahmetatbestände formuliert hat, liegt daran, daß man den Anforderungen des Verfassungsauftrages des Art. 26 Abs. 2 GG und den Verpflichtungen der völkerrechtlich vereinbarten Rüstungskontrolle nach dem WEU-Vertrag[131] an hervorgehobener Stelle nachkommen wollte. Auch wenn diese Versagungsgründe schon nach allgemeinen verwaltungsrechtlichen Grundsätzen zwingend gewesen wären - denn Ermessensentscheidungen dürfen nicht gegen die grundgesetzliche Ordnung und völkerrechtliche Verpflichtungen mit innerstaatlicher Gesetzeskraft verstoßen -, sollten diese Versagungsgründe in Absatz 3 dennoch besonders hervorgehoben werden[132].

Außerdem machte die Vielgestaltigkeit der möglichen Versagungsgründe dem Gesetzgeber ihre erschöpfende Aufzählung unmöglich. Deshalb wurden neben den zwingenden Versagungsgründen in Absatz 3 nur noch beispielhaft weitere Versagungsmöglichkeiten aufgezählt[133].

---

[128] BT-Drucksache III/2433, S. 3.

[129] So aber Epping, 124f und Pottmeyer, Komm., § 6 RN 8.

[130] BR-Drucksache 329/59, S. 17; BT-Drucksache III/1589, S. 17: Dort heißt es: "Der Grundsatz des Absatzes 1 ..."; vgl. OVG Münster, Urt. v. 02.11.1976, XIV A 1829/75 nv., S. 8.

[131] Vgl. dazu das "Gesetz betreffend den Beitritt der Bundesrepublik Deutschland zum Brüsseler Vertrag und zum Nordatlantikvertrag" vom 24.03.1955 (BGBl. II, S. 256), in der Bekanntmachung vom 09.05.1955 (BGBl. II, S. 630), insbesondere Protokoll Nr. III, Anlage II.

[132] Vgl. BR-Drucksache 329/59, S. 12 und 17f; BT-Drucksache III/1589, S. 12 und 17f; besonders deutlich wird dies im Bericht des Abgeordenten Dr. Dahlgrün, BT-Drucksache III/2433, S. 1f.

[133] BR-Drucksache 329/59, S. 17; BT-Drucksache III/1589, S. 17; Potrykus, Komm., S. 66; Roeser, 99f.

Aus der Entstehungsgeschichte des Kriegswaffenkontrollgesetzes geht somit hervor, daß die §§ 2 - 4a KWKG repressive Verbote mit Erlaubnisvorbehalt beinhalten.

2.4. Objektiv-teleologische Auslegung

Wie bei der Auslegung zu Art. 26 Abs. 2 GG festgestellt, gibt es Gründe, Kriegswaffen als grundsätzlich sozialadäquat zu betrachten, und es gibt Gründe, Kriegswaffen als grundsätzlich sozialschädlich anzusehen[134]. Aus der geregelten Materie selbst ergibt sich folglich zwingend keine Antwort auf die hier aufgeworfene Frage.

Von Burchard meint[135], daß die "Politischen Grundsätze der Bundesregierung für den Export von Kriegswaffen und sonstigen Rüstungsgütern" vom 28.04.1982[136] ein Indiz dafür seien, daß zumindest die Bundesregierung Waffenexporte und somit Kriegswaffen insgesamt nicht für sozialschädlich hält. Dies ergebe sich daraus, daß nach diesen Richtlinien der Handel mit Kriegswaffen innerhalb der Bundesrepublik und über ihre Grenzen hinaus in NATO-Länder grundsätzlich zu genehmigen sei[137]. Nur der Export in Nicht-NATO-Länder sei grundsätzlich nicht erlaubt[138].

Die Ausführungen *v. Burchards* sind jedoch nicht haltbar: Erstens beziehen sich die exportpolitischen Grundsätze der Bundesregierung nur auf den Teilbereich der Waffen*exporte* und nicht auf die Materie der Kriegswaffen insgesamt. Zweitens kann es für die Untersuchung nicht darauf ankommen, wie die Bundesregierung Genehmigungen nach dem KWKG handhabt. Entscheidend ist, was das Gesetz selbst meint, nicht wie die Bundesregierung es interpretiert[139]. Zu einer verbindlichen Interpretation sind nur die Ge-

---

[134] AA BGH NJW 1994, 61 (62): "Der vom Kriegswaffenkontrollgesetz erfaßte Umgang mit Kriegswaffen stellt bereits aufgrund seiner besonderen Gefährlichkeit schweres Unrecht dar, das allenfalls durch eine Erteilung einer behördlichen Genehmigung im Wege der Rechtfertigung ausgeräumt werden kann. Keinesfalls handelt es sich hierbei um an sich sozialadäquates Verhalten, das seinen typischen Unwertgehalt erst aus dem Fehlen einer behördlichen Genehmigung herleitet".

[135] V. Burchard, 22ff; ihm folgend Pottmeyer, Komm., Einl., RN 78; vgl. auch Epping, 125 - 127.

[136] Abgedruckt im Bulletin des Presse- und Informationsamtes der Bundesregierung, Nr. 38 S. 309 vom 05.05.1982.

[137] Nr.1. der exportpolitischen Grundsätze.

[138] Nr. 8ff der exportpolitischen Grundsätze.

[139] So sieht auch v. Burchard (24), daß diesem Argument allenfalls Indizwirkung zukommen kann.

richte befugt[140]. Drittens muß bezweifelt werden, daß die Bundesregierung wirklich von einer Sozialadäquanz von Kriegswaffen ausgeht. Denn wie aus ihrer Antragsbegründung in OVG Münster, Urt. v. 02.11.1976, hervorgeht, ging sie *ausdrücklich* von einem repressiven Verbot mit Erlaubnisvorbehalt aus[141]. Die "Politischen Grundsätze der Bundesregierung für den Export von Kriegswaffen und sonstigen Rüstungsgütern" können also keine Rückschlüsse über die Ausgestaltung der Verbote in §§ 2 - 4a KWKG geben.

Das KWKG enthält jedoch weitere Gesichtspunkte, die beantworten, ob das KWKG repressive oder präventive Verbote mit Erlaubnisvorbehalt enthält.

Der Struktur des KWKG liegt erkennbar der Wille zugrunde, möglichst alle und von deutscher Hoheitsgewalt erfaßbaren Tätigkeiten in Verbindung mit Kriegswaffen zu erfassen und zu kontrollieren: So bedürfen die Herstellung (§ 2 Abs. 1 KWKG), der Erwerb und die Überlassung der tatsächlichen Gewalt der Genehmigung (§ 2 Abs. 2 KWKG). § 3 Abs. 1 und 2 KWKG erfaßt die Beförderung von Kriegswaffen, § 3 Abs. 3 KWKG die Ein- und Ausfuhr sowie die Durchführung von Kriegswaffen durch das Bundesgebiet. § 4 KWKG[142] unterwirft die Beförderung von Kriegswaffen mit Seeschiffen, die die Bundesflagge führen, oder mit Luftfahrzeugen, die in der Luftfahrzeugrolle der Bundesrepublik eingetragen sind, der Genehmigung. § 4a Abs. 1 KWKG erfaßt die Vermittlung von Verträgen über den Erwerb oder das Überlassen von Kriegswaffen, die sich außerhalb des Bundesgebietes befinden, und den Nachweis der Gelegenheit zum Abschluß eines solchen Vertrages. Schließlich sind sogar Verträge über das Überlassen von Kriegswaffen, die sich außerhalb des Bundesgebietes befinden, genehmigungspflichtig (§ 4a Abs. 2 KWKG).

Auch im strafrechtlichen Teil (vgl. § 22a KWKG) ist das Gesetz um eine lückenlose Erfassung von möglichen Verstößen gegen die Genehmigungspflicht bemüht: So wurde im Jahre 1978 die Bestimmung des jetzigen § 22a Abs. 1 Nr. 6 KWKG eingeführt, um auch noch die letzte bestehende Lücke zu schließen[143].

Mit der Novellierung vom 05.11.1990[144] wurde der Umgang mit biologischen und chemischen Waffen absolut, ohne Möglichkeit der Ausnahmeer-

---

140 Vgl. Erichsen, DVBl. 1985, 22 (26); Hoppe, FS BVerwG, 295 (297).
141 XIV A 1829/75 nv., S. 5.
142 Zu dessen Verfassungsmäßigkeit Pottmeyer, Komm., § 4a RN 6 mwNachw.
143 Vgl. BT-Drucksache 8/1614.
144 BGBl. I S. 2428; vgl. zur Novelle auch Holthausen, NJW 1991, 203.

laubnis, verboten (§ 18 KWKG). Diese Neuregelung wurde sogar beschlossen, obwohl sich die Bundesrepublik im Rahmen der Westeuropäischen Union schon völkerrechtlich verpflichtet hatte, auf ihrem Gebiet keine ABC-Waffen herzustellen[145]. Das Gesetz will hier also selbst die theoretische Möglichkeit einer Genehmigungserteilung ausschließen[146].

Ein Gesetz, das sich derart intensiv um die Vermeidung möglicher auftretender Lücken bei der *Gefahren*abwehr bemüht und sogar lediglich "deklatorische" Verbote (§ 18 KWKG) ausspricht, um zu zeigen, wie ernst es der Bundesrepublik mit ihrem Beitrag zur Friedenspolitik ist[147], kann nicht dahingehend interpretiert werden, daß es den Umgang mit Kriegswaffen als sozialadäquat ansieht. Dies wird im übrigen auch dadurch unterstützt, daß der ungenehmigte Umgang mit Kriegswaffen als Verbrechen (§ 12 Abs. 1 StGB) eingestuft und ihm damit ein hoher Unwertgehalt beigemessen wird[148].

Es muß jedoch deutlich gemacht werden, daß Sozialschädlichkeit in diesem Zusammenhang nicht bedeutet, daß der Unwertgehalt sich aus dem Unwert von Kriegswaffen an sich ergibt - denn dieser besteht wie oben gezeigt nicht -, sondern daß der Gesetzgeber diesen aus den besonderen *Gefahren*, die aus einem Umgang mit Kriegswaffen für das Rechtsgut des Art. 26 Abs. 1 GG erwachsen können, folgert[149].

Daß sich der Unwertgehalt bei einem repressiven Verbot mit Erlaubnisvorbehalt gerade erst aus der besonderen Gefährlichkeit bestimmter Tatbestände für bestimmte Rechtsgüter ergeben kann, hat auch das Bundesverfassungsgericht in der oben genannten Entscheidung zur Zweckentfremdung von Wohnraum vorausgesetzt. Denn es hat dort gerade von der Gefährlichkeit der Zweckentfremdung von Wohnraum für die Versorgung der Bevölkerung mit Wohnraum die Sozialschädlichkeit abgeleitet, wenn es heißt:

> Wenn in Gebieten, in denen die Versorgung der Bevölkerung mit Wohnraum besonders gefährdet ist, die Zweckentfremdung von Wohnraum genehmigungspflichtig

---

[145] Anlage I zu Protokoll Nr. III zum revidierten Brüsseler Vertrag vom 23.10.1954, BGBl. II 1955, 269f.

[146] Vgl. Pottmeyer, Komm., §§ 16-17, RN 2; vgl. Holthausen, NJW 1992, 214 (215); Weber, DRiZ 91, 181 (183).

[147] BT-Drucksache 11/3995; vgl. Roeser, 96f.

[148] BGH NJW 1994, 61 (62); vgl. Epping, 121f

[149] Vgl. BGH NJW 1994 aaO; NJW 1996, 1355 ff.

gemacht wird, so ist für jedermann ersichtlich, daß damit im Interesse der Versorgung mit Wohnraum dessen Zweckentfremdung prinzipiell verhindert werden soll.[150]

Es gibt jedoch noch weitere Anhaltspunkte dafür, daß das KWKG repressive Verbote mit Erlaubnisvorbehalt beinhaltet.

Gemäß § 7 Abs. 1 KWKG kann eine Genehmigung *jederzeit* widerrufen werden. § 7 Abs. 1 KWKG durchbricht somit den allgemeinen verwaltungsrechtlichen Grundsatz des Verwaltungsverfahrensrechts, daß begünstigende Verwaltungsakte[151] nur unter bestimmten Bedingungen aufhebbar sind[152]. Daraus folgt, daß das Interesse des Genehmigungsinhabers am Bestand der Genehmigung nach dem KWKG nicht geschützt ist. Dies zeigt, daß das Gesetz bestrebt ist, es zu vermeiden, dem Genehmigungsinhaber jedwede schützenswerte Position einzuräumen. Dies wird im übrigen auch durch die Entschädigungvorschrift des § 9 KWKG bestätigt. Der Inhaber der Genehmigung wird nicht wie in § 49 VwVfG für enttäuschtes Vertrauen sondern lediglich für materielle Einbußen entschädigt[153].

Wenn das KWKG aber klarstellt, daß der Antragsteller bezüglich Kriegswaffen keinen Vertrauensschutz genießt, dann betrachtet es Kriegswaffen als unerwünscht und ihre Genehmigung als *Ausnahme*. Die Struktur des KWKG zeigt also deutlich, daß in den §§ 2 - 4a KWKG repressive Verbote mit Erlaubnisvorbehalt vorliegen.

3. Ergebnis zu B.

Die §§ 2 - 4a KWKG sind iVm § 6 KWKG dahingehend auszulegen, daß Kriegswaffen grundsätzlich verboten und nur ausnahmsweise erlaubt sind. Sie beinhalten repressive Verbote mit Erlaubnisvorbehalt.

---

[150] BVerfGE 38, 347 (367).

[151] Vgl. von Bogdandy, VerwArch 1992, 53 (72f).

[152] GhM; v. Burchard, 31ff; Pottmeyer, Komm., § 7 RN 4; Potrykus, Komm., § 7 Anm. 1. (S. 75); vgl. allgemein Maurer, 266ff.

[153] Vgl. BT-Drucksache III/1589, S. 18.

C. Die Verfassungsmäßigkeit des repressiven Verbots mit Erlaubnisvorbehalt

Abschließend gilt es zu beantworten, ob die Statuierung repressiver Verbote verfassungsrechtlichen Anforderungen standhält, insbesondere, ob der Grundsatz der Verhältnismäßigkeit gewahrt ist.

Auch für den Umgang mit Kriegswaffen gilt, daß Wirtschaften in der Bundesrepublik grundsätzlich frei ist. Eingriffe und Einschränkungen der wirtschaftlichen Betätigungsfreiheit sind nur zulässig, soweit sie durch überwiegende Gründe des Gemeinwohls geboten sind[154]. Allerdings darf bei dieser Feststellung nicht übersehen werden, daß die wirtschaftliche Handlungsfreiheit nicht in abstracto gewährleistet wird, sondern daß jeweils ein speziell einschlägiges Freiheitsrecht diese Freiheit eröffnet und seine Beschränkung deshalb einem Rechtfertigungsgrund unterstellt[155].

1. Art 12. Abs. 1 GG

Die durch die repressiven Verbote mit Erlaubnisvorbehalt in §§ 2 - 4a iVm 6 KWKG vornehmlich eingeschränkte Freiheit ist die Berufsfreiheit des Art 12 Abs. 1 GG. Betroffen durch das Verbot sind insbesondere die Unternehmen und Unternehmer der Rüstungsindustrie[156].

1.1. Schutzbereich

Nach hM ist Beruf jede dauerhafte, erlaubte Tätigkeit, die der Schaffung oder Erhaltung einer Lebensgrundlage dient[157].

Nun sind aber Tätigkeiten im Zusammenhang mit Kriegswaffen nach der hier vertretenen Auffassung grundsätzlich gerade nicht erlaubt. Demnach wären sie vom Schutzbereich des Art. 12 GG nicht erfaßt. Eine verfassungs-

---

[154] BVerfGE 18, 315 (327); 50, 290 (366); Schmidt in: Achterberg/Püttner (Hg.), Bes. VwR, 11; vgl. Mösbauer, 55ff.
[155] Ossenbühl, DÖV 1968, 618 (625); Schmidt, 78; vgl. Hornung, 133ff.
[156] Vgl. von Bogdandy, VerwArch 1992, 53 (58). Die Berufsfreiheit gilt gem. Art. 19 Abs. 3 GG auch für inländische juristische Personen des Privatrechts und für die nichtrechtsfähigen Handelsgesellschaften (OHG, KG); BVerfGE 21, 261 (266); 23, 208 (223); 50, 290 (363); 53, 1 (13); Schmidt, 118; Tettinger, AöR 108 (1993), 92ff (95f).
[157] BVerfGE 7, 377 (397); Frotscher, S. 25 mwNachw.

rechtliche Prüfung müßte sich an anderen Grundrechten - etwa an Art. 2 GG - orientieren.

Hier aus diesem Grund einen Grundrechtsschutz zu versagen, würde das Verhältnis zwischen dem verfassungsrechtlichen Grundrechtsschutz und den einfachgesetzlichen Grundrechtsbeschränkungen auf den Kopf stellen[158]. Es kann nicht dem einfachgesetzlichen Gesetzgeber überlassen bleiben, von vornherein gewisse Tätigkeiten dem Grundrechtsschutz zu entziehen[159]. Außerdem wäre von den einfachgesetzlichen Verboten für das "erlaubt sein" einer Tätigkeit wohl nur ein strafrechtliches Verbot geeignet, der Tätigkeit den Grundrechtsschutz des Art. 12 Abs. 1 GG zu entziehen[160]. Ein verwaltungsrechtliches Verbot genügt dafür nicht[161].

Eine Tätigkeit ist zutreffenderweise erst dann als "nicht erlaubt" anzusehen, wenn sich dies aus der Verfassung selbst ergibt[162]. Das Grundgesetz gibt aber - wie oben gezeigt - in Art. 26 Abs. 2 GG auf die Frage, ob die genannten Tätigkeiten grundsätzlich verboten sind oder nicht, gerade keine Antwort. Im übrigen ist im Sinne eines effektiven Grundrechtsschutzes von einem offenen und weiten Berufsbegriff auszugehen[163]. Tätigkeiten im Zusammenhang mit Kriegswaffen sind demnach als Beruf iSd Art 12. Abs. 1 GG anzusehen.

Stellt man dagegen mit Stimmen in der Literatur[164] und Rechtsprechung[165] bei der Frage nach dem Schutzbereich auf den sozialen Unwertgehalt einer Betätigung ab, so erscheint die hier vertretene Auffassung, die von §§ 2 - 4a KWKG erfaßten Tätigkeiten den Schutz des Art 12. Abs. 1 GG beanspruchen zu lassen, dahingehend widersprüchlich, daß - wie oben dargelegt - der Gesetzgeber durch ein repressives Verbot mit Erlaubnisvorbehalt ja gerade deutlich zum Ausdruck bringt, daß er die gewünschte Tätigkeit als sozialschädlich betrachtet. Bei einer *verfassungsrechtlichen* Prüfung muß jedoch, mit Rücksicht auf den umfassenden individualorientierten Schutzzweck des Art. 12 Abs. 1 GG und die oben gezeigte Gefahr definitorischer

---

[158] Breuer in: Hdbuch des StaatsR, Bd. VI, S. 911.
[159] Berg, GewArch 1977, 249; Langer, JuS 1993, 203 (204); MD-Scholz, Art. 12 RN 24.
[160] MD-Scholz, Art. 12 RN 27; vgl. Berg, GewArch 1977, 250.
[161] Vgl. Bleckmann, Die Grundrechte, 998; aA wohl OVG Hamburg DVBl. 1951, 317ff und VG Düsseldorf, GewArch 90, 207 (208f).
[162] BVerwGE 22, 286 (288); Schmidt, 120.
[163] So die hM: BVerfGE 7, 377 (397); 14, 19 (22); Tettinger, AöR 108, 95 mwNachw.
[164] V. Mangoldt/Klein, Anm. III 2a, S. 358; v. Münch-Gubelt, Art. 12 RN 9.
[165] BVerwGE 2, 110 (111); 4, 294 (295f); BVerwG, GewArch 1963, 202 (204); OVG Münster, GewArch 1968, 89, (90f); VG Düsseldorf, GewArch 1990, 207 (208).

Mißbräuche, auf einem neutralen Verständnis der Sozialwertigkeit von menschlichen Betätigungen bestanden werden[166]. Außerdem beinhalten die §§ 2 - 4a und 6 KWKG repressive Verbote mit Erlaubnisvorbehalt weniger wegen einer Sozialschädlichkeit iS einer sittlich-moralischen Verwerflichkeit der genehmigungspflichtigen Tätigkeiten, sondern wegen der besonderen Gefahren, die von Kriegswaffen ausgehen[167]. Eine definitorische Ausschließung läßt sich nur dort vertreten, wo eine Tätigkeit evident dem Menschenbild des GG widerspricht (z. B. Berufskiller) und damit zentralen verfassungsrechtlichen Wertungen und nicht lediglich allgemein sozialethischen Auffassungen in der Bevölkerung widerspricht[168].

Im konkreten Zusammenhang heißt das, daß Berufe wie der des Waffenproduzenten[169], des Waffentransporteurs und des gewerbsmäßigen Sammlers (Museum) vom Schutzbereich des Art. 12 GG erfaßt sind. Daß sie dem Menschenbild des GG evident widersprechen, ist ernsthaft nicht zu begründen. Zweifelhafter erscheint dies hingegen beim Beruf des Waffenhändlers und -exporteurs. Geht man von einer Offenheit des Berufsbegriffes im Hinblick auf gesellschaftliche Anschauungen aus[170], bewegen sich diese Berufe sicherlich auf den Randbereich des Schutzbereiches zu[171], sind aber aus den oben genannten Gründen von ihm als erfaßt anzusehen[172].

Der Schutzbereich des Art. 12 Abs. 1 GG wird also durch die §§ 2 - 4a und 6 Abs. 1 KWKG berührt.

1.2. Eingriff

Eingriffe in die Berufsfreiheit sind beeinträchtigende Regelungen, "die sich gerade auf die berufliche Betätigung beziehen und die sie unmittelbar zum Gegenstand haben"[173]. Zwar beziehen sich die Regelungen in §§ 2 - 4a, 6 KWKG nicht auf eine spezifische berufliche Betätigung. Sie betreffen

---

[166] Tettinger, AöR 1983, 92 (98).
[167] Vgl. Erster Teil, Kapitel B.2.4.; vgl. BGH NJW 1994, 61 (62).
[168] Tettinger, AöR 1983, 98.
[169] Soweit er nur für die eigenen und befreundeten Streitkräfte produziert.
[170] BVerwGE 22, 286 (289); MD-Scholz, Art. 12 RN 25.
[171] Vgl. Böhme in FS Podlech, 85ff; als Beleg mag auch das negative Bild, daß von diesen Berufen in der Presse gemalt wird, genügen, vgl. etwa Der Spiegel Nr. 16 v. 13.04.1992, S. 79ff; Nr. 23 v. 01.06.92, S. 80f; Nr. 29 v. 13.07.92, S. 60ff; Die Wochenpost Nr. 4 v. 21.01.93.
[172] Vgl. Tettinger, AöR 1983, 98.
[173] BVerfGE 13, 181 (185).

vielmehr ganz abstrakt bestimmte Tätigkeiten und zwar unabhängig davon, ob sie berufsmäßig ausgeübt werden oder nicht. Das Bundesverfassungsgericht und mit ihm die hL haben jedoch schon des öfteren ausgeführt, es könne nicht ausnahmslos gefordert werden, daß die berufliche Betätigung unmittelbar Regelungsobjekt einer Norm sein müsse, um durch sie einen Eingriff in Art. 12 Abs. 1 GG zu sehen. Die Berufsfreiheit kann auch durch solche Vorschriften berührt werden, die infolge ihrer Gestaltung in einem engen Zusammenhang mit der Ausübung eines Berufes stehen und objektiv eine berufsregelnde Tendenz deutlich erkennen lassen[174].

Diese Voraussetzungen sind hier erfüllt, denn z. B. der Waffenproduzent ist unmittelbar von § 2 Abs. 1 KWKG betroffen, der Waffenhändler von § 4a KWKG und der Spediteur von § 3 KWKG.

1.3. Verfassungsrechtliche Rechtfertigung des Eingriffs

Als nächstes stellt sich die Frage der verfassungsrechtlichen Rechtfertigung des Eingriffs in die Berufsfreiheit.

Seit dem Apotheken-Urteil des Bundesverfassungsgerichts vom 11.06.1958 ist anerkannt, daß sich die Anforderungen an die Rechtfertigung eines Eingriffs in die Berufsfreiheit nach der Stufentheorie bestimmen[175].

Als Stufen sind zu unterscheiden Berufsausübungs- und Berufswahlregelungen, bei letzteren ist zu unterscheiden zwischen subjektiven und objektiven Zulassungsschranken[176]. Objektive Zulassungsschranken liegen vor, wenn die Wahl eines Berufes von der Erfüllung objektiver, dem Einfluß des Berufswilligen entzogenen und von seiner Qualifikation unabhängigen Kriterien abhängig gemacht wird[177]. Sie sind gerechtfertigt, wenn sie zur "Abwehr nachweisbarer oder höchstwahrscheinlicher schwerer Gefahren für ein überragend wichtiges Gemeinschaftsgut" notwendig sind[178]. Subjektive Zulassungsschranken knüpfen die Wahl des Berufes an persönliche Voraussetzungen, wie bestimmte Fähigkeiten und Eigenschaften[179], er-

---

[174] BVerfGE 21, 73 (85); 22, 380 (384); 70, 191 (214); v. Münch-Gubelt, Art. 12 RN 43; Jarass/Pieroth, Art. 12 RN 10ff.

[175] BVerfGE 7, 377; Friauf, JA 1984, 537 (542f); MD-Scholz, Art. 12 RN 318.

[176] BVerfGE 7, 377ff.

[177] Pieroth/Schlink, Grundrechte, S. 202.

[178] BVerfGE 7, 377 (408f); 63, 266 (286).

[179] BVerfGE 9, 338; BVerwGE 39, 247 (251).

worbene Abschlüsse[180] oder erbrachte Leistungen[181]. Sie sind gerechtfertigt, wenn durch sie "wichtige Gemeinschaftsgüter", die der Freiheit des einzelnen vorgehen, geschützt werden sollen[182]. Berufsausübungsregelungen schließlich regeln die Bedingungen oder Modalitäten, unter denen sich berufliche Tätigkeit vollzieht[183]. Sie werden durch sachgerechte und vernünftige Gründe des Gemeinwohls legitimiert[184].

Die Regelungen der §§ 2 - 4a und 6 KWKG sind Berufsausübungsregelungen und keine Berufswahlregelungen[185].

Diese Vorschriften regeln weder die Zulassung zum Beruf des Waffenhändlers, -produzenten, -spediteurs etc. noch hindern sie rechtlich irgend jemand daran, einen dieser Berufe zu ergreifen[186]. Regelungstatbestand der §§ 2 - 4a und 6 KWKG sind bestimmte Tätigkeiten, nicht bestimmte Berufe. Eine solche Einordnung entspricht auch der Rechtsprechung des Bundesverfassungsgerichts. Dies hat z. B. in einem Beschluß vom 16.02.1965 die Genehmigungsbedürftigkeit gewisser Geschäfte im sog. "Interzonenhandel" aus denselben Gründen als Berufsausübungs- und nicht als Berufswahlregelung qualifiziert[187].

Eine Beschränkung der Berufswahl wäre nach der Rechtsprechung des Bundesverfassungsgerichts dann anzunehmen, wenn die Berufsausübungsregelungen derart streng sind, daß sie die Ausübung des Berufes schlechthin verhindern bzw. unmöglich machen[188]. Zwar darf nicht übersehen werden, daß die strengen Regelungen des KWKG nicht gänzlich ohne Auswirkungen auf die Berufswahl bleiben. Denn durch ein repressives Verbot mit Erlaubnisvorbehalt sind einem Bürger, der sich auf dem Kriegswaffenmarkt beruflich betätigen will, die seinem Beruf zugrundeliegenden Tätigkeiten zunächst einmal grundsätzlich verboten. Nach der Rechtsprechung des

---

180 BVerfGE 13, 97; 34, 71.
181 Pieroth/Schlink, Grundrechte, S. 203.
182 BVerfGE 69, 209 (218); v. Münch-Gubelt, Art. 12 RN 55.
183 Jarass/ Pieroth, Art. 12 RN 20a.
184 v. Münch-Gubelt, Art. 12 RN 49.
185 Nicht-Annahme Beschluß BVerfG 1 BvR 840/78, S. 2 nv allerdings ohne nähere Begründung; vgl. Dolde, RIW 1992, 517 (523).
186 Vgl. v. Schenck, ZaöRV 1969, 257 (307).
187 BVerfGE 18, 353 (361). Vgl. auch BVerwG NJW 1992, 2648 (2650): Das Bundesverwaltungsgericht stellt dort ohne weitere Ausführungen fest, daß es sich bei den Beschränkungsmöglichkeiten der §§ 2 Abs. 1, 7 Abs.1 AWG um Berufsausübungsregelungen handelt.
188 BVerfGE 30, 292 (313ff); 12, 281 (294f).

Bundesverfassungsgerichts kann aber von einer zur Berufsaufgabe zwingenden Regelung nur die Rede sein, wenn nicht nur Einzelfälle zu einer Berufsaufgabe gezwungen sind[189]. Es gibt in der Bundesrepublik jedoch nach wie vor zahlreiche Unternehmen, die auf dem Kriegswaffenmarkt tätig sind (Rheinmetall, Diehl Gruppe etc.). Die Gründe, die Unternehmen in der Bundesrepublik zur Aufgabe des wehrtechnischen Bereichs bringen oder daran hindern, Neugründungen vorzunehmen, finden sich vornehmlich in den hohen Entwicklungs- und Herstellungskosten, bereits bestehenden Überkapazitäten, in den hohen Standort- insbesondere Personalkosten sowie in geschrumpften Verteidigungshaushalten nach dem Wegfall des Ost-West Konfliktes[190] und damit einhergehender gesunkener Nachfrage nach wehrtechnischen Gütern[191]. Unternehmensaufgaben werden zwar auch mit einer insgesamt restriktiven Genehmigungspraxis der Bundesregierung und schlechten Exportaussichten begründet[192]. Sie sind aber nicht das maßgebende Kriterium unternehmerischer Entscheidungen[193]. Es ist nicht bekannt, daß Unternehmen oder einzelne Bürger durch die Vorschriften des KWKG zur Berufsaufgabe gezwungen worden sind.

Zwar darf auch nicht übersehen werden, daß der Beruf des Kriegswaffenproduzenten und des Kriegswaffenhändlers stark vom "good will" der jeweils genehmigenden Bundesregierung abhängt. Dieser Einwand wird jedoch dadurch entkräftet, daß dieses Abhängigkeitsverhältnis in der Natur der Sache begründet ist. Denn in einem Gemeinwesen wie der Bundesrepublik, in dem die Landesverteidigung in den Händen des Staates monopolisiert ist, handelt es sich bei der Rüstungsindustrie zwangsweise um eine "politische Industrie"[194].

---

[189] BVerfGE 30, 292 (313ff); 12, 281 (294f).

[190] Pearson in Brzoska/Lock (Hrsg.), Restructuring of arms production in Western Europe, 44ff.

[191] Sköns, Western Europe: internationalization of the arms industry, in: Wulf (Hrsg.), Arms Industry Limited, 160ff; Wulf, Western Europe: facing over-capacities in: Wulf (Hrsg.), Arms Industry Limited, 143ff; vgl. Handelsblatt v. 12.12.1994, S. 2 sowie auch die Stellungnahmen des Vorstandsvorsitzenden der Thyssen Industrie AG in WT 5/93, S. 9f; des BMV in Handelsblatt v. 27.04.1995, S. 4 sowie des Präsidenten des Bundesverbandes der Deutschen Luft- und Raumfahrtindustrie in: SZ v. 22.09.1995, S. 23.

[192] Vgl. die Stellungnahmen des Vorstandsvorsitzenden der Thyssen Industrie AG in: WT 5/93, S. 9f.

[193] Z. B. versuchte die Siemens AG, ihr Wehrtechnik-Geschäft "wegen der europaweit, vor allem in Deutschland schrumpfenden Ausgaben für militärisches Gerät" zu verkaufen (Handelsblatt v. 21.03.1995, S. 13).

[194] Vgl. SZ v. 22.09.1995, S. 23.

Nachdem somit das repressive Verbot mit Erlaubnisvorbehalt als Berufsausübungsregelung qualifiziert ist[195], stellt sich im Anschluß die Frage nach seiner Rechtfertigung.

Dabei kann der Ansicht *Gusys*[196], ein repressives Verbot mit Erlaubnisvorbehalt sei nur dann verfassungsrechtlich gerechtfertigt, sofern eine völlige Untersagung ohne Ausnahme zulässig wäre, nicht gefolgt werden. Denn dadurch, daß beim repressiven Verbot mit Erlaubnisvorbehalt in besonderen Ausnahmefällen die Möglichkeit der Genehmigung der entsprechenden Tätigkeit ausdrücklich vorgesehen wird, unterscheidet sich daß repressive Verbot gerade vom absoluten Verbot. Die Auffassung *Gusys* beruht auf der Annahme, daß der Dispens die Ausnahme von der Verbotsnorm nicht aus Gründen eines überwiegenden privaten Interesses, sondern ausschließlich aufgrund öffentlicher Belange gestattet. Von der Verbotsvorschrift soll nur unter der Voraussetzung, daß sie überwiegenden öffentlichen Interessen entgegensteht, abgewichen werden dürfen. Private Belange seien nicht zu berücksichtigen. Deswegen stelle sich das repressive Verbot mit Erlaubnisvorbehalt aus der Sicht des Betroffenen auch als völliges Verbot seines Vorhabens dar[197]. Für § 6 KWKG ist dies jedoch nicht haltbar, denn in den Materialien ist ausdrücklich die Möglichkeit vorgesehen, daß der Antragsteller gegen Entscheidungen, "durch die er in *seinen*[198] Rechten verletzt wird", gerichtlich vorgeht. Wenn er aber gegen eine Verletzung seiner Rechte vorgehen kann, so sind diese notwendigerweise bei der Genehmigungsentscheidung zu berücksichtigen[199]. Der Ansicht *Gusys* ist auch aus grundsätzlichen Erwägungen zu widersprechen, denn aus dem Verhältnismäßigkeitsgrundsatz, insbesondere aus den im Einzelfall betroffenen Grundrechten, kann sich ergeben, daß Ausnahmen von einem Verbot im Interesse des Einzelnen vorzusehen sind[200].

Stufenlehre bzw. der Verhältnismäßigkeitsgrundsatz verlangen, daß der Eingriff in die Berufsfreiheit einen legitimen Zweck verfolgt und zur Erreichung des Zwecks geeignet ist[201]. Der primäre Zweck des KWKG ergibt sich unmittelbar aus seinem systematischen Zusammenhang zu Art. 26 GG[202]. Art. 26 Abs. 1 GG soll das friedliche Zusammenleben der Völker

---

195 Für § 4a KWKG auch Pottmeyer, Komm., § 4a RN 7.
196 Gusy JA 1981, 80 (83f); wohl auch Brauer, 111.
197 Gusy JA 1981, 80 (83).
198 Hervorhebung des Verfassers.
199 AA Gusy JA 1981, 80 (84).
200 Maurer, 208; Schwabe JuS 1973, 133 (136).
201 Pieroth/Schlink, Grundrechte, S. 206.
202 siehe dazu im einzelnen Zweiter Teil A. 4.3.

schützen, Gefahren für den Völkerfrieden und die Internationale Sicherheit abwehren sowie friedensstörende Handlungen verhindern. Das KWKG schützt somit einen "zentralen Wert"[203], ein überragend wichtiges Rechtsgut[204], an dessen Legitimität angesichts seiner Verankerung in der Verfassung kein Zweifel besteht. In Anbetracht der oben beschriebenen[205] Gefahren, die von einem unkontrollierten Umgang mit Kriegswaffen für das friedliche Zusammenleben der Völker ausgehen, stellt die Statuierung eines Genehmigungsvorbehaltes ein geeignetes Mittel dar, diese Gefahren zu unterbinden. Denn durch die Kontrolle der entsprechenden Warenströme kann z. B. verhindert werden, daß Waffen in Kriegsgebiete exportiert werden.

Fraglich ist jedoch, ob die Beeinträchtigung auch erforderlich ist; d. h. der Zweck darf nicht durch ein anderes Mittel erreicht werden können, das den Bürger bzw. das betreffende Unternehmen weniger belastet[206]. Als milderes Mittel kommt hier insbesondere die Statuierung eines präventiven Verbotes mit Erlaubnisvorbehalt in Betracht[207]. Da das Grundgesetz, wie gezeigt, es dem Gesetzgeber überlassen hat, den Genehmigungsvorbehalt präventiv oder repressiv auszugestalten, ließe sich im Hinblick auf die Grundrechtsrelevanz der Genehmigungspflicht argumentieren, daß zur Schonung der Berufsfreiheit ein präventiver Erlaubnisvorbehalt erforderlich ist.

Von Bedeutung ist in diesem Zusammenhang insbesondere, daß dem einzelnen durch § 6 Abs. 1 KWKG die entscheidende Durchsetzungsmöglichkeit für sein Genehmigungsbegehren, sein Anspruch, genommen ist. Die Qualität des Grundrechts als subjektives Recht[208] wird dadurch abgeschnitten.

In dem Entzug des Anspruchs liegt jedoch gleichzeitig das stärkste Argument für die verfassungsrechtliche Rechtfertigung eines repressiven Verbotes. Der notwendige politische Entscheidungsspielraum wird der Bundesregierung durch das repressive Verbot erst eröffnet.

Genehmigungsentscheidungen nach dem KWKG haben in aller Regel einen starken politischen, meist außen- und sicherheitspolitischen Bezug. Im Bereich außen- und sicherheitspolitischer Entscheidungen steht der Bundesre-

---

[203] Benda, AöR 1984, 1 (11).
[204] Vgl. BVerfGE 65, 116.
[205] Erster Teil A. 2.4.
[206] BVerfGE 30, 292 (316), 69, 209 (218 f.).
[207] Vgl. BVerfGE 53, 135 (145).
[208] Vgl. BVerfGE 6, 386f; MD-Dürig, Art. 1 RN 96.

gierung eine weite Gestaltungsfreiheit zu[209]. Dies folgt aus dem Gewaltenteilungsgrundsatz, denn bei der Beurteilung derartiger Sachverhalte verfügt institutionell und auf Dauer typischerweise allein die Regierung in hinreichendem Maße über die personellen, sachlichen und organisatorischen Möglichkeiten, auf wechselnde äußere und sicherheitspolitische Lagen zeitnah und sachgerecht zu reagieren und so die staatliche Aufgabe, die auswärtigen Angelegenheiten verantwortlich wahrzunehmen, bestmöglich zu erfüllen[210]. Dieser Entscheidungsspielraum und die Möglichkeit, die Kriegswaffenströme aus der Bundesrepublik nach ihrem Willen zu steuern, würde der Bundesregierung aber genommen, wenn dem Bürger ein Anspruch auf die Genehmigung zugebilligt würde. Die Bundesregierung wäre verpflichtet, immer dann Genehmigungen zu erteilen, wenn der Schutzzweck des Verbotes nicht entgegensteht[211]. Dieser Grundsatz dürfte als Leitlinie der Praxis nicht verlassen oder gar ins Gegenteil verkehrt werden[212]. So könnte etwa eine Bundesregierung, die momentan praktizierte Politik, Genehmigungen nach dem KWKG nicht zu beschäftigungspolitischen Kapazitätserweiterungen führen zu lassen[213], nicht ohne weiteres verfolgen. Denn wenn die Vorgaben des § 6 Abs. 2 und 3 KWKG einer Genehmigung nicht entgegenstünden, wäre die Bundesregierung - wie dargestellt - verpflichtet, gem. Art. 12 Abs. 1 GG eine Genehmigung zu erteilen[214]. So würden der Regierung letztendlich die Hände gebunden und in einem sensiblen Bereich der notwendige politische Spielraum genommen werden[215]. Aus der gebotenen Kontrolle des Umganges mit Kriegswaffen einerseits und der Verankerung der Produktion und Veräußerung derartiger Güter in privaten Händen andererseits ergibt sich somit das Erfordernis, eine Reihe von Vorkehrungen - auch rechtlicher Art - zu treffen, um Durchbrechungen und Umgehungen der regierungsamtlichen Willensbildung durch Einzelpersonen und Unternehmen zu unterbinden[216]. Die politische Entscheidungsfreiheit ist hier wegen der besonderen Gefahren, die der Umgang mit Kriegswaffen sowohl in bezug auf außenpolitische als auch auf

---

[209] V. Münch in: FS Baudissin, 48.
[210] BVerfG NJW 1985, 603 (605).
[211] Vgl. BVerfGE 18, 353 (364).
[212] Vgl. BVerfGE 18, 353 (364); BVerfGE 9, 137 (146ff).
[213] Exportpolitische Grundsätze der Bundesregierung Punkt Nr. 8.; vgl. FAZ v. 17.03.1993, S. 4.
[214] Vgl. Pottmeyer, Komm., § 6 RN 23ff.
[215] Vgl. Hornung, 131.
[216] Beschorner, ZVglRWiss 90 (1991), 262 (264); Das Argument, daß wirtschaftsordnende und -lenkende Politik mittels eines präventiven Erlaubnisverfahrens nicht gewährleistet werden kann, war auch Grundlage der Entscheidung des Bundesverfassungsgerichts zum WHG (BVerfGE 58, 300 (347)).

innenpolitische Belange haben kann[217], als höher zu bewerten als die individuellen Interessen der betroffenen Berufsgruppen.

Durch den Ausschluß eines Anspruchs in § 6 KWKG wird dem einzelnen auch nicht jede Rechtsschutzmöglichkeit genommen. Zum einen bleibt dem Bürger ein Recht auf Durchführung des Genehmigungsverfahrens. Zum anderen geht aus den Materialien hervor, daß der Antragsteller einen Anspruch auf eine fehlerfreie Ermessensentscheidung hat. Denn dort heißt es: "Der Antragsteller hat jedoch die Möglichkeit, gegen Entscheidungen der Genehmigungsbehörde, durch die er in seinen Rechten verletzt wird, Klage vor dem Verwaltungsgericht zu erheben"[218]. Daraus ergibt sich, daß die Möglichkeit zur Genehmigungserteilung nicht allein im öffentlichen Interesse, sondern wenigstens auch zur Wahrung der Belange des Antragstellers besteht. Dem Antragsteller steht also ggfls. auch eine Klagebefugnis zur Seite[219]. Wo das Ermessen in Willkür ausartet und wo sachfremde Erwägungen Verwendung finden, wird das Ermessen fehlerhaft ausgeübt und hält einer gerichtlichen Überprüfung nicht stand[220]. Schließlich ist es in besonders gelagerten Ausnahmefällen denkbar, daß sich aus Art. 12 Abs. 1 GG ein Anspruch auf Erteilung einer Genehmigung ergibt[221].

Abschließend stellt sich die Frage, ob der Eingriff in die Berufsfreiheit verhältnismäßig im engeren Sinn ist, d. h. daß der Grundrechtseingriff nicht außer Verhältnis zu dem angestrebten Zweck stehen darf[222]. Liegen, wie im Falle der §§ 2 - 4a, 6 KWKG, Berufsausübungsregelungen vor, so werden diese - wie oben bereits erwähnt - gemeinhin dann als gerechtfertigt angesehen, wenn sie durch sachgerechte und vernünftige Gründe des Gemeinwohls legitimiert sind[223]. In Anbetracht der Bedeutung der durch das KWKG geschützten Rechtsgüter erscheint diese Rechtfertigung problemlos. Zu berücksichtigen ist jedoch, daß im Hinblick auf die restriktive Genehmigungspraxis der Bundesregierung empfindlich in die Berufsausübung der Rüstungsunternehmer und Unternehmen eingegriffen wird, die deutliche Auswirkungen auf die Berufswahl haben (s. o.). Genügen kann deshalb nur eine Rechtfertigung durch besonders wichtige Gemeinschaftsgüter[224], vor

---

[217] BT-Drs. III/1589, 17; vgl. OVG Münster, Urt. v. 02.11.1976, XIV A 1829/75 nv., 10.
[218] BT-Drs. III/ 1589, 17.
[219] Vgl. Beschorner, ZVglRWiss 90 (1991), 262 (285).
[220] Mussgnug, 93.
[221] BVerwGE 61, 24 (31); VG Köln, Urteil vom 26.04.1985 20 K 4855/83 nv., S. 6; ausdrücklich offen OVG Münster, Urt. v. 02.11.1976, XIV A 1829/75 nv., 8.
[222] BVerfGE 46, 120 (148); 51, 193 (208).
[223] Jarass/Pieroth, Art. 12 RN 28 m. w. Nachw..
[224] Vgl. BVerfGE 63, 266 (286).

allem durch die von der Verfassung selbst legitimierten öffentlichen Interessen[225]. Mit Art. 26 GG wird den durch die Genehmigungsvorbehalte der §§ 2 - 4a, 6 KWKG geschützten Werte Verfassungsrang eingeräumt. In Anbetracht dessen, daß das durch diese Vorschrift geschützte friedliche Zusammenleben der Völker zum einen von entscheidender Bedeutung für die Existenz des staatlichen Gemeinwesens insgesamt und zum anderen Voraussetzung für Leben und Unversehrtheit seiner Bürger ist, müssen hier die durch Art. 12 GG wirtschaftlichen Interessen Einzelner zurückstehen. Das Prinzip der Überordnung dieses Rechtsgutes über wirtschaftliche Partikularinteressen ist im übrigen auch international anerkannt[226].

Die Statuierung von repressiven Verboten mit Erlaubnisvorbehalt in den §§ 2 - 4a und 6 KWKG ist folglich mit Art 12. Abs. 1 GG vereinbar.

2. Art. 2 Abs. 1 GG

Soweit eine verfassungsrechtliche Prüfung anhand von Art. 2 Abs. 1 GG überhaupt noch in Betracht kommt (Subsidiaritätsprinzip), ist der Eingriff in die allgemeine Handlungsfreiheit aus den zu Art. 12 Abs. 1 GG genannten Gründen entsprechend ebenfalls gerechtfertigt.

3. Art. 14 GG

Für das Verhältnis von Art. 12. GG zu Art. 14 GG ist weitgehend anerkannt, daß Art. 14 zurücktritt, wenn die Ausübung des betreffenden Freiheitsrechtes im Vordergrund vor dem durch Art. 14 GG geschützten Vermögensrecht steht[227]. Maßgeblich ist, ob es um das Erworbene oder den Erwerb geht[228]. Die durch die §§ 2 - 4a KWKG erfaßten Handlungen greifen eher in "die Freiheit der individuellen Erwerbs- und Leistungsfähigkeit" als in die "Innehabung und Verwendung vorhandener Vermögensgüter"[229] ein, denn insbesondere die von der Genehmigungspflicht betroffenen Rüstungsunternehmen, Spediteure etc. pflegen den Umgang mit Kriegswaffen aus erwerbswirtschaftlichen Zwecken und mit der Absicht der Gewinnmaximierung[230].

---

[225] Stein, Staatsrecht, S. 366.
[226] Vgl. Ebert, 102.
[227] Jarass/Pieroth, Art. 14 RN 4, Art. 12 RN 3 mwNachw.
[228] BVerfGE 30, 292 (335); 88, 366 (377); BGHZ 111, 349 (357); vgl. Dolde, RIW 1992, 517 (522).
[229] Vgl. BVerfGE 30, 292 (335); 84, 133 (157).
[230] Vgl. BVerfGE 30, 292 (335).

Nur im Falle des privaten Umgangs mit Kriegswaffen, z. B. im Falle eines Sammlers, kommt die Anwendbarkeit von Art. 14 GG in Betracht. Doch auch in diesen Fällen ist die verfassungsrechtliche Rechtfertigung des Eingriffs unproblematisch. Denn sie ist durch ein besonderes öffentliches Interesse gerechtfertigt[231]. Diese folgt bereits aus dem hohen Stellenwert des durch Art. 26 Abs. 1 GG geschützten Rechtsguts des friedlichen Zusammenlebens der Völker. Bezeichnenderweise haben die Gerichte in den Entscheidungen zu Klagen privater Kriegswaffensammler und in der Verfassungsbeschwerde eines Waffenhändlers Art. 14 GG mit keinem Wort erwähnt[232].

4. Ergebnis zu C.

Die Statuierung eines repressiven Verbots mit Erlaubnisvorbehalt hält verfassungsrechtlichen Anforderungen stand.

---

[231] Vgl. dazu nur Sachs-Wendt, Art. 14 RN 70ff.

[232] Nicht-Annahme Beschluß BVerfG 1 BvR 840/78; BVerwGE 91, 24; OVG Münster, Urt. v. 02.11.1976, XIV A 1829/75nv; OVG Münster, Urt. v. 11.11.1988, 20 A 1552/85 nv.; VG Köln, Urteil vom 26.04.1985 20 K 4855/83 nv.

Zweiter Teil

Die fakultativen Versagungsgründe

Wie sich aus dem Gebrauch des Wortes "insbesondere" in § 6 Abs. 2 1. Halbsatz KWKG entnehmen läßt, ist die Aufzählung der dort genannten Versagungsgründe nicht abschließend[1]. Die Genehmigung kann daher auch aus solchen Gründen versagt werden, die in § 6 Abs. 2 1. Halbsatz KWKG nicht aufgezählt sind. Angesichts der Vielgestaltigkeit der für eine Versagung in Betracht kommenden Gründe war eine erschöpfende Aufzählung im Gesetz nicht möglich[2].

A. § 6 Abs. 2 NR. 1 KWKG

1. Die Entscheidung nach § 6 Abs. 2 Nr. 1 KWKG und ihr politisches Umfeld

Gleich der erste Genehmigungstatbestand des § 6 Abs. 2 KWKG berührt die außenpolitischen Konsequenzen der Genehmigungsentscheidung. Gemäß § 6 Abs. 2 Nr. 1 KWKG kann eine Genehmigung versagt werden, wenn Grund zu der Annahme besteht, daß ihre Erteilung dem Interesse der Bundesrepublik an der Aufrechterhaltung guter Beziehungen zu anderen Ländern zuwiderlaufen würde.

§ 6 Abs. 2 Nr. 1 KWKG regelt damit einen Bereich des Wirtschaftslebens, der neben ökonomischen in hohem Maße auch politische, militärische und ideologische Interessen betrifft.

Zum einen sind Waffenexporte ein Mittel der Außen- und Verteidigungspolitik. Sie sind Bestandteil des Zusammenhalts regionaler und internationaler Militärbündnisse und stärken die militärische Schlagkraft befreundeter bzw. verbündeter Staaten an strategisch wichtigen Punkten der Welt[3]. Dies haben insbesondere die Waffenlieferungen der Vereinigten Staaten und der Sowjetunion an Staaten der Dritten Welt im Kalten Krieg gezeigt. Mit Hilfe von Waffenlieferungen wurde und wird versucht, Einfluß auf die Innen- und

---

[1] BT-Drs. III/1589, S. 17; Hinze, § 6 KWKG, Anm. 4; Potrykus, § 6 Anm. 5 (S. 67); Pottmeyer, Komm., § 6 RN 43.

[2] BT-Drs. III/1589, S. 17.

[3] Roeser, 41; vgl. Ipsen, Gutachten, 305.

Außenpolitik des Empfängers zu nehmen. Die Möglichkeit dazu ergibt sich nicht zuletzt aus der Notwendigkeit, neben den gelieferten Waffensystemen auch Techniker und Berater des Exporteurs zu entsenden, um die Streitkräfte des Importeurs im Gebrauch der neuen Waffen zu unterweisen[4].

Aber auch die "negative" Seite der Ausfuhrpolitik, die Entscheidung, an bestimmte Empfänger keine Waffen zu liefern, ist integraler Bestandteil der Außen- und Sicherheitspolitik eines jeden Staates. Zum einen soll technisches Wissen aus außenwirtschaftlichen Gründen vor dem Ausland geheimgehalten werden, um der heimischen Industrie einen Wettbewerbsvorteil zu sichern[5]. Zum anderen und vornehmlich sollen Ausfuhrbeschränkungen der äußeren Sicherheit der betreffenden Nation dienen. Erinnert sei in diesem Zusammenhang nur an das zwischenzeitlich aufgehobene COCOM-Exportkontrollregime, das die Lieferung von Waffentechnik und sonstiger Hochtechnologie in die Staaten des früheren Ostblocks weitgehend verhinderte, um den waffentechnischen Vorsprung des Westens zu sichern.

Neben den politischen Möglichkeiten bergen Waffenausfuhren jedoch auch erhebliche militärische und sicherheitspolitische Risiken in sich. Stets besteht z. B. die Gefahr, daß der Käufer die erworbenen Rüstungsgüter an Dritte weitergibt, denen die Bundesrepublik aus politischen oder ideologischen Gründen keine Waffen überlassen hätte. Der illegale Export von Waffen gefährdet die Geheimhaltung militärisch-technischer Kenntnisse, die Durchsetzung der jeweils verfolgten Verteidigungspolitik und nicht zuletzt das Ansehen des exportierenden Staates insbesondere in Kreisen verbündeter Staaten.

Auch die seit der Auflösung des Ostblocks zunehmende Kommerzialisierung des internationalen Waffenhandels hat nicht zu einer Entpolitisierung von Exportgenehmigungsentscheidungen geführt. Mit dem Wegfall dieser ideologischen "Grunddeterminante"[6] des internationalen Waffenhandels ging infolge der allgemeinen Abrüstungserfolge und sinkender Verteidigungshaushalte zwar auch eine sinkende Nachfrage westlicher Staaten für Rüstungsgüter einher[7]. Das damit verbundene Interesse der Industrie nach der Kompensierung dieser Einbußen durch vermehrte Exporte in andere Staaten[8] und die Nachfrage der Dritten Welt nach Kriegswaffen gewährlei-

---

[4] Roeser, 41f mwNachw.

[5] Vgl. Ebert, 30.

[6] Oeter, 161.

[7] Sohm, NZWehrr 94, 99ff (102); vgl. auch Wulf, Arms Industry, 3ff und 145f.

[8] Wulf, Arms Industry, 5f.

stet dem Thema "Waffenexporte" nach wie vor politische Aktualität. Der ideologisch gefärbten Debatte des Kalten Krieges folgt nach den Erfahrungen des Golfkrieges eine politische Diskussion, die den Schwerpunkt auf die Kontrolle des Rüstungs- und Technologietransfers legt[9]. Verhindert werden soll nunmehr eine Aufrüstung konfliktträchtiger Regionen und deren instabiler und unberechenbarer Regime ("Nord-Süd statt Ost-West"[10]).

Daß politische Erwägungen bei Waffenexporten auch weiterhin in erheblichem Maße anzustellen sind, ist in jüngerer Zeit z. B. an dem Vorhaben deutscher Werften, U-Boote nach Taiwan zu liefern, deutlich geworden. Stimmen aus der Wirtschaft verwiesen auf außenwirtschaftliche Gründe, die für eine Verwirklichung des Exports sprachen, denn allgemein erhoffte man sich Anschlußgeschäfte im Hochtechnologiebereich[11]. Mehrere Abgeordnete des Bundestages sahen in dem Geschäft die Möglichkeit, die Beziehungen zu Taiwan zu verbessern[12]. Die Bundesregierung verwies auf die Gefahr einer Beeinträchtigung der Beziehungen zur Volksrepublik China[13] und verwandte ihrerseits das Argument, Rüstungsgeschäfte mit Taiwan könnten wegen der automatisch zu erwartenden Pekinger Verärgerung, die Chancen deutscher Exporteure auf dem chinesischen Markt verschlechtern[14]. Außerdem wollte sie an ihrer "Ein-China-Politik" festhalten[15]. Schließlich hieß es seitens der Bundesregierung, bei der Region handele es sich um ein Spannungsgebiet. Deshalb wurde die Genehmigung durch die Bundesregierung zunächst nicht erteilt[16]. Die Diskussion um das Geschäft entbrannte von neuem als das deutsche Marine-Schiffbaukonsortium beabsichtigte, gemeinsam mit US-amerikanischen Firmen zu liefern. Nun hieß es, solche Rüstungsexporte behinderten die geopolitisch dringend gebotene Umstellung von der Produktion militärischer auf die Herstellung ziviler Güter[17]. Andererseits würde der Bundesregierung ein Nein angesichts der neuen Konstellation nun schwerer fallen, da die amerikanischen Verbündeten hinter dem Projekt stünden[18]. Die Bundesregierung hielt dennoch an ihrer Genehmigungsversagung fest.

---

[9] Vgl. Wulf, Waffenexport zu Beginn der neunziger Jahre, EA 1992, 313.
[10] Reuter, RIW 1993, 88.
[11] Vgl. Handelsblatt v. 28.04.1994, S. 2.
[12] Vgl. Handelsblatt v. 28.04.1994, S. 3.
[13] Handelsblatt v. 28.04.1994, S. 3.
[14] Handelsblatt v. 28.02.1994, S. 2.
[15] Süddeutsche Zeitung v. 28.08.1994, S. 2.
[16] Süddeutsche Zeitung v. 28.08.1994, S. 2.
[17] Handelsblatt v. 28.04.1994, S. 2.
[18] Handelsblatt v. 28.04.1994, S. 3; vgl. auch zur Diskussion Handelsblatt v. 06./07.10.1995, S. 27.

Außerdem zeigen die massiven Bemühungen einiger Schwellenländer und ihrer Geheimdienste[19] - wie etwa des Irak oder Lybiens - um die Beschaffung von Waffentechnik im ABC-Bereich, im Bereich der Trägertechnologie und auf dem Sektor konventioneller Kriegswaffen[20], mit welcher politischen Brisanz Waffenexporte nach wie vor verbunden sind.

Angesichts dieses Befundes ist es nur wenig verwunderlich, daß sich viele Mitgliedstaaten der Europäischen Union bis heute gegen eine Vereinheitlichung der Waffenexportrichtlinien sträuben. Rüstungsexportentscheidungen werden auch weiterhin als wesentlicher Bestandteil politischer Souveränität angesehen[21].

Eine Auslegung der Norm mit traditionellen Methoden erscheint vor dem Hintergrund dieser politischen Affinität als fremdartig oder sogar als unangebracht[22]. Objektive Anhaltspunkte, wann eine Genehmigungsentscheidung dem Interesse der Bundesrepublik an der Aufrechterhaltung guter Beziehungen zu anderen Ländern zuwiderläuft, scheinen kaum feststellbar. Jede Genehmigungsentscheidung erfordert vielmehr ein Austarieren verschiedenster außenpolitischer Aspekte.

Dies wirft zunächst die Frage auf, ob die Subsumtion derartiger Sachverhalte unter den Tatbestand des § 6 Abs. 2 Nr. 1 KWKG bzw. die darin verwandten Rechtsbegriffe nicht der anwendenden Verwaltung vorbehalten bleiben muß, spiegelbildlich ob der Tatbestand gerichtlich überhaupt überprüfbar ist. Oder mit den Worten von *Redeker* gefragt, wie soll ein Gericht sachlich in der Lage sein, diese tatsächlichen Voraussetzungen zu prüfen, die entweder zum Bereich diffiziler außenpolitischer Erwägungen gehören oder aber Feststellungen über Verhältnisse in fernen Ländern zum Gegenstand haben[23]?

Wird die grundsätzliche Überprüfbarkeit dennoch bejaht, gilt es zu beantworten, ob diese ihrem Umfange nach beschränkt oder unbeschränkt ist. Je nach dem dabei gewonnenen Ergebnis sollen dann, bei voller gerichtlicher Überprüfbarkeit der Inhalt des Tatbestandes, bei beschränkter gerichtlicher Überprüfbarkeit die Grenzen der Entscheidungskompetenz der Verwaltung herausgearbeitet werden.

---

[19] Vgl. dazu Handelsblatt v. 25.07.1995, S. 6.
[20] Wamers, der Kriminalist 94, 338ff (338).
[21] Hahn, ZfZ 1993, 314ff (316); vgl. Reuter, NJW 1995, 2190 (2190).
[22] Vgl. Maunz, FS Schmitt, 285 (285).
[23] Redeker, DÖV 1971, 757ff (758).

2. Justizfreier Hoheitsakt?

Zu Beginn der 50er Jahre wurde in der Literatur die Diskussion wiederbelebt, ob es Hoheitsakte gibt, die einer gerichtlichen Kontrolle von vornherein entzogen sind. Im Rahmen dieser Arbeit interessieren dabei die Stimmen, die der Ansicht waren, daß die sogenannten Regierungsakte derartige justizfreie Hoheitsakte sind[24]. Unter dem Begriff des Regierungsaktes wurden alle staatsleitenden Akte oberster Staatsorgane verstanden[25]. Bei der Genehmigungsentscheidung nach § 6 Abs. 2 Nr. 1 KWKG von einem Regierungsakt zu sprechen liegt deshalb nahe, weil gemäß Art. 26 Abs. 2 GG und § 11 Abs. 1 KWKG grundsätzlich die Bundesregierung zu dieser Entscheidung berufen ist und es sich - wie oben gezeigt - bei Waffenexportentscheidungen um Entscheidungen von außen- und sicherheitspolitischer Bedeutung handelt[26].

Die Annahme der fehlenden gerichtlichen Überprüfbarkeit von Regierungsakten wurde zum einen mit dem Verweis auf die Natur der Sache[27] zum anderen damit begründet, daß der Richter zu einem Gegeneinanderabwägen der mannigfaltigen Interessen, die gerade in politische Fragen hineinspielen, nicht imstande sei[28]. Die für die Befürworter der Figur der gerichtsfreien Hoheitsakte noch heute maßgebliche Schrift von *Hans Schneider* stützte ihre Argumentation im wesentlichen darauf, daß die von der Verfassung eines Staates einem bestimmten Organ zugewiesene politische Führungsaufgabe - hier der Regierung - sinnvollerweise nur von diesem Organ selbst erfüllt werden kann und nicht verschoben werden darf, wenn sie nicht in andere Hände übergehen soll. Der Richter müsse immer Richter bleiben und dürfe nicht Politiker werden[29].

Grundlage einer gerichtlichen Überprüfbarkeit der Genehmigungsentscheidung nach § 6 Abs. 2 Nr. 1 KWKG ist unter der Ordnung des Grundgesetzes aber letztendlich nicht das Politische oder Rechtliche der Genehmigungsentscheidung sondern Art. 19 Abs. 4 GG[30]. Gegen Maßnahmen der Exekutive ist - unabhängig davon, ob es sich um Regierungs-, Verwaltungs- oder

---

[24] Klein, VVDStRl. Bd. 8, S. 67ff (111); Krüger, DÖV 1950, 536ff; Schneider, Recht und Staat 1951, 160/161; vgl. differenzierend Treviranus, 30ff.
[25] BK-Schenke, Art. 19 IV RN 220 mwNachw.
[26] Vgl. auch zum Ganzen Ebert, Technologietransfer, 193ff.
[27] Klein,VVDStRl. Bd. 8 (1950), 67 (111f).
[28] Krüger, DÖV 1950, 536 (540f).
[29] Schneider, 42.
[30] BVerfGE 88, 40 (56ff); BVerwG NJW 1995, 1690ff (1691); OVG Berlin JZ 1953, 644; vgl. Grewe in: HdBuch des Staatsrechts III, § 77 RN 91f.

Realakte handelt - bei jeder potentiellen Verletzung subjektiv-öffentlicher Rechte justizielle Kontrolle grundsätzlich gewährleistet[31]. Dies unterstrich auch der Gesetzgeber, denn in den Materialien zum KWKG heißt es, daß der Antragsteller die Möglichkeit habe, gegen Entscheidungen der Genehmigungsbehörde Klage vor dem Verwaltungsgericht zu erheben, wenn er dadurch in seinen Rechten verletzt sei[32].

Die entscheidende Frage ist danach, ob durch die Genehmigungsentscheidung Individualrechte des einzelnen betroffen bzw. verletzt sind[33].

Betroffen von einer Genehmigungsentscheidung gemäß § 6 Abs. 2 Nr. 1 KWKG sind z. B. die Unternehmen und Unternehmer der Rüstungsindustrie. Grundsätzlich ist natürlich auch die Antragstellung durch Privatpersonen denkbar. Daraus ergibt sich, daß jede Genehmigung gemäß § 6 Abs. 2 Nr. 1 KWKG bzw. deren Versagung - wie oben gezeigt - immer den Schutzbereich des Art. 12 Abs. 1 oder des Art. 2 Abs. 1 GG betrifft. Eine Genehmigungsversagung stellt stets einen Eingriff in die allgemeine Handlungsfreiheit des Einzelnen oder in die Berufsfreiheit des Unternehmers oder des Unternehmens dar. Dabei ist heute anerkannt, daß soweit staatliche Handlungen in den Schutzbereich von Grundrechten eingreifen, den einschlägigen Normen einfachen Rechts ein subjektiv-rechtlicher Gehalt zuerkannt wird[34].

Die Justiziabilität der Genehmigungsentscheidung ergibt sich im übrigen aus der Entscheidung des Grundgesetzgebers in Art. 26 Abs. 1 GG in Verbindung mit der Präambel und den Art. 24 sowie 25 GG ein allgemeines Friedensgebot mit nicht nur proklamatischem Charakter sondern mit unmittelbarer Rechtswirkung aufzustellen[35]. Die Aufstellung einer rechtlichen Friedenspflicht findet ihren Ursprung in der bereits oben angesprochenen besonderen historischen Situation, in der sich die Verfasser des Grundgesetzes unter dem Eindruck der Schrecken des 2. Weltkrieges befanden. Die Verwirklichung des Friedensgebotes hat für den Bereich der Kriegswaffen in Art. 26 Abs. 2 GG eine Sonderregelung gefunden: Herstellung, Beförderung und Inverkehrbringen von Kriegswaffen werden einer Genehmi-

---

[31] OVG Berlin DÖV 1991, 746; Frotscher, Regierung als Rechtsbegriff, 225f; vgl. Hailbronner, VVDStRL 56 (1997), 7 (12).
[32] BT-Drs. III/1589, S. 17.
[33] Vgl. MD Schmidt-Aßmann, Art. 19 Abs. 4 GG RN 77f; v. Münch-Krebs, Art. 19 IV RN 55.
[34] Vgl. Jarass/Pieroth, Art. 19 RN 23 mwNachw.
[35] AK-Frank, Art. 26 RN 30ff; Jarass/Pieroth, Art. 26 RN 1; MD-Maunz, Art. 26 RN 1ff; v. Münch, NJW 1984, 577 (581); Stern, Staatsrecht, Bd. I, 509.

gungspflicht unterworfen[36]. Als Ausführungsgesetz zu Art. 26 Abs. 2 GG ist das KWKG an die verfassungsrechtlichen Vorgaben und Ziele des Grundgesetzes gebunden[37]. Hat das Grundgesetz aber mit dem allgemeinen Friedensgebot eine außenpolitische Zielvorgabe zu einem *Rechts*gut erhoben[38], so darf dieses nicht durch die Hintertür des justizfreien Hoheitsaktes de facto wieder zum bloßen politischen Programmsatz, ähnlich der Präambel[39], degradiert werden. Zwar ist die Entfaltung friedenspolitischer Aktivitäten "auch in Verfolgung eines Staatszieles niemals Sache der Rechtsprechung, sondern bleibt stets den politischen Gewalten im Verfassungsstaat, nämlich Parlament und Regierung, vorbehalten"[40]. Aber die Tatsache, daß das grundgesetzliche Friedensgebot nur politisch zu verwirklichen ist, reicht nicht aus, die Genehmigungsentscheidung als justizfreien Hoheitsakt einzuordnen. Denn wenn man von dem politischen Inhalt des Ziels und des Weges auf die Gerichtsfreiheit des Hoheitsaktes schließen würde, so läge eine Verwechslung zwischen der Zulässigkeit gerichtlicher Kontrolle und ihrer Intensität, d. h. dem Umfang der Nachprüfungsbefugnis vor.[41] Es sind im übrigen keine Anhaltspunkte erkennbar, warum bei einer offensichtlichen Unvereinbarkeit des von der Regierung eingeschlagenen Weges mit dem verfassungsrechtlichen Friedensgebot kein Grund vorliegen soll, mit verwaltungs- oder verfassungsrechtlicher Kontrolle einzusetzen[42]. Schließlich ist nicht einzusehen, warum, wenn andere Bestandteile des allgemeinen Friedensgebotes ausdrücklich gerichtlichen Entscheidungen zugänglich sind, wie z. B. die Beilegung zwischenstaatlicher Streitigkeiten gem. Art. 24 Abs. 3 GG, die Frage nach der bundesrechtlichen Relevanz von Völkerrecht gem. Art. 25 i. V. m. Art. 100 Abs. 2 GG sowie schließlich die strafrechtlichen Verbote gem. Art. 26 Abs. 1 Satz 2 GG, die Entscheidung gemäß § 6 Abs. 2 Nr. 1 KWKG im speziellen, aber auch die übrigen in Betracht kommenden Genehmigungstatbestände (verwaltungs-) justizfrei bleiben sollen.

---

[36] LG Düsseldorf, NStZ 1988, 231 (232); AK-Frank, Art. 26 RN 44; v. Mangoldt/Klein, S. 689; MD-Maunz, Art. 26 RN 41; Pottmeyer, Komm., Einl. RN 17; Roeser, 97; Schmidt-Bleibtreu-Klein, Art. 26 RN 4.

[37] Vgl. dazu die Arbeit von Epping, die sich generell mit der Frage befaßt, ob der Gesetzgeber durch den Erlaß des KWKG den Verfassungsauftrag des Art. 26 Abs. 2 KWKG erfüllt hat.

[38] LG Düsseldorf, NStZ 1988, 231 (232); Maunz, in Festgabe für Carl Schmitt, Berlin 1968, 285ff (285); Schneider, Recht und Politik 1986, 138ff (141); vgl. allgemein Friauf in FS Herrfahrdt, 45 (46).

[39] Vgl. Maunz, Festgabe für Carl Schmitt, Berlin 1968, 285 (285).

[40] Schneider, Recht und Politik 1985, 138 (143).

[41] Ebert, 195 f.

[42] Vgl. Ebert, 196.

Die Genehmigungsentscheidung nach § 6 Abs. 2 Nr. 1 KWKG erweist sich somit nicht als justizfreier Hoheitsakt. Da die aufgezeigten Grundsätze über § 6 Abs. 2 Nr. 1 KWKG hinaus von grundsätzlicher Bedeutung sind, kann hier bereits festgehalten werden, daß die Genehmigungsentscheidung nach dem KWKG generell kein justizfreier Hoheitsakt ist.

3. Beschränkt gerichtlich überprüfbarer Verwaltungsakt?

3.1. Ermessen und unbestimmter Rechtsbegriff

Mit der Feststellung, daß die Voraussetzungen des § 6 Abs. 2 Nr. 1 KWKG grundsätzlich gerichtlicher Kontrolle unterliegen, ist noch nichts über den Umfang der Kontrolldichte gesagt bzw., um bei dem gewählten Blickwinkel zu bleiben, über die Grenzen des Entscheidungsspielraumes der Verwaltung entschieden. Die Beantwortung dieser Frage ist Gegenstand der folgenden Untersuchung. Methodisch wird dabei an der "klassischen"[43] Unterscheidung zwischen unbestimmtem Rechtsbegriff und Ermessen festgehalten.

Das Ermessen erscheint auf der Rechtsfolgenseite einer Norm[44] und gibt der Verwaltung zwischen mehreren, vom Gesetzgeber als rechtmäßig angesehenen Rechtsfolgen die Wahl. Das Vorliegen einer Ermessensentscheidung ist in der Regel anzunehmen, wenn nach dem Gesetzeswortlaut, nach dem Gesetzeszusammenhang oder der Zweckbestimmung der Vorschrift die Verwaltung zur Regelung eines bestimmten Sachverhalts die Wahl zwischen mehreren Entscheidungen haben soll[45]. Gesetzestechnisch erfolgt die Einräumung von Ermessen entweder durch den ausdrücklichen Hinweis auf "Ermessen", oder - wie meistens - durch Ausdrücke wie "kann", "darf", "ist berechtigt" oder durch die Einräumung von Alternativen[46]. Dieser Technik folgt auch § 6 Abs. 2 Nr. 1 KWKG, wenn es heißt, daß die Genehmigung aus dem dort genannten Grund versagt werden "kann". *Epping*[47] hat zutreffend darauf hingewiesen, daß dem der Wortlaut des § 6 Abs. 1 KWKG nicht entgegensteht. Danach besteht auf die Erteilung der Genehmigung zwar kein Anspruch. Dennoch ergibt sich aus dem Wortlaut des § 6 Abs. 2 KWKG ("Die Genehmigung *kann* insbesondere versagt werden ..."), daß diese nach pflichtgemäßem Ermessen erteilt werden kann. Obwohl dieses

---

[43] Stelkens/Bonk/Sachs, § 40 RN 17.
[44] Maurer, 121f; Stelkens/Bonk/Sachs, § 40 RN 17.
[45] Redeker/v. Oertzen, § 114 RN 7.
[46] Fürstenwerth, 16; Stelkens/Bonk/Sachs, § 40 RN 10.
[47] Epping, DWiR 1991 276 (281).

Ermessen, wie oben gezeigt, hier als sog. "freies" Ermessen bezeichnet wird, bedeutet dies nicht, daß es sich um ein ungebundenes Ermessen handelt, denn im Rechtsstaat gibt es nur ein pflichtgemäßes d.h. rechtlich gebundenes Ermessen.

Unbestimmte Rechtsbegriffe[48] tauchen zumeist auf der Tatbestandsseite einer Norm auf[49]. Sie umschreiben die tatbestandlichen Voraussetzungen für ein Handeln der Behörde[50]. Ihre Besonderheit besteht darin, daß sie nicht - wie etwa Ort- und Zeitangaben - einen feststehenden Inhalt und Umfang haben, sondern daß sie sich durch eine "geringe Konturenschärfe", einen "generalklauselartigen Charakter" bzw. durch "mangelnde inhaltliche Eindeutigkeit" auszeichnen[51]. Anerkannt ist dies z. B. für das "Erfordernis des gesamtwirtschaftlichen Gleichgewichts" in Art. 109 Abs. 2 GG oder den Begriff des "außenwirtschaftlichen Gleichgewichts" in § 1 StabG. Auch der Begriff des "Interesses der Bundesrepublik an der Aufrechterhaltung guter Beziehungen zu anderen Ländern" bewegt sich zweifelsohne in diesem Umfeld. Hier ergibt sich die mangelnde inhaltliche Eindeutigkeit insbesondere aus dem für verschiedene politische Wertungen offenen Adjektivs "gut".

Beinhaltet eine Norm wie § 6 Abs. 2 Nr. 1 KWKG auf der Tatbestandsseite einen unbestimmten Rechtsbegriff und eine Ermessensermächtigung auf der Rechtsfolgenseite, so spricht man von einer Koppelungsvorschrift bzw. einem Mischtatbestand[52]. Grundsätzlich gelten für diese Normen keine Besonderheiten. Im Einzelfall kann es aber zu Auswirkungen von der einen auf die andere Seite kommen[53]. So hat der Gemeinsame Senat der Obersten Gerichtshöfe des Bundes die Entscheidung über die Frage, ob die Einziehung der Steuer nach Lage des einzelnen Falles "unbillig" sei (§ 131 I AO 1919) als eine einheitliche Ermessensentscheidung gewertet, bei der eine Trennung zwischen unbestimmtem Rechtsbegriff und Ermessen nicht möglich sei[54]. Solche "Verzahnungen"[55] müssen sich jedoch immer aus der entsprechenden Norm selbst ergeben und sind Einzelfälle. Dies hat das Bun-

---

[48] Zur Definition vgl. LVG Rheinland-Pfalz, MDR 1954, 188.
[49] Maurer, 129.
[50] Fürstenwerth, 18.
[51] Schmidt, Öffentliches Wirtschaftsrecht AT, 443 mwNachw.
[52] BVerwG NJW 1986, 738, 739; NVwZ 1987, 601 (603); Nierhaus, JUS 1978, 596 (600) mwNachw.
[53] BVerwGE 18, 247 (250); 39, 355 (363ff).
[54] BVerwGE 39, 355ff.
[55] Stelkens/Bonk/Sachs, § 40 RN 21.

desverwaltungsgericht im Hinblick auf die Entscheidung des Gemeinsamen Senates klar betont[56].

Geprüft wird zunächst der Tatbestand des § 6 Abs. 2 Nr. 1 KWKG und seine unbestimmten Rechtsbegriffe. Im Anschluß wendet sich die Untersuchung der Rechtsfolge und somit den Grenzen des behördlichen Ermessens zu, um abschließend zu fragen, ob es auch bei § 6 Abs. 2 Nr. 1 KWKG zu Verzahnungen zwischen Tatbestandsseite und Ermessen kommt.

3.2. Die gerichtliche Überprüfbarkeit unbestimmter Rechtsbegriffe unter besonderer Berücksichtigung verwandter Tatbestände

Die gerichtliche Überprüfbarkeit unbestimmter Rechtsbegriffe gehört seit jeher zu einem der umstrittensten Bereiche des Verwaltungsrechts[57]. Angesichts der kaum überschaubaren Judikatur und Literatur zu diesem Bereich, gilt das Bemühen einer knappen Skizzierung der allgemeinen Leitlinien und einer anschließenden Hervorhebung derjenigen Normenbereiche, in denen der Gesetzgeber ähnliche Begriffe wie in § 6 Abs. 2 Nr. 1 KWKG verwandt hat.

Gerichtlich sind unbestimmte Rechtsbegriffe grundsätzlich voll überprüfbar[58] und die Genehmigungsbehörden somit zur alleinigen abschließenden Beurteilung nicht befugt. Das Bundesverwaltungsgericht hat dazu - unter Verweisung auf die kongruente Rechtsprechung des Bundesverfassungsgerichts - treffend ausgeführt:

> Soweit Schlußfolgerungen aus einem unbestimmten Rechtsbegriff zu ziehen sind, unterliegt die Bestimmung des Sinngehaltes, die Feststellung der Tatsachengrundlagen und die Anwendung des unbestimmten Rechtsbegriffs auf die im Einzelfall festgestellten Tatsachen der uneingeschränkten gerichtlichen Nachprüfung. Das ist Ausdruck der verfassungsrechtlichen Grundentscheidung in Art. 19 IV GG, wonach die effektive Gewährleistung des Rechtsweges die vollständige Nachprüfung eines Akts der öffentlichen Gewalt in rechtlicher und tatsächlicher Hinsicht ermöglichen muß. Nur ausnahmsweise, bei Vorliegen ganz besonderer Voraussetzungen, ist es im Hinblick auf die genannte Rechtsschutzgarantie zu rechtfertigen, der Verwaltungsbehörde bei der Anwendung des un-

---

56 BVerwGE 40, 353 (356); 45; 162 (164f); BVerwG DVBl. 1982, 69 (72); vgl. auch OVG Münster, NVwZ 1982, 47.

57 Maurer, 139.

58 BVerwG DVBl. 91, 46 (47); BVerwG DVBl. 91, 49; BVerfGE 64, 261ff (279); 83, 130 (148); Fürstenwerth, 18 mwNachw; Maurer, 145; Redeker/von Oertzen, Komm., § 114 RN 14.

bestimmten Rechtsbegriffs einen eigenen, gerichtlicher Kontrolle nicht mehr zugänglichen Beurteilungsspielraum einzuräumen [59].

Beurteilungsspielräume[60] müssen sich stets aus der jeweils anzuwendenden Norm selbst ergeben[61] und sind nicht etwa das Ergebnis eines generellen oder abstrakten Wertungsgehaltes einer Entscheidung, ihres prognostischen Einschlages oder eines sprachwissenschaftlich irgendwie festzumachenden Grades von sprachlicher Unbestimmtheit eines Begriffes[62]. Ein Beurteilungsspielraum ist nur dann anzunehmen, wenn der Gesetzgeber ausdrücklich - z. B. durch Formulierungen wie: "wenn ... der Auffassung ist" -, nach Auslegung oder nach dem Zusammenhang und Sinn und Zweck der materiellrechtlich anwendbaren Vorschrift die Zuordnung des Einzelfalles zu dem unbestimmten Rechtsbegriff der Entscheidung der Behörde überläßt[63].

Derartige Ausnahmefälle sind mittlerweile anerkannt für: Prüfungs- und prüfungsähnliche Entscheidungen[64], da die Bewertung menschlicher Eignung und Leistung unwiederholbar und individuell ist; für beamtenrechtliche Beurteilungen[65], weil es sich um eine individuelle Entscheidung wertender Art handelt; für Entscheidungen wertender Art durch weisungsfreie, mit Sachverständigen und/oder Interessenvertretern besetzte Ausschüsse, da deren Meinungsbildung wesensmäßig unersetzbar ist[66]; für Entscheidungen bezüglich einzelner, dem unbestimmten Rechtsbegriff vorgegebener Faktoren[67], z. B. bei der behördlichen Stellenplanung als Vorgabe für die Beurteilung des "dienstlichen Bedürfnisses für die Versetzung eines Beamten", weil es sich dabei um vorgelagerte verwaltungspolitische Entscheidungen handelt.

Die "letzte" Fallgruppe, Prognoseentscheidungen insbesondere politischen Charakters und Risikobewertungen im Bereich des Umwelt-, Technik- und

---

[59] BVerwG DVBl. 1991, 46 (47f).

[60] Dieser gerichtlich nicht voll überprüfbare Freiraum hat in der Literatur die unterschiedlichsten Namen; vgl. die Zusammenstellung bei Hoppe, Festgabe BVerwGE, 295ff (296). Der Begriff Beurteilungsspielraum wurde 1955 von Bachof entwickelt (vgl. Bachof, JZ 1955, 97ff) und hat sich in Rechtsprechung und Literatur durchgesetzt (vgl. Redeker/von Oertzen, Komm., § 114 RN 15ff).

[61] Sog. normative Ermächtigungslehre; BVerwG DVBl. 1991, 47 (48).

[62] Wahl, NVwZ 1991, 409.

[63] Kopp, § 114 VwGO RN 24.

[64] BVerfGE 65, 303 (311); BVerfG DVBl. 1991, 801; BVerwGE 70, 143; 75, 275; vgl. auch zur neueren Rechtsprechung des BVerfG Herzog, NJW 1992, 2601ff.

[65] BVerwGE 60, 245; DVBl. 91, 867.

[66] BVerwGE 77, 75; Vgl. BVerfGE 83, 130 (148).

[67] BVerwGE 26, 65 (77); 39, 291 (299).

Wirtschaftsrechts[68], verdient im Rahmen dieser Arbeit der besonderen Hervorhebung. Tragend für die Einräumung eines Beurteilungsspielraumes sind dort hauptsächlich funktionell-rechtliche Argumente. Danach kommt es entscheidend darauf an, daß die Verwaltung nach ihrer Ausstattung, ihren Ressourcen und den von ihr praktizierten Verfahren oft besser als die Gerichte zur Wahrnehmung der in Rede stehenden Aufgabe in der Lage ist[69]. Allerdings ist auch in diesem Normbereich Differenzierung geboten. Die Eigenarten der gerichtlichen Kontrolldichte sind nach dem jeweiligen Regelungsbereich zu beurteilen.

Dem Regelungsbereich des KWKG sehr nahe steht das Außenwirtschaftsgesetz (AWG). Das AWG erfaßt u. a. den Export der vom KWKG nicht geregelten sogenannten "dual use" Waren. Dual Use Waren sind Güter, die sowohl militärisch als auch zivil verwendbar sind. § 7 Abs. 1 Nr. 3 AWG bestimmt, daß Rechtsgeschäfte und Handlungen im Außenwirtschaftsverkehr beschränkt werden können, um "zu verhüten, daß die auswärtigen Beziehungen der Bundesrepublik Deutschland erheblich gestört werden". Gemäß § 27 Abs. 1 AWG erläßt die Bundesregierung die diesbezüglichen Rechtsverordnungen. Heute besteht Einigkeit, daß die Anwendung dieses Tatbestandes nur beschränkt gerichtlich überprüfbar ist[70].

Dies folgt allerdings nicht etwa daraus, daß der Bereich der außenwirtschaftlichen Beziehungen dogmatisch etwa dem allgemeinen Regierungsvorbehalt von Art. 65 GG unterfällt. Dieser besteht nur im vorgesetzlichen Raum und kann nicht angewendet werden, wenn eine Materie gesetzlich geregelt ist[71]. Denn mit dem Zeitpunkt ihrer Normierung orientieren sich die jeweiligen Maßnahmen primär an den vom parlamentarischen Gesetzgeber erlassenen Rechtssätzen (AWG). Die Entscheidungen verlieren dadurch ihren Charakter als rein staatspolitische Entscheidungen der Bundesregierung in ihrer verfassungsrechtlichen Funktion als Trägerin der auswärtigen Gewalt, sondern werden vielmehr zu Entscheidungen im Funktionsbereich der ausführenden Verwaltung[72]. Im Rahmen des AWG wird dies besonders deutlich daran, daß die Genehmigung nach dem AWG nicht von

---

[68] BVerwGE 79, 208 (213ff); 82, 295 (299ff); BVerwG DVBl. 1991, 517 (519).
[69] Wahl, NVwZ 1991, 409 (411).
[70] BVerwG, RIW 1992, 579 (580); Hocke/Berwald/Maurer, § 7 Anm.1.
[71] Von Bogdandy, VerwArch 1992, 53 (75f); aA wohl Bülck, DÖV 1969, 222; vgl. zum Vorbe-haltsbereich der Bundesregierung auch die gleichlautende Dissertation von Götz, Der Vorbehaltsbereich der Bundesregierung, 1993.
[72] Kuss, Die Verwaltung 1989, 66 (71).

der Bundesregierung, sondern von einer Bundesoberbehörde - dem Bundesausfuhramt - erteilt wird[73].

Der Bundesregierung kommt jedoch eine Konkretisierungsbefugnis nach den Grundsätzen der Lehre vom Beurteilungsspielraum zu[74]. Gestützt wird diese Auslegung vornehmlich darauf, daß die Entscheidung im Bereich der auswärtigen Beziehungen ergeht, in dem der Bundesregierung allgemein ein breiter Raum politischen Ermessens eingeräumt ist[75]. Das System der Gewaltenteilung setze voraus, daß keine der drei Staatsgewalten in den Kernbereich einer anderen eingreifen dürfe. Zum Kernbereich der Exekutive gehöre die Pflege der auswärtigen Beziehungen. Wollten die Gerichte im Einzelfall die außenpolitische Situation ohne evidente und schwerwiegende tatsächliche oder rechtliche Gründe anders bewerten, so würden sie eine politische Aufgabe und Verantwortung an sich ziehen, die ihrem Wesen nach eine Sache der Bundesregierung, des Bundestages und des Bundesrates sei[76].

Im übrigen meint *Redeker*, es handele sich um eine genuin politische Prognoseentscheidung mit vornehmlich wertendem Charakter, die zu fällen ein Gericht gar nicht fähig sei. Zum einen sei es aufgrund seiner beschränkten sachlichen und personellen Mittel nicht dazu in der Lage. Denn die diesbezüglich anzustellenden Erwägungen seien diffiziler außenpolitischer Natur oder aber hätten Feststellungen über Verhältnisse in fernen Ländern zum Gegenstand, wie etwa in lateinamerikanischen oder afrikanischen Staaten[77]. Zum anderen schöpfe die Bundesregierung ihre Entscheidung aus ihrem Erfahrungsschatz. Vielfältige Tatsachen flößen im Laufe der Zeit in den außenpolitischen Erfahrungsschatz der Bundesregierung ein und nur daraus werde ihre Wertung verständlich. Einem Gericht sei es aber aus praktischen Gründen versagt, sich diese aus Fakten zusammengesetzte Erfahrung und spezielle Kenntnis anzueignen und zur Grundlage seiner gerichtlichen Entscheidung zu machen[78].

Dem dagegen vorgebrachten Einwand, letztendlich handele es sich nur um ein reines Beweisproblem, denn das Gericht könne Sachverständige, Akten

---

[73] Vgl. von Bogdandy, VerwArch 1992, 53 (76).
[74] Anders noch VG Frankfurt, DB 1965, 136 und Puttler, 34.
[75] BVerfG NJW 1992, 2624; Lindemeyer, RIW/AWD 1981, 10 (19); vgl. auch Hailbronner, VVDStRL 56 (1997), 7 (14 und 19ff).
[76] Von Schenck, ZaöRV 1969, 257 (299); von Bogdandy, VerwArch 1992, 53 (77).
[77] Redeker, DÖV 1971, 757ff (758).
[78] Ebert, 191.

und Auskünfte der Verwaltung zu Rate ziehen[79], ist zu entgegnen, daß der gerichtlichen Feststellung der für die Subsumtion erheblichen Tatsachen praktische Schranken gezogen sind. Zwar sind die Behörden gemäß § 99 Abs. 1 Satz 1 VwGO zur Vorlage von Urkunden und Akten sowie zu Auskünften verpflichtet. Aber gerade bei außenpolitischen Vorgängen werden Auskunftsersuchen häufig mit Rücksicht auf die Vertraulichkeit diplomatischer Informationen und Verhandlungen und unter Berufung auf die Geheimhaltungspflicht des Bundesnachrichtendienstes und anderer Behörden mit nachrichtendienstlichen Aufgaben zurückgewiesen (§ 99 VwGO)[80].

Nachdem somit gezeigt ist, daß ein Beurteilungsspielraum für Genehmigungsentscheidungen gerade im außenwirtschaftlichen Bereich anerkannt ist, fragt sich, ob diese Grundsätze auch für die Entscheidung nach § 6 Abs. 2 Nr. 1 KWKG einschlägig sind.

3. 3. Die Meinungen zu § 6 Abs. 2 Nr. 1 KWKG

In der Literatur[81] besteht Einigkeit, daß es sich auch bei § 6 Abs. 2 Nr. 1 KWKG um einen gerichtlich nur beschränkt überprüfbaren Tatbestand handelt.

Neben den von *Redeker*[82] genannten Argumenten sind die politische - insbesondere außenpolitische - Affinität und der prognostische Charakter der Genehmigungsentscheidung auch für *Tettinger*[83] und *Beschorner*[84] der Grund, zu konstatieren, daß eine Kompetenz der Verwaltung - und nicht der Gerichte - zur konzeptionell-politisch geprägten Verdichtung dieser unbestimmten Rechtsbegriffe besteht.

Jüngst behauptet *Sprögel*[85] pauschal für alle Genehmigungsentscheidungen des KWKG, daß der Bundesregierung dabei ein weites politisches Ermessen eingeräumt ist.

In den Kommentierungen zum KWKG stellt ausschließlich *Pottmeyer*[86] explizit fest, daß angesichts der zu treffenden außen- und sicherheitspoliti-

---

[79] Czermak, JUS 1968, 399 (403).
[80] Ebert, 190f; von Schenck, ZaöRV 1969, 257 (295).
[81] Rechtsprechung zu diesem Fragenkomplex existiert nicht.
[82] Redeker, DÖV 1971, 757ff (758).
[83] Tettinger, Wirtschaftsverwaltungsrecht, 438ff; ders. auch DVBl. 1982, 421 (427).
[84] Beschorner, ZVglRWiss 1991, 262ff (285).
[85] Sprögel in: Bebermeyer, Ausfuhrkontrolle, 21 (23).

schen Erwägungen die Genehmigungsentscheidung der Entscheidungsprärogative der jeweiligen Genehmigungsbehörde unterliegt.

3.4. Stellungnahme

Die Einräumung eines Beurteilungsspielraumes durch § 6 Abs. 2 Nr. 1 KWKG wird zunächst dadurch indiziert, daß - im Gegensatz zum AWG - die Genehmigungsentscheidung nach dem KWKG grundsätzlich nicht durch eine Bundesoberbehörde sondern durch die Bundesregierung gefällt wird (§ 11 Abs. 1 KWKG)[87]. Denn das Grundgesetz gibt der Bundesregierung einen Kernbereich exekutivischer Eigenverantwortung, vor allem im politischen Bereich[88]. Sie hat die Kompetenz für weitreichende politische Entscheidungen, wie zum Beispiel die Bestimmung der Richtlinien der Politik durch den Bundeskanzler (Art. 65 S.1 GG), oder wichtige außenpolitische Entscheidungen, wie etwa über die Aufnahme oder den Abbruch diplomatischer Beziehungen[89]. Ihre Entscheidungen sind generell eher leitend und richtungsweisend, als angeleitet und verwaltend[90]. Zwar hat der Gesetzgeber in § 11 Abs. 2 KWKG die Möglichkeit vorgesehen, die Befugnis zur Erteilung und zum Widerruf der Genehmigung auf einzelne Ressortminister zu übertragen. Dies wurde damit begründet, daß "abgesehen von wenigen Fällen mit besonderer politischer Bedeutung" es nicht "erforderlich noch möglich" sei, "mit der Entscheidung über die Erteilung oder den Widerruf einer Genehmigung in jedem Einzelfall das Bundeskabinett zu befassen[91]". Daraus kann aber nicht geschlossen werden, daß die Genehmigungsentscheidung der Bundesregierung grundsätzlich als reine Verwaltungstätigkeit angesehen wurde. Die Delegation erfolgte vielmehr aus praktischen Gründen und Gründen der Verwaltungsvereinfachung. Man wollte das Bundeskabinett nicht mit jedem unbedeutenden Einzelfall belasten[92]. Wäre eine volle gerichtliche Überprüfbarkeit der Entscheidung gewünscht gewesen, hätte man sich vorher nicht ganz bewußt im Wirtschaftsausschuß auf Vorschlag des Bundesrates dafür entschieden, eine zunächst vorgesehe-

---

[86] Pottmeyer, Komm., § 6 RN 15 u. 49.

[87] Vgl. Tettinger, Wirtschaftsverwaltungsrecht, 226, 234ff.

[88] BVerfG NJW 1985, 603 (605); kritisch zur Kernbereichslehre Götz, 25ff.

[89] BVerfGE 49, 89 (124f).

[90] Hesse, RN 531ff; vgl. Würtenberger, Staatsrechtliche Probleme politischer Planung, 146f.

[91] BT-Drucksache III/1589, S. 19f.

[92] Vgl. Potrykus, Komm, § 11 Anm. 2a) (91).

ne Ermächtigung zur Genehmigungserteilung durch Bundesoberbehörden zu streichen[93].

Gegen diese Indizwirkung des Entscheidungsträgers für das Ausmaß gerichtlicher Kontrolldichte wird eingewandt, es sei zu berücksichtigen, daß es im deutschen Staatsrecht keinen grundsätzlichen und wesensmäßigen Unterschied zwischen der Regierung und der Verwaltung gäbe[94]. Letztendlich sei die Regierung nur die Spitze der Exekutive und damit Teil der Verwaltung[95]. Damit ist aber der Regierungsbereich nur grundsätzlich eingeordnet und nichts darüber gesagt, wie weit der Handlungsspielraum bei der Ausübung der vollziehenden Gewalt im Einzelfall gezogen ist[96].

Außerdem sind die funktionell-rechtlichen Argumente, die für eine beschränkte gerichtliche Überprüfbarkeit von § 7 Abs. 1 Nr. 3 AWG sprechen, auf § 6 Abs. 2 Nr. 1 KWKG entsprechend übertragbar. Angesichts der besonderen Verankerung kriegswaffenrechtlicher Exportentscheidungen im außenpolitischen und militärischen Bereich sind die Grenzen der Konkretisierungsbefugnis der Bundesregierung hier allerdings weiter zu ziehen. Denn im Gegensatz zum Export von Gütern nach dem Außenwirtschaftsgesetz, bei denen neben außenpolitischen, verstärkt auch volkswirtschaftliche (§ 6 AWG), währungs- und konjunkturpolitische (§ 6a AWG) Aspekte eine Rolle spielen, tritt bei Waffenexporten - wie oben gezeigt - das außenpolitische Moment deutlich in den Vordergrund. Kriegswaffenkontrollrechtliche Genehmigungen stehen demnach unter dem Primat der Politik[97].

Auch die von den Gerichten und Teilen der Literatur im Zusammenhang mit § 7 Abs.1 Nr. 3 AWG angeführten praktischen Schranken gerichtlicher Kontrolle, die sich aus der Geheimhaltungsbedürftigkeit der zu verwertenden Tatsachen ergeben, sind im Rahmen von § 6 Abs. 2 Nr. 1 KWKG zu berücksichtigen. Denn dem Geheimhaltungsinteresse des Staates kommt im Bereich des Rüstungsexportes naturgemäß besondere Bedeutung zu.

Die Einräumung eines weiten Beurteilungsspielraumes folgt schließlich auch aus der bereits oben angesprochenen Struktur des KWKG[98]. Danach hat sich gezeigt, daß das Gesetz der Sicherung des außenpolitischen Spielraumes der Bundesregierung dient. Wie etwa die Möglichkeit des jederzei-

---

[93] BT-Drucksache III/2433, S. 4.
[94] Vgl. BVerwGE 4, 24 (28).
[95] Vgl. Jarass/Pieroth, Art. 62 RN 1; Huber, Wirtschaftsverwaltungsrecht, Bd. I, 89.
[96] Frotscher, Regierung als Rechtsbegriff, 224f.
[97] Vgl. Brzoska, Aus Politik und Zeitgeschichte, B 18/1984, 15 (21).
[98] Siehe im ersten Teil Kapitel C.1.3.

tigen Widerrufs der Genehmigung gemäß § 7 Abs. 1 KWKG belegt, verzichtet das Gesetz bewußt auf die für eine Verrechtlichung typische und im Normalfall verfassungsrechtlich gebotene Verfestigung kriegswaffenkontrollrechtlicher Genehmigungen. Die Sicherung des außenpolitischen Spielraumes kann aber nicht dadurch ad absurdum geführt werden, daß die gebotene Flexibilisierung durch die Hintertür der vollen gerichtlichen Kontrolldichte der Bundesregierung wieder aus der Hand genommen wird.

Gegen die Einräumung eines weiten Beurteilungsspielraumes läßt sich auch nicht einwenden, daß angesichts der Grundrechtsrelevanz der Genehmigungsentscheidung aus der Rechtsschutzgarantie des Art. 19 Abs. 4 GG eine volle gerichtliche Überprüfbarkeit folge[99], denn Beschränkungen des Rüstungshandels betreffen - wie oben gezeigt - die Berufsausübung und nicht die Berufswahl. Mit Hinblick auf die internationale Bedeutung der durch den Genehmigungsvorbehalt des KWKG geschützten Rechtsgüter, ergibt sich daraus ein breiter Gestaltungsspielraum des Gesetzgebers für die Festlegung von Beurteilungsspielräumen für die Verwaltung[100].

Schließlich läßt sich einem weiten Beurteilungsspielraum auch nicht entgegenhalten, daß - wie oben in Zweiter Teil, Kapitel A. 2., festgestellt - das Grundgesetz das allgemeine Friedensgebot in Art. 26 GG zu einem justiziablen Rechtsgut erhoben hat. Denn mit der Manifestation zum Rechtsgut ist noch nichts über den Umfang des Beurteilungsspielraumes der Verwaltung gesagt.

Ist somit festgestellt, daß die Behörden bei der Anwendung des Tatbestandes des § 6 Abs. 2 Nr. 1 KWKG einen weiten Beurteilungsspielraum haben, gilt es im Anschluß die Frage zu beantworten, welche Maßstäbe dennoch zwingend beachtet werden müssen.

4. Die allgemeinen Maßstäbe der gerichtlichen Überprüfbarkeit unbestimmter Rechtsbegriffe und ihre Bedeutung für § 6 Abs. 2 Nr. 1 KWKG

Hinsichtlich der folgenden Maßstäbe besteht Übereinstimmung:

---

[99] Vgl. BVerwG NVwZ 1991, 268.

[100] Vgl. BVerwG DVBl. 1972, 895 (896); von Bogdandy, VerwArch 1992, 53 (75).

4.1. Zutreffende und vollständige Sachverhaltsermittlung

Die Entscheidung ist grundsätzlich daraufhin überprüfbar, ob die Verwaltung von einem zutreffenden und vollständig ermittelten Sachverhalt ausgegangen ist. Insbesondere muß sie die empirisch erfaßbaren Daten umfassend sammeln[101]. Dies setzt allerdings voraus, daß die Behörde ihrerseits die konkreten Umstände offenlegt, aus denen sich die begründete Annahme herleitet, daß die Erteilung der Genehmigung dem Interesse der Bundesrepublik an der Aufrechterhaltung guter Beziehungen zu anderen Ländern zuwiderlaufen würde.

Damit stellt sich erneut das Problem, daß bei Waffenexportentscheidungen naturgemäß häufig geheimhaltungsbedürftige Tatsachen Grundlage der Genehmigungsentscheidung sind, die zu offenbaren die Bundesregierung oder das betreffende Ministerium meist nicht bereit sind[102]. Denn gemäß § 99 Abs. 1 Satz 2 VwGO kann die zuständige Aufsichtsbehörde, wenn das Bekanntwerden des Inhalts von Urkunden oder Akten und Auskünften dem Wohle des Bundes oder eines deutschen Landes Nachteile bereiten würde oder wenn die Vorgänge nach einem Gesetz oder ihrem Wesen nach geheimgehalten werden müssen, die Vorlage von Urkunden oder Akten und die Erteilung der Auskunft verweigern.

Zwar ist § 99 Abs. 1 Satz 2 VwGO nicht unmittelbar anwendbar, da die die Entscheidung treffenden Ministerien bzw. die Bundesregierung keine oberste Aufsichtsbehörde besitzen. Die Bundesregierung ist auch nicht etwa die oberste Aufsichtsbehörde der Bundesministerien, denn sie besitzt kein Aufsichtsrecht gegenüber diesen[103]. Wenn jedoch die Bundesministerien schon ein Entscheidungsrecht hinsichtlich geheimhaltungsbedürftiger Angelegenheiten anderer Behörden besitzen, folgt aus einem "a maiore ad minus" Schluß, daß dies erst Recht in eigenen Angelegenheiten gelten muß.

Während die Fälle der Geheimhaltung auf Grund von Gesetzen selten sind und keine Schwierigkeiten bereiten, kann es zweifelhaft sein, welche Akten oder Urkunden ihrem Wesen nach geheimzuhalten sind. Ein solcher Geheimnisschutz kann sich entweder aus dem Sachgegenstand des Akteninhaltes, aus der Art des Zustandekommens der Verwaltungsentscheidung

---

[101] BVerwG DVBl. 1979, 877 (879); DVBl. 1982, 301 (302); DVBl. 1989, 517 (519); Hoppe, FS BVerwGE, 295 (311f); Nierhaus, DVBl. 1977, 19 (24); Ossenbühl, FS Christian Friedrich Menger, 731 (744); Tettinger, DVBl. 1982, 421 (427).

[102] Vgl. OLG Hamburg, ZfZ 1976, 55 (57).

[103] Vgl. BVerwGE 19, 179ff.

oder aber aus dem Schutzbedürfnis eines nicht beteiligten Dritten ergeben[104]. Aus rechtsstaatlichen Gründen, insbesondere wegen des im Verwaltungsprozeß geltenden Untersuchungsgrundsatzes (§ 86 VwGO) und der Maxime, daß die rechtsprechende Gewalt bei der Erfüllung ihrer Aufgaben frei von Einwirkungen anderer Staatsorgane darüber befinden soll, welche Beweismittel zur Aufklärung eines Sachverhaltes notwendig sind[105], ist ein strenger Maßstab geboten[106]. So sind nachrichtendienstliche Feststellungen nur insoweit zurückzuhalten, als sie Rückschlüsse auf Organisation oder Arbeitsweise zulassen, die nachrichtendienstliche Tätigkeit in Frage stellen oder wenn sie Leben, Gesundheit oder Freiheit von Personen gefährden würden[107].

Ein Anhalt für die Geheimhaltungsbedürftigkeit kann sich auch aus dem Zusammenhang zu anderen gesetzlichen Regelungen ergeben[108]. Zu beachten ist hier, daß das Gesetz selbst davon ausgeht, daß der Umgang mit Kriegswaffen geheimhaltungsbedürftige Tatbestände schaffen kann. Denn nach § 12 Abs. 1 Nr. 2 KWKG hat derjenige, der eine nach dem KWKG genehmigungsbedürftige Handlung vornimmt, die erforderlichen Maßnahmen zu treffen, um zu gewährleisten, daß die gesetzlichen Vorschriften und behördlichen Anordnungen zum Schutze von geheimhaltungsbedürftigen Gegenständen, Tatsachen, Erkenntnissen oder Mitteilungen beachtet werden.

Ist ein Geheimhaltungsbedürfnis nach diesen Maßstäben für den Einzelfall zu bejahen, stellt § 99 Abs. 2 VwGO darauf ab, ob glaubhaft gemacht ist, daß die gesetzlichen Voraussetzungen für die Verweigerung der Vorlage von Akten und die Erteilung von Auskünften vorliegen. Glaubhaftmachung bedeutet weniger als das volle Erbringen des Beweises. Ausreichend ist, wenn die zuständige Behörde ihre Wertung der Umstände, die die Geheimhaltungsbedürftigkeit begründen, so überzeugend darlegt, daß das Gericht diese Wertung unter Beachtung rechtsstaatlicher Belange als triftig anerkennen kann[109]. Die Darlegung der Behörde muß dabei mehr enthalten als die bloße Wiederholung oder nur eine andere Umschreibung der gesetzlichen Gründe[110]. Die Pflicht zur Begründung der Verweigerung der Akten-

---

[104] Redeker/von Oertzen, VwGO, § 99 RN 4.
[105] VG Franfurt NJW 1991, 120 (122) unter Bezugnahme auf BVerfGE 57, 250 (287); Kopp, Komm. VwGO, § 99 RN 1.
[106] BayVGH BayVBl. 1978, 86.
[107] BVerwG NVwZ 1994, 72 (72f).
[108] BayVGH BayVBl. 1978, 86.
[109] BVerwG NVwZ 1994, 72 (72f).
[110] BVerwGE 66, 233 (236f).

vorlage geht aber nicht so weit, daß die Begründung Rückschlüsse auf die geheimhaltungsbedürftigen Tatbestände eröffnet[111]. Dies betrifft insbesondere Erkenntnisse und Arbeitsweisen der für die innere und äußere Sicherheit der Bundesrepublik tätigen Behörden[112]. Andererseits muß die Behörde über die konkreten Umstände ihrer Weigerung soweit Auskunft geben, wie die entgegenstehenden Gründe dies noch erlauben, damit die Überprüfung der Rechtmäßigkeit der behördlichen Weigerung wenigstens hinsichtlich offensichtlicher Fehler nicht verschlossen bleibt[113]. Kann die Behörde die konkreten Gründe ihrer Weigerung nicht offenlegen, so muß sie angeben, aus welchen Gründen ihr dies nicht möglich ist. Denn ohne die wenigstens grobe Kenntnis dieser Gründe lassen sich die Interessen, die für bzw. gegen die Geheimhaltungsbedürftigkeit des behördlichen Wissens sprechen, nicht hinreichend sicher beurteilen[114].

Somit hat sich gezeigt, daß die Genehmigungsbehörden in der Regel Urkunden, Akten und die Erteilung von Auskünften im gerichtlichen Verfahren verweigern können.

4.2. Hinreichende Offenlegung der die Einschätzung tragenden Gesichtspunkte

Allgemein anerkannt ist, daß die Behörde die die Einschätzung tragenden Gesichtspunkte offenlegen muß, so daß eine Begründung erkennbar und nachvollziehbar ist[115]. Die Begründungspflicht ist ein wesentliches Erfordernis jedes rechtsstaatlichen Verfahrens[116]. Materiell-rechtlich ist sie in § 39 Abs. 1 Satz 1 VwVfG manifestiert. Danach hat die Behörde die wesentlichen tatsächlichen und rechtlichen Gründe mitzuteilen, die sie zu ihrer Entscheidung bewogen hat.

In vielen Fällen der Genehmigungspraxis - besonders bei Exporten in Nicht-NATO Staaten - wird die Entscheidung über eine Exportgenehmigung jedoch im Wege der formlosen Voranfrage und nicht durch einen förmlichen Ablehnungs- bzw. Genehmigungsbescheid entschieden.

---

[111] BVerwG NVwZ 1994, 72 (72f).
[112] BVerwGE 75, 1 (10).
[113] BVerwGE 75, 1 (10).
[114] BVerwG NVwZ 1994, 72 (73).
[115] BVerwGE 39, 197 (204); 62, 330 (340); Ossenbühl, FS Christian Friedrich Menger, 731 (745); Tettinger, DVBl. 1982, 421 (427).
[116] BVerwGE 22, 215 (217); Kopp, Komm. VwVfG, § 39 RN 3 mwNachw.

Dabei wird wie folgt verfahren: Der betroffene Antragsteller - nahezu ausschließlich ein Unternehmen - richtet eine formlose Voranfrage an das Auswärtige Amt über die Erfolgsaussichten des Exportvorhabens. Dabei wird das Vorhaben nur als solches beschrieben, insbesondere werden Stückzahlen und das Empfängerland angegeben. Die Voranfrage dient aus der Sicht der Firma dem Ziel, in einem wegen hoher Entwicklungs- und Herstellungskosten mit erheblichen finanziellen Vorleistungen verbundenen Geschäft das Risiko möglichst gering zu halten, daß ein Auftrag zur Lieferung von Kriegswaffen nach bereits erfolgter Herstellung der Waffe schließlich daran scheitert, daß der Export aus außenpolitischen Gründen nicht genehmigt wird. Bei positivem Ausgang der Voranfrage erteilt das Auswärtige Amt der Firma eine Zusicherung, wonach das Unternehmen vorbehaltlich veränderter Umstände mit einer Genehmigung rechnen kann[117].

Sieht man mit der überwiegenden Meinung[118] die Zusicherung als Verwaltungsakt an, so folgt in diesen Fällen bereits aus § 39 VwVfG unmittelbar die Verpflichtung zur Begründung einer abschlägigen Entscheidung[119]. Erkennt man den Verwaltungsaktcharakter nicht an, so besteht eine Begründungspflicht jedenfalls verfassungsrechtlich. Entweder wird diese dem Grundsatz der Gesetzmäßigkeit der Verwaltung[120], aus Art. 19 Abs. 4 GG[121], aus der demokratischen Ordnung[122] oder schließlich auf der Grundlage des Grundrechtsschutzes durch Verfahren hergeleitet[123].

Welchen Inhalt und Umfang die Begründung der Verwaltungsbescheide haben muß und in welcher Weise sie dem Betroffenen bekanntzugeben ist, richtet sich nicht nach allgemeinen Maßstäben, sondern nach den Besonderheiten des jeweiligen Rechtsgebietes und nach den Umständen des Einzel-

---

[117] Vgl. Wieland, Genehmigungsverfahren für Kriegswaffen nach dem Kriegswaffenkontrollgesetz, in: Bebermeyer, Deutsche Ausfuhrkontrolle 1992, 29 (33); die oft erst nach 6 bis 8 Monaten (!) ergehende Antwort des AA wird von der Praxis, insbesondere vom BDI, als rechtlich sehr bedenklich angesehen.

[118] BVerwG NVwZ 1986, 1011 (1012); Kopp, VwVfG, § 38 RN 1ff; Müller-Ibold, Begründungs-pflicht, 165; alle mwNachw.

[119] Soweit die Behörde einem Antrag entspricht, ist eine Begründung gemäß § 39 Abs. 2 Nr. 1 VwVfG entbehrlich.

[120] Stern, Staatsrecht, Bd. I, § 20 IV 4, S. 804.

[121] Dolzer, DÖV 1985, 9 (13).

[122] Da die Begründung dem Zwecke diene, dem Betroffenen von der Richtigkeit der Entscheidung zu überzeugen, durch die Entscheidung Konsens zu legitimieren; Ule, Probleme des Verwaltungsverfahrensrechts in der Bundesrepublik in: Verwaltung und Verwaltungsgerichtsbarkeit, 561 (575).

[123] Hufen, NJW 1982, 2160 (2163).

falles[124]. Angesichts des im Einzelfall bestehenden Geheimhaltungsbedürfnisses sind auch an das Ausmaß der Begründungspflicht nur geringe Anforderungen zu stellen. Denn eine Begründung ist nicht erforderlich, wenn zwingende öffentliche Interessen entgegenstehen[125]. Z. B. muß die Bundeswehr, wenn sie gemäß § 30 Abs. 1 LuftVG von den normalen formellen Genehmigungsverfahren aus Geheimhaltungsgründen bei einem Militärflughafen abweichen will, in der Begründung ihrer Entscheidung nicht militärische Geheimnisse offenbaren, sondern entsprechend der Rechtsprechung zu § 99 VwGO nur auf die Geheimhaltungsbedürftigkeit hinweisen und diese sowie die übrigen Gründe ihrer Entscheidung unter Berücksichtigung der Bedeutung der Begründungspflicht im Rechtsstaat, gegebenenfalls auch in der Form allgemeiner Umschreibungen, so einleuchtend darlegen, daß die Beteiligten sie unter Berücksichtigung rechtsstaatlicher Belange noch als triftig anerkennen können[126]. Die Begründung muß jedoch mehr enthalten als die bloße Wiedergabe oder eine nur andere Umschreibung der gesetzlichen Gründe[127].

Die in der Praxis lapidar immer wieder gebrauchten Begründungsformeln: "Sicherheitsinteressen der Bundesrepublik stehen einer Genehmigung entgegen", "aus übergeordneten politischen Gründen ist die Genehmigung nicht möglich" oder "die gegenwärtige Lage läßt das beabsichtigte Geschäft nicht zu"[128] genügen diesen rechtsstaatlichen Mindestanforderungen jedenfalls nicht. Denn der Betroffene muß in der Lage sein, sein Rechtsmittel zu begründen bzw. sich gegen die Entscheidung zu wehren[129]. Dem ließe sich auch nicht entgegenhalten, daß angesichts eines weiten behördlichen Beurteilungsspielraumes eine Forderung nach Begründung den Rechtsschutz des Betroffenen gar nicht verbessern kann, da die außen- und sicherheitspolitischen Implikationen der Entscheidung ohnehin weitestgehend nicht gerichtlich überprüft werden können. Der Antragsteller muß jedoch zumindest erkennen können, ob seine nach den konkreten Umständen naheliegenden Interessen überhaupt erkannt und auch gewürdigt wurden[130]. Er muß wissen, ob die Behörde sich bei ihrer Entscheidung im Hinblick auf den zwingenden Wortlaut des § 6 Abs. 3 Nr. 1 KWKG gebunden gefühlt hat oder von einer Ermessensentscheidung gemäß § 6 Abs. 2 Nr. 1 ausgegangen ist und ob sie

---

[124] BVerwGE 22, 215 (217).
[125] Kopp, Komm.VwVfG, § 39 RN 44.
[126] BVerwGE 81, 95 (101); Kopp, Komm.VwVfG, § 39 RN 44.
[127] BVerwGE 81, 95 (101).
[128] Vgl. von Bogdandy, VerwArch 1992, 53 (70).
[129] Von Bogdandy, VerwArch 1992, 53 (71); vgl. BVerwGE 22, 215 (217).
[130] Vgl. BVerwGE 81, 95 (101).

ihr Ermessen überhaupt ausgeübt hat[131]. Dies gilt auch, wenn - wie hier der Behörde - ein Beurteilungsspielraum eingeräumt ist[132]. Denn wenn die Begründung beim Bürger die "Akzeptanz"[133] bzw. "Nachvollziehbarkeit"[134] der Entscheidung bewirken soll, um ihrer Befriedungsfunktion[135] gerecht zu werden, ist dies bei den o. g. Formulierungen nicht mehr gegeben. Sie bewirken bei den Antragstellern eher das Gegenteil, da sie, auch wegen ihres gewohnheitsmäßigen Gebrauchs, den Eindruck erwecken, man setze sich mit den Belangen des Betroffenen gar nicht (mehr) auseinander. Im übrigen lassen sie noch nicht einmal erkennen, warum die Behörde von einer näheren Begründung absieht. Das Bundesverwaltungsgericht hat jedoch in der oben erwähnten Entscheidung zur Genehmigung eines Militärflughafens verlangt, daß die zuständige Behörde wenigstens ihre Wertung der Umstände, die die Geheimhaltungsbedürftigkeit begründen, einleuchtend darlegt[136].

Schließlich darf die zuweilen ins Spiel gebrachte Gefahr zu befürchtender diplomatischer Verwicklungen[137] aufgrund der Offenlegung bestimmter politischer Entscheidungen und Wertungen nicht überschätzt werden. Zum einen wird die Begründung zunächst nur dem Antragsteller bekannt, ihr Adressaten- und Wirkungskreis bleibt somit beschränkt; zum anderen ist auch die pauschale Ablehnung eines Geschäftes geeignet, die politischen Beziehungen zu dem Empfängerstaat erheblich zu beeinträchtigen[138]. Ferner lassen sowohl die zahlreichen - öffentlichen - parlamentarischen Anfragen und die entsprechenden Antworten der Bundesregierung als auch die zahlreichen internationalen Statistiken, wie z. B. das UN-Waffenregister[139], sowie die Untersuchungen internationaler Organisationen[140] ohnehin Rückschlüsse auf Motive und Strukturen der deutschen Rüstungsexportpolitik zu.

Die Begründungspraxis erweist sich somit als rechtswidrig.

---

[131] OVG Münster NJW 1989, 478 (479); Kopp, Komm. VwVfG, § 39 RN 19.
[132] BVerwGE 62, 330 (340); Günther, NWVBl 1991, 181 (182 f.).
[133] Günther, NWVBl 1991, 181 (182).
[134] OVG München BayVBl 1990, 179 (181).
[135] Schick, JUS 1971, 1 (3); vgl. auch Dolzer, DÖV 1985, 9 (10).
[136] BVerwGE 81, 95 (101); vgl. auch Zweiter Teil Kap. A.4.1.
[137] Vgl. von Bogdandy, VerwArch 1992, 53 (71).
[138] Von Bogdandy, VerwArch 1992, 53 (71).
[139] Vgl. § 12a KWKG i.V.m. der Verordnung über Meldepflichten bei der Einfuhr und Ausfuhr bestimmter Kriegswaffen (Kriegswaffenverordnung) vom 24. Januar 1995, abgedruckt bei Hucko.
[140] Vgl. z. B. Eavis, Paul (Hrsg): Arms and Dual-Use-Exports from the EC: A Common Policy for Regulation and Control, Bristol 1992.

4.3. Beachtung aller gesetzlich vorgegebenen Zwecke und Maßstäbe insbesondere des Sinns und Zwecks des KWKG

Allgemein anerkannt ist, daß die Entscheidung den gesetzlich gesteckten Rahmen und die dem Gesetz innewohnenden Wert- und Zweckmaßstäbe zu beachten hat[141].

4.3.1. Friedenssicherung und Kriegsverhütung

Das "erste und wichtigste"[142] Ziel des KWKG ergibt sich unmittelbar aus seinem systematischen Zusammenhang zu Art. 26 GG[143]. Art. 26 Abs. 1 GG ist die verfassungsrechtliche Garantie eines völkerrechtsfreundlichen (friedlichen) Verhaltens der Bundesrepublik und ihrer Organe. Diese Verfassungsbestimmung soll jede Art von Politik als verfassungswidrig kennzeichnen, die sich negativ auf das friedliche Zusammenleben der Völker auswirkt[144]. Sie soll friedensstörende Handlungen verhindern, das friedliche Zusammenleben der Völker schützen sowie Gefahren für den Völkerfrieden und die Internationale Sicherheit abwehren. Da das KWKG als Ausführungsgesetz zu Art. 26 Abs. 2 GG ergangen ist, verfolgt es folglich dieselben Ziele wie Art. 26 Abs. 1 GG[145].

Daß Waffenexporte, die geeignet sind, das friedliche Zusammenleben der Völker zu gefährden, dem Interesse der Bundesrepublik an der Aufrechterhaltung guter Beziehungen zu anderen Ländern zuwiderlaufen, versteht sich von selbst. Vorbehaltlich einer genaueren Auslegung kann hier deshalb

---

141 BVerwGE 91, 266; OVG Lüneburg DVBl. 1991, 1004; Kopp, Komm. VwGO, § 114 RN 30 u. RN 37; Nierhaus, DVBl. 1977, 19 (24).

142 Pottmeyer, Komm, Einl. RN 63.

143 BVerfG. Beschl. v. 12.02.1979, 1 BvR 840/78 nv., S. 3; BGH NStZ 1983, 172; BayObLG, Beschl. v. 07.01.1971, R Reg. 8 St 143/70 nv., S. 3; VG Köln, Urteil vom 26.04.1985 20 K 4855/83 nv., S. 8; Brauer, 118f; v. Burchard, 6ff; Epping, Der Staat 93, 39 (53f); Hinze, Komm., § 1 KWKG, Anm. 1; Holthausen, NStZ 1982, 363 (368); Potrykus, Komm., Einl. Anm. 5; Steindorf, WaffR, Vorbem. KWKG, Anm. 8; Pottmeyer, Komm., Einl., RN 63; Roeser, 97, 99f.

144 Statt aller Schmidt-Bleibtreu-Klein, Art. 26 RN 1.

145 Vgl. BVerfG. Beschl. v. 12.02.1979, 1 BvR 840/78 nv., S. 3; BGH NStZ 1983, 172; BayObLG, Beschl. v. 07.01.1971, R Reg. 8 St 143/70 nv., S. 3; VG Köln, Urteil vom 26.04.1985 20 K 4855/83 nv., S. 8; Brauer, 118f; v. Burchard, 6ff; Hassemer in der 26. Sitzung des Rechtsausschusses des Deutschen Bundestages vom 13.11.1991, Sten. Prot. S. 43; Hinze, Komm., § 1 KWKG, Anm. 1; Holthausen, NStZ 1982, 363 (368); Potrykus, Komm., Einl. Anm. 5; Steindorf, WaffR, Vorbem. KWKG, Anm. 8; Pottmeyer, Komm., Einl., RN 63; Roeser, 97, 99f.

schon vorweggenommen werden, daß dieser Zweck des KWKG insbesondere im Rahmen der § 6 Abs. 3 Nr. 1 KWKG eine besondere Rolle spielt.

4.3.2. Der Schutz des deutschen Ansehens im Ausland

Aus den Materialien zum KWKG ergibt sich ein weiterer Zweck des KWKG: Der Schutz des deutschen Ansehens im Ausland[146]. Die Bundesrepublik Deutschland soll gegenüber dem Ausland in keiner Weise mit aggressiven Tendenzen oder Absichten in Verbindung gebracht werden[147].

Dieser Zweck ist vor dem Hintergrund der Verbrechen, die mit deutschen Waffen und chemischen Stoffen während des zweiten Weltkrieges begangen wurden, zu sehen[148]. Er ist insbesondere wieder aktuell, seitdem durch US-Presseberichte[149] bekannt wurde, daß deutsche Firmen an einer C-Waffen Produktion in Libyen beteiligt gewesen sind ("Rabta")[150].

Der Schutz des deutschen Ansehens im Ausland ist insbesondere im Rahmen des § 6 Abs. 2 Nr. 1 KWKG von Bedeutung. Denn danach kann die Genehmigung versagt werden, wenn Grund zu der Annahme besteht, daß ihre Erteilung dem Interesse der Bundesrepublik an der Aufrechterhaltung guter Beziehungen zu anderen Ländern zuwiderlaufen würde. Denn aus der Aufrechterhaltung guter Beziehungen zu anderen Ländern folgt mittelbar der Schutz des deutschen Ansehens im Ausland.

---

146 BVerfG. Beschl. v. 12.02.1979, 1 BvR 840/78 nv., S. 3; Pottmeyer, Komm., Einl. RN 65; Sohm, NZWehrr 94, 99 (104).

147 Pensky in der 81. Sitzung der 8. Wahlperiode des Deutschen Bundestages vom 16.03.1978 vom 16.03.1978, Sten. Prot. S. 6433f; Pottmeyer, Komm. Einl, RN 65.

148 Vgl. Brauer, 118f.

149 Dazu ausführlich Badelt, Chemische Kriegführung - Chemische Abrüstung, 227ff; vgl. Hummel, 226.

150 Vgl. die zahlreichen Stellungnahmen und Berichte der Bundesregierung: BT Drs. 11/3995; Bulletin des Presse- und Informationsamtes der Bundesregierung Nr. 15, 1991 S. 97; Bericht der Bundesregierung über die Verschärfung der Kontrolle des Exportes von zivil und militärisch verwendbaren Gütern vom 11.03.1992, abgedruckt in: Bebermeyer, Ausfuhrkontrolle, S. 161; vgl. auch die Äußerungen der Abgeordneten Kittelmann (CDU/CSU), Sten. Ber. 12/417 und Kobl (FDP), 12/6084; ferner Epping in: FS Bock, 125ff; Hubbel, EA 90, 453 (455).

4.3.3. Rüstungskontrolle

In der Literatur wird ferner die Ansicht vertreten, ein weiteres Ziel des KWKG sei die Rüstungskontrolle[151]. Dies ergebe sich daraus, daß die Bundesrepublik Deutschland durch das KWKG ihren vertraglichen Verpflichtungen der Truppen- und Rüstungsbegrenzung im Rahmen der WEU (Westeuropäische Union) nachkommen wollte[152].

Belegt wird diese Auffassung dadurch, daß schon in den Entstehungsmaterialien diese Absicht des Gesetzgebers ausdrücklich dokumentiert wurde[153]. So heißt es im schriftlichen Bericht des Wirtschaftsausschusses über den von der Bundesregierung eingebrachten Entwurf eines Ausführungsgesetzes zu Artikel 26 Abs. 2 des Grundgesetzes[154]:

> Der Gesetzentwurf dient darüber hinaus *noch einem anderen Zweck*[155]. In dem revidierten Brüsseler Vertrag vom 23. Oktober 1954 haben sich die sieben Mitgliedstaaten der Westeuropäischen Union verpflichtet, ihre Truppenstärken und ihre Rüstungen zu begrenzen; ...

In der amtlichen Begründung heißt es:

> Der vorliegende Entwurf eines Ausführungsgesetzes zu Artikel 26 Abs. 2 GG gibt außerdem die Möglichkeit, zumindest teilweise der völkerrechtlichen vereinbarten Rüstungskontrolle durch das Rüstungskontrollamt der Westeuropäischen Union (WEU) Rechnung zu tragen und insbesondere die Durchführung der Bestimmungen des Protokolls Nr. III über die Rüstungskontrolle und des Protokolls Nr. IV über das Rüstungskontrollamt der Westeuropäischen Union..... zu erleichtern.[156]

Pottmeyer[157] ist dagegen der Ansicht, daß dem KWKG eine eigene Zwecksetzung "Rüstungskontrolle" nicht zukomme. Sie sei nicht Selbstzweck sondern lediglich Mittel zum Zweck: Rüstungskontrollierende Maßnahmen

---

[151] Beschorner, ZVerglRWiss. 90 [1991], 262 (285); v. Burchard, S. 6; Hinze, Komm., § 1, Anm. 2; ähnlich Potrykus, Komm., Einl., Anm. 5; Steindorf, WaffR, Vorbem. KWKG, Anm. 8; Roeser, S. 100.
[152] Roeser, 100.
[153] Berichterstatter Dr. Dahlgrün in der 144. Sitzung der 3. Wahlperiode des Deutschen Bundes-tages, Sten.Prot. S. 8161; BT-Drucksache 3/1589, S. 12.
[154] BT-Drs. III/2433, S. 1.
[155] Hervorhebung des Verfassers.
[156] BT-Drs. III/1589, S. 1.
[157] Pottmeyer, Komm., Einl. RN 67.

dienten letztendlich nur dem eigentlichen Ziel, nämlich der Friedenssicherung.

Das Ziel der Rüstungskontrolle lediglich als Mittel zum Zweck einzustufen, wird der vom historischen Gesetzgeber vorgenommenen Wertung nicht gerecht. Mit der Verwirklichung dieses Ziels durch das KWKG hat sich der Gesetzgeber nämlich programmatisch darauf festgelegt, das je nach politischer Ansicht auf verschiedenste Weise zu verwirklichende Endziel der Friedenssicherung durch das Mittel der Rüstungskontrolle zu verwirklichen. Wenn auch die Auswahl der dazu erforderlichen Mittel im außenpolitischen Ermessen der jeweiligen politischen Entscheidungsträger steht - gedacht sei nur an den NATO Doppelbeschluß -, hat das KWKG insofern eine "Wegweiserfunktion"[158].

Dem Zweck Rüstungskontrolle kommt somit eine eigenständige Bedeutung bei der Genehmigungsentscheidung zu. Er hat seinen Niederschlag insbesondere in § 6 Abs. 3 Nr. 2 KWKG gefunden.

4.3.4. Schutz der Inneren Sicherheit

Daß das KWKG auch dem Schutz der Inneren Sicherheit dient, ist seit der Gesetzesnovelle vom 31.05.1978[159] allgemein anerkannt[160]. In Ansätzen wurde dem KWKG das Ziel des Schutzes der Inneren Sicherheit auch schon vor 1978 zugesprochen. So etwa in einem Urteil des OVG Münster vom 02.11.1976[161], in dem ausgeführt wird, daß der Umgang mit Kriegswaffen "sowohl auf außenpolitische wie auf *innenpolitische* Belange besondere Gefahren haben kann". Dieser Aspekt hatte aber bis dato nur eine sehr untergeordnete Rolle gespielt[162], was den Abgeordneten Pensky in der Novellierungsdebatte zu der Stellungnahme veranlaßte, daß das KWKG

---

[158] Vgl. AK-Frank, Art. 26 RN 26ff; vgl. auch zur eigenständigen Funktion der Rüstungskontrolle zur Kriegsverhütung Högel, 38ff.
[159] BGBl. I S. 641.
[160] BVerfG. Beschl. v. 12.02.1979, 1 BvR 840/78 nv., S. 3; OVG Münster, Urt. v. 02.11.1976, XIV A 1829/75 nv., S. 10; VG Köln, Urteil vom 26.04.1985 20 K 4855/83 nv., S. 8; Apel, GewArch 1979, 209ff (210); Pottmeyer, Komm., Einl., RN 64; Schulz, NJW 1978, 1510; Sohm, NZWehrr 94, 99 (104).
[161] OVG Münster, Urt. v. 02.11.1976, XIV A 1829/75 nv., S. 10; Hervorhebung durch den Verfasser.
[162] Pottmeyer, Komm., Einl. RN 64; Schulz, NJW 1978, 1510.

"sicherheitspolitische Gesichtspunkte" bis dahin "nur in zweiter Linie und völlig ungenügend" berücksichtigt habe[163].

Die Novelle kam auf dem Hintergrund der Terroranschläge des Jahres 1977 zustande[164]. Der Gesetzgeber schloß damals die letzte gesetzliche Lücke, die den ungenehmigten Besitz von Kriegswaffen straffrei ließ, um Terrorismus und illegalen Waffenhandel besser bekämpfen zu können. Nach der bis dahin geltenden Rechtslage konnte strafrechtlich nicht belangt werden, wer Kriegswaffen von Todes wegen erwarb, fand oder auf ähnliche Weise den Besitz darüber erlangte. Außerdem ging bis dahin derjenige straffrei aus, der Kriegswaffen besaß, wenn bezüglich der nicht genehmigten Erwerbshandlung die Verjährung der Strafverfolgung eingetreten war oder er unwiderleglich behaupten konnte, Kriegswaffen nicht im Sinne des § 2 Abs. 2 KWKG "erworben", sondern auf andere Weise (Fund, Erbschaft) erlangt zu haben[165].

4.3.5. Sinn und Zweck von § 6 Abs. 2 Nr. 1 KWKG

Zu beachten sind ferner auch der Sinn und Zweck von § 6 Abs. 2 Nr. 1 KWKG .

In der Literatur besteht Übereinstimmung, daß die Norm die außenpolitischen Interessen der Bundesrepublik Deutschland schützt[166]. Außenpolitik wird generell definiert als die Summe aller Maßnahmen, die die Beziehungen eines Staates zu den anderen Staaten regeln[167]. Als Schulbeispiele in diesem Zusammenhang werden die mittelbare oder unmittelbare Lieferung von Kriegswaffen an die algerischen Aufständischen und an die sich streitenden Parteien im Kongogebiet in den 50er Jahren genannt. Erstere waren geeignet die guten Beziehungen zur Französischen Republik zu gefährden, letztere liefen den Interessen der UNO zuwider.

Zu Recht wird darauf hingewiesen, daß auch die Gefährdung guter Wirtschaftsbeziehungen zu anderen Staaten im Rahmen des § 6 Abs. 2 Nr. 1

---

[163] Sten.Prot. 6433.

[164] Vgl. hierzu BT-Drucksache 8/1614, S. 1 (14).

[165] Pottmeyer, Komm., Einl. RN 41; vgl. BT-Drucksache 8/1614 S. 1, 13f.

[166] Hinze, Komm., § 6 Anm. 4; Pottmeyer, Komm., § 6 RN 46ff; Potrykus, Komm., § Anm. 6 S. 67; vgl. zum AWG, Ebert, 105.

[167] Ebert, 106, Hasse, 114; zum Begriff der auswärtigen Gewalt vgl. Hailbronner, VVDStRL 56 (1997), 7 (9f); Wolfrum, VVDStRL 56 (1997), 38 (39f).

KWKG ebenfalls einen Versagungsgrund darstellt[168]. Dies ergibt sich daraus, daß auch die Wirtschaftsbeziehungen Teil der auswärtigen Beziehungen sind. Ihre Bedeutung für die Außenpolitik nimmt sogar ständig zu[169].

4.4. Abstützung auf ein angemessenes Prognoseverfahren

Anerkannt ist weiter, daß die Behörde ihre Prognose auf ein angemessenes Prognoseverfahren stützen muß[170].

In der Literatur wird in diesem Zusammenhang mehrfach die These propagiert, der Verwaltung sei im Rahmen von Prognoseentscheidungen das Recht der Methodenwahl zuzugestehen und die gerichtliche Kontrolle sei darauf beschränkt, ob die Verwaltung ihrer Voraussage ein wissenschaftlich vertretbares Prognoseverfahren zugrunde gelegt hat[171]. Neben den allgemeinen Einwänden, daß dabei unberücksichtigt bleibt, welche Bedeutung gerade der Inanspruchnahme eines dem jeweiligen Gegenstand angemessenen Verfahrens zukommt und daß im Hinblick auf die einschlägigen Grundrechte und auf rechtsstaatliche Grundsätze zu postulieren ist, daß sich die Exekutive von den realistischerweise zur Verfügung stehenden Methoden desjenigen Verfahrens bedient, welches für die jeweilige Aufgabe nach dem gegebenen Wissensstand am ehesten geeignet ist[172], ist der Streit für die Entscheidung nach § 6 Abs. 2 Nr. 1 KWKG überdies wenig fruchtbar:

Viele der wissenschaftlichen Methoden der Prognose können für die Vorhersage außenpolitischer Entwicklungen ohnehin nicht eingesetzt werden. So lassen sich nach der Natur der Sache keine Tests durchführen (Testverfahren)[173]. Ebensowenig ist die Befragung der betreffenden Ent-

---

[168] Hinze, Waffenrecht, § 6 KWKG, Anm. 4; Potrykus, Komm, § 6 Anm. 6 S. 68; Pottmeyer, Komm, § 6 RN 48.

[169] Vgl. dazu die Erklärungen von Außenminister Klaus Kinkel, wonach z. B. die Außenhandels-förderung "zu einer Hauptaufgabe des Auswärtigen Dienstes" gehöre (zitiert nach Handelsblatt v. 01./02.09.1995, S. 9); ferner Handelsblatt v. 01./02.09.1995, S. 1 zu dem in diesem Zusammenhang aufgebrochenen Kompetenzstreit zwischen Bundeswirtschaftsministerium und Auswärtigem Amt über die Zuständigkeit für die Außenwirtschaftsförderung.

[170] Nierhaus, DVBl. 1977, 19 (24); Tettinger, Wirtschaftsverwaltungsrecht, 456; ders., DVBl. 1982, 421 (427).

[171] Nierhaus, DVBl. 1977, 19 (24); Philippi, Tatsachenfeststellungen des BVerfG, S. 124ff; Vgl. Schmidt-Aßmann, VVDStRL 34 (1976), 221 (256).

[172] Tettinger, DVBl. 1982, 421 (427).

[173] Vgl. Philippi, 149.

scheidungsträger (Befragungsverfahren)[174], sprich der ausländischen Regierungen, nach ihren Absichten denkbar, denn deren Offenlegung ist angesichts der stets betroffenen Sicherheitsinteressen nicht zu erwarten. Im Bereich der Außenpolitik existieren auch keine "allgemeingültigen Gesetze"[175], aus denen sich deduktiv Aussagen für die Zukunft ergeben.

Zumindest denkbar ist zwar die Anwendung des Trend- oder des Modellverfahrens. Bei ersterem werden auf der Grundlage einer bisherigen Entwicklung Entwicklungen der Zukunft prognostiziert[176]. Wird etwa gegen den Staat A vom UN-Sicherheitsrat ein Getreide- und im Laufe einer sich zuspitzenden Entwicklung später ein Lebensmittelembargo verhängt, und liefert der Staat B unter Mißachtung beider Embargi trotzdem weiter an Staat A, so kann die Trendprognose gestellt werden, daß der Staat B auch ein Waffenembargo gegen Staat A nicht beachten wird und deshalb für Waffenlieferungen nicht in Betracht kommt.

Beim Modellverfahren wird der eigentliche Sachverhalt nicht unmittelbar festgestellt, sondern logisch abgeleitet, da man davon ausgeht, daß der zukünftige Sachverhalt durch einen Ursachenkomplex determiniert ist[177]. Präzise ist ein Modellverfahren aber nur, wenn die verwerteten Faktoren meßbar und quantifizierbar sind. Gerade gesellschaftliche und politische Faktoren aber sind quantitativ oft schwer meßbar[178].

Dem Trendverfahren ist entgegenzuhalten, daß außenpolitische Trends nicht ausreichend zuverlässig sind[179] und das System außenpolitischer Beziehungen keinen hohen Stabilitätsgrad besitzt[180]. Denn etwa ein Regierungswechsel, ein Schwenk in der Außenpolitik oder andere Änderungen im internationalen oder regionalen Beziehungsgeflecht des jeweiligen Staates sind Unwägbarkeiten, die jeden vermeintlichen "Trend" kurzfristig in eine andere Richtung lenken können[181].

Somit hat sich gezeigt, daß die Frage nach dem angemessenen Prognosemodell für die Entscheidung nach § 6 Abs. 2 Nr. 1 KWKG untauglich ist. Damit bewegen sich die Entscheidungsträger jedoch hinsichtlich des Pro-

---

[174] Vgl. Philippi, 151.
[175] Vgl. Philippi, 126f.
[176] Vgl. Philippi, 143.
[177] Vgl. Philippi, 129ff.
[178] Philippi, 136; Schuppert, 178.
[179] Schuppert, 180.
[180] Vgl. Würtenberger, 76.
[181] Vgl. Schuppert, 180.

gnoseverfahrens nicht im rechtsfreien Raum. Zum einen ist selbstverständlich zu fordern, daß die Genehmigungsbehörde ihre Entscheidung rational trifft. Dazu hat *Tettinger* treffend ausgeführt, daß sich "die Wahl etwa intuitiver Prognoseverfahren ... im Verwaltungsrecht weitgehend von selbst verbietet"[182].

Es bleibt somit wenigstens festzustellen, ob die Entscheidung "in einer der jeweiligen Materie angemessenen Weise erarbeitet worden ist"[183]. Außerdem ist zu prüfen, ob die verfahrensmäßigen Schutzvorkehrungen, die getroffen werden, damit sich die erstellte Prognose auch bewahrheitet, den Gefahren angepaßt sind, denen sie begegnen sollen[184].

4.4.1. Das Prognoseverfahren bei NATO und der NATO gleichgestellten Staaten und seine Vereinbarkeit mit § 6 Abs. 2 Nr. 1 KWKG

Das zur Zeit von der Bundesregierung praktizierte Verfahren zur Feststellung außen- und sicherheitspolitisch relevanter Tatsachen differenziert zwischen Exporten in NATO Staaten und der NATO gleichgestellten Staaten zum einen und allen übrigen Staaten (sog. Drittländer[185]) zum zweiten sowie den Staaten der ehemaligen Länderliste C[186] zum dritten (das sind im wesentlichen die ehemaligen Ostblockstaaten):

Anträge über Exporte in NATO und NATO-gleichgestellte Staaten (dies sind z. B. Irland, Liechtenstein, Schweden, Schweiz, Österreich, Ungarn, Japan, Australien, Neuseeland u.a.) werden in der Regel ohne genauere Prüfung erteilt, wenn der Export an die Streitkräfte oder sonstige Sicherheitsorgane des entsprechenden Staates erfolgt, und der Endverbleib (§ 4 II 2. DVO KWKG) der Kriegswaffe durch ein *Internationales Importzertifikat* ("International Import Certificate", kurz "IC") sowie eine Zusicherung des

---

[182] Tettinger, DVBl. 1982, 421 (427).
[183] Vgl. BVerwG DVBl. 1978, 845 (848); BVerwGE 72, 282 (286).
[184] Vgl. BVerfGE 20, 150 (155); BVerwGE 75, 214 (234); Gusy, JA 81, 80; Schwabe, JUS 1973, 133 (135).
[185] Sprögel in: Bebermeyer, Ausfuhrkontrolle, 21 (25).
[186] Die Länderliste C wurde mittlerweile wegen der entspannten Ost-West Situation gestrichen; AwPrax 1996, 148. Abgedruckt noch in Hocke/Berwald/Maurer, vor Kommentierung zu § 21b AWV; dies sind Albanien, Armenien, Aserbaidschan, Bulgarien, China, Estland, Georgien, Kasachstan, Kirgistan, Kuba, Lettland, Litauen, Moldau, Mongolei, Nordkorea, Polen, Rumänien, Rußland, Tschadschikistan, Turkmenistan, Ukraine, Usbekistan, Vietnam, Weißrußland (Belarus).

Exporteurs glaubhaft gemacht wird[187]. Das IC erhält der Exporteur von seinem ausländischen Vertragspartner, der wiederum die Bescheinigung bei der für Importe zuständigen Behörde seines Heimatstaates beantragt. Im IC bestätigt der Importstaat, daß der Importeur beabsichtigt, die betreffenden Waren einzuführen und nur mit Genehmigung des Importlandes wieder ausführen wird[188]. Erfolgt die Ausfuhr an ein Privatunternehmen oder eine Privatperson des betreffenden Staates, was abweichend von der deutschen Praxis teilweise möglich ist, und können diese nicht ausreichend belegen, daß die Waffen letztlich für die Streitkräfte oder sonstige Sicherheitsorgane des betreffenden NATO-Staates bestimmt sind, wird eine *amtliche Endverbleibserklärung* verlangt[189]. In einer amtlichen Endverbleibserklärung versichert die Regierung, bzw. eine dazu ermächtigte staatliche Stelle des Importstaates, daß die fraglichen Kriegswaffen im Land bleiben und nicht etwa reexportiert werden[190]. In allen Fällen erfolgt eine genauere Prüfung, wenn bekannt wird, daß die Gefahr nicht vertragsgemäßer Verwendung der Waffen besteht.

Bei der Beantwortung der Frage nach einem angemessenen Prognoseverfahren bei Exporten in NATO und der NATO gleichgestellte Staaten erweist sich als problematisch, daß genau genommen für den Einzelfall kein Prognoseverfahren mehr stattfindet. Denn die Bundesregierung hat insoweit für den Regelfall generalisierend vorab prognostiziert, daß Ausfuhren in diese Staaten nicht geeignet sind, dem Interesse der Bundesrepublik an der Aufrechterhaltung guter Beziehungen zu anderen Ländern zuwiderzulaufen. Dies gilt sogar für den Fall, daß die Bundesregierung wissentlich duldet, daß diese Staaten Kriegswaffen in Gebiete exportieren, in die sie selbst eine Direktlieferung nicht genehmigen würde[191].

Es muß jedoch berücksichtigt werden, daß § 6 Abs. 2 Nr. 1 KWKG - wie festgestellt - die außenpolitischen Interessen der Bundesrepublik Deutsch-

---

[187] Sprögel in: Bebermeyer, Ausfuhrkontrolle, 21 (25). Vgl. Nr. 2 der Politische Grundsätze der Bundesregierung für den Export von Kriegswaffen und sonstigen Rüstungsgütern, abgedruckt in: Bulletin des Presse- und Informationsamtes der Bundesregierung v. 05.05.1982.

[188] Puttler, 41.

[189] Sprögel in: Bebermeyer, Ausfuhrkontrolle, 21 (25f). Vgl. Nr. 2 Satz 2 der Politische Grundsätze der Bundesregierung für den Export von Kriegswaffen und sonstigen Rüstungsgütern.

[190] Sprögel in: Bebermeyer, Ausfuhrkontrolle, 21 (26). Vgl. BT-Drs. 12/ 4241 v. 01.02.1993, S. 8.

[191] Vgl. Pietsch KJ 1991, 475 (488).

land und das Ansehen der Bundesrepublik im Ausland schützt[192]. Da die außenpolitischen Interessen wiederum von der jeweiligen Bundesregierung definiert werden, unterliegt somit die Entscheidung, ob Lieferungen in bestimmte Länder grundsätzlich den außenpolitischen Interessen nicht zuwiderlaufen, auch ihrem Beurteilungsspielraum. Denn der Wortlaut des § 6 Abs. 2 Nr.1 KWKG kann nicht etwa dahingehend gelesen werden, daß die Bundesrepublik ein Interesse an der Aufrechterhaltung guter Beziehungen zu *allen* anderen Ländern hat. Dies ergibt sich bereits aus Art. 24 Abs. 2 GG, der der Bundesrepublik gestattet, sich regionalen kollektiven Selbstverteidigungssystemen anzuschließen[193]. Diese setzen logisch einen oder mehrere Staaten voraus, die als potentielle Friedensstörer angesehen werden[194]. Aus denselben Gründen ergibt sich auch, daß es in die Zuständigkeit der Bundesregierung fällt, festzulegen, wann das Ansehen der Bundesrepublik im Ausland gefährdet ist.

Im übrigen hat die geschichtliche Entwicklung z. B. für die NATO-Staaten gezeigt, daß die NATO sich selbst in Zeiten gewaltiger historischer Umwälzungen als stabiles Bündnissystem bewährt hat und die Mitglieder zuverlässig und berechenbar sind. Im Rahmen der bestehenden engen Bündnisbeziehungen ist es deshalb politisch sachgerecht und rechtlich vertretbar, die Partner mit einem Vertrauensvorschuß zu bedenken. Zu berücksichtigen ist dabei auch, daß im Gegensatz zu anderen Staaten bei der NATO durch die vertraglich institutionalisierten und die historisch gewachsenen Kommunikationsforen und -ebenen ein hoher Informationsgrad und zahlreiche Erfahrungswerte über die aktuellen politischen Entwicklungen bei den Mitgliedern bestehen. Darauf aufbauend ist es durchaus legitim, gewisse Regelmäßigkeiten zu prognostizieren.

Den Unwägbarkeiten des Einzelfalles ist in zutreffender Weise dadurch Rechnung getragen worden, daß bei besonderen Umständen zusätzliche Nachweise verlangt werden und daß eine regelmäßige Kontrolle erfolgt, ob die generalisierende Betrachtungsweise noch gerechtfertigt ist. Der zu erwartende Einwand, daß sich bei den NATO Mitgliedern Türkei und Griechenland eine generalisierende Prognose verbiete, kann auf diesem Wege entkräftet werden, denn zu den zu fordernden Einzelfallprüfungen ist es meist im Zusammenhang mit Exporten gerade in diese Staaten gekommen.

---

192 Pottmeyer, § 6 RN 46ff.

193 Vgl. BVerfGE 90, 286 (345ff); Franzke NJW 1992, 3075ff; Grewe, AöR 78 (1952/53), 243 (246); Schmidt/Bleibtreu-Klein, Art. 24 RN 4 mwNachw; aA Wieland DVBl. 1991, 1174 (1177).

194 Vgl. BVerfGE 90, 286 (345).

Z. B. unterbrach die Bundesrepublik am 26. März 1992 ihre Materiallieferungen an die Türkei, weil die gelieferten Waffen im inneren Konflikt gegen die PKK eingesetzt wurden[195]. Eine genauere Prüfung erfolgte auch dann, als zwischen der Türkei und Griechenland erhebliche politische Spannungen bestanden[196].

Mit der Einbeziehung der der NATO gleichgestellten Länder in den privilegierten Kreis erweitert die Bundesregierung ihre generalisierende Prognose auf alle westlichen Industriestaaten[197]. Für die Länder Irland, Schweden und Österreich, die Mitglieder der Europäischen Union sind, rechtfertigt sich diese Privilegierung, ähnlich wie bei den NATO Staaten, schon aus der Wertung des Art. 23 GG[198]. Durch ihre Einbindung in die durch Art. J. 1 EUV eingeführte "zweite Säule"[199] der EU, die gemeinsamen Außen- und Sicherheitspolitik[200], ist hier ebenfalls ein hoher Informationsgrad gegeben, der den Rückschluß auf allgemeine Erfahrungswerte erlaubt[201]. Denn gemäß Art. J. 2 Abs.1 EUV findet zu jeder außen- und sicherheitspolitischen Frage von allgemeiner Bedeutung eine gegenseitige Unterrichtung und Abstimmung statt. In den Fällen, in denen es der Rat für erforderlich hält, sieht Art. J 2 Abs. 2 EUV sogar vor, daß ein gemeinsamer Standpunkt festgelegt wird.

Das generalisierende Prognoseverfahren kann aber auch hinsichtlich aller übrigen Staaten wie z. B. Liechtenstein, Schweiz, Ungarn, Japan[202], Australien[203] und Neuseeland als angemessen bezeichnet werden. Zwar existiert hier eine vergleichbare grundgesetzliche oder mitgliedschaftliche Rechtfertigung für eine Privilegierung nicht. Die sachliche Rechtfertigung einer generalisierenden Prognose ergibt sich aber jedenfalls daraus, daß die Bundes-

---

195 Vgl. Erbe, WT 5/1993, 50 (51).
196 Pottmeyer, Komm, Einl. RN 230.
197 Vgl. Sprögel in: Bebermeyer, Ausfuhrkontrolle, 21 (25).
198 Vgl. Titel V Art. J.1. Absatz 2 des Vertrages über die Europäische Union (Maastricht-Vertrag), BGBl. II S. 1947: "Die Gemeinsame Außen- und Sicherheitspolitik hat zum Ziel ... die Stärkung der Sicherheit der Union und ihrer Mitgliedstaaten in allen ihren Formen".
199 Schweitzer/Hummer, RN 1806, 1813.
200 Vgl. zum ganzen Schweitzer/Hummer, RN 1806ff.
201 Vgl. z. B. zum über das Telex-Netz betriebene Informationssystem COREU, über das jährlich mehr als 10 000 vertrauliche Nachrichten zwischen den Außenämtern ausgetauscht werden (Monar J., Die gemeinsame Außen- und Sicherheitspolitik der Europäischen Union, in: Hummer W. (Hrsg.), Die Europäische Union und Österreich, 127 (132)).
202 Zur Rüstungsindustrie in Japan Ikegami-Andersson in: Wulf (Hrsg.), Arms Industry Limited, 321ff.
203 Zur Rüstungsindustrie in Australien Cheeseman in: Wulf (Hrsg.), Arms Industry Limited, 345ff.

regierung in Übereinstimmung mit § 6 Abs. 2 Nr. 1 KWKG pauschal prognostizieren kann, daß Lieferungen in diese Staaten ihren außenpolitischen Interessen nicht zuwiderlaufen.

Aus den selben Gründen ist es auch für § 6 Abs. 2 Nr. 1 KWKG gerechtfertigt, für die sog. Drittstaaten wesentlich intensivere Prognoseverfahren durchzuführen bzw. für die ehemaligen Ostblockstaaten überhaupt keine Genehmigungen zu erteilen. Deshalb soll für diese Staaten im folgenden nur noch das entsprechende Prognoseverfahren dargestellt werden.

4.4.2. Das Prognoseverfahren bei den sogenannten Drittländern

Bei Exporten in die Drittstaaten erfolgt in der Regel eine Ressortabstimmung[204] zwischen dem Bundesministerium für Wirtschaft, dem Auswärtigen Amt[205], dem Bundesministerium für Verteidigung[206] und gegebenenfalls dem Bundeskanzleramt, bei der geprüft wird, ob Anhaltspunkte für einen Weiterexport der Waffen in andere Länder bestehen, ob durch den Export außenpolitische Belange der Bundesrepublik berührt oder sogar gefährdet sind, ob militärische Geheimnisse durch einen Export gefährdet sind, ob die Gefahr einer friedensgefährdenden Verwendung der Kriegswaffen vorliegt etc..

Anhaltspunkte für die Gefahr gesetzeswidriger Verwendung der Kriegswaffen entnehmen die Ministerien Berichten und Informationen der eigenen[207] und ausländischer[208] Geheimdienste, der deutschen Botschaften vor Ort[209], der Presse und gegebenenfalls der betroffenen Verbände der Industrie und ihrer Mitgliedsunternehmen[210]. In Zusammenarbeit mit letzteren wurde durch das Bundeswirtschaftsministerium das sogenannte "early warning sy-

---

[204] Vgl. Grote, DVBl. 1997, 108 (109).

[205] Zur Rolle des Auswärtigen Amtes vgl. Brzoska, Aus Politik und Zeitgeschichte, B 18/1984, 15 (21f). Er sieht die Rolle des AA in der Bewertung von Einzelfällen als führend an.

[206] Wieland in: Bebermeyer, Ausfuhrkontrolle, 29 (33). Im BMVG sind z. B. die Länderressorts (RÜ Z II), die Technischen Ressorts (UA II, III, IV und V) und das Referat 5 (Rü Z II) beteiligt.

[207] Vgl. BT-Drs. 12/4241, S. 9.

[208] Vgl. BMWi Dokumentation Nr. 318 v. 11.03.1992, S. 5.

[209] Sprögel in: Bebermeyer, Ausfuhrkontrolle, 21 (26).

[210] Instruktiv zu dem Procedere, wie Informationen und Anhaltspunkte gesammelt werden, der Bericht der Bundesregierung an den Deutschen Bundestag über eine mögliche Beteiligung deutscher Firmen an einer C-Waffen Produktion in Lybien v. 15.02.1989; BT-Drs. 11/3995.

stem" ins Leben gerufen. Dieses weist Firmen darauf hin, daß sie möglicherweise bei konkreten Rüstungsprojekten, die von Staaten betrieben werden, denen die Bundesrepublik aus politischen, ideologischen oder völkerrechtlichen Gründen keine Waffen überlassen will, als Zulieferer mißbraucht werden sollen[211]. Dabei erfolgt die Warnung nicht erst dann, wenn das betreffende Unternehmen mit einem Exportgenehmigungsbegehren an das Bundeswirtschaftsministerium herantritt. Eine Warnung wird an die Firmen vielmehr bereits dann ausgesprochen, wenn sich die Verdachtsmomente hinreichend konkretisiert haben. So heißt es etwa in einer dem Verfasser vorliegenden Frühwarnung vom 4. Januar 1993, betreffend irakische Beschaffungsbemühungen im Rüstungsbereich:

> Verschiedene Hinweise deuten darauf hin, daß der Irak die Beschaffungen für seine Rüstungsprogramme wieder aufgenommen hat. Da nach der Erfahrung des Irak mit Presseberichten über seine Beschaffungsnetze dieser mit hoher Wahrscheinlichkeit in Zukunft konspirativ vorgehen wird, werden auch Umweglieferungen in Zukunft eine größere Rolle spielen. Als wichtigster Umgehungsplatz ist bisher Amman, Jordanien, erkannt worden. Hier sind in die Beschaffungsvorhaben meistens kleine, unbedeutende Firmen eingebunden. Außerdem liegen Informationen auf Umweglieferungen über Zwischenhändler in Zypern, Libanon und Türkei vor. Darüber hinaus werden auch Firmen genutzt, an denen der Irak Kapitalbeteiligungen bzw. ein Iraker eine führende Position inne hat. So wurden Aktivitäten des irakischen Beschaffungsnetzes EUROMAC mit neugebildeten Filialen bereits erkannt.

Es folgt die Nennung der irakischen Ministerien, die die Rüstungsbetriebe steuern. Weiter heißt es:

> Verschiedene rüstungsrelevante Betriebe ... wie z. B." ... *es folgt die Nennung der Firmennamen* ... "versuchen derzeit, vor dem Krieg unterbrochene, bzw. durch das VN-Embargo unterbundene Vertragsverhandlungen erneut aufzunehmen und westliche Zulieferungen zu erwirken. Dabei spielen oben angeführte Zwischenhändler eine große Rolle[212].

Im Gegenzug bedienen sich die Ministerien auch der Information der Unternehmen, wenn diese sie darauf aufmerksam machen, daß benannte

---

[211] Vgl. die Äußerungen des Referenten der Abteilung Außenwirtschaft des Deutschen Industrie- und Handelstages Rechtsanwalt Gert Adomeit bei der Öffentlichen Anhörung von Sachverständigen und Verbänden zu den Gesetzesentwürfen zur Änderung des Außenwirtschaftsgesetzes, des Strafgesetzbuches und anderer Gesetze vom 13.11.1991. Sten. Prot. der 18. Sitzung des Ausschusses für Wirtschaft, gleichzeitig 26. Sitzung des Rechtsausschusses vom 13.11.1991; außerdem BT-Drs. 12/ 4241, S. 2.

[212] Frühwarnung 01/93 vom 04.01.1993.

"Tarn"firmen bzw. Organisationen an sie zur Beschaffung von Rüstungsmaterial herangetreten sind.

Zum weiteren Schutz wird vom Exporteur bei Lieferungen in Drittländer in allen Fällen die Vorlage des Originals der oben dargestellten *amtlichen* Endverbleibserklärung (§ 4 II 2. DVO KWKG) verlangt[213]. Die Prüfung der Authentizität der Endverbleibserklärungen erfolgt über die Botschaft des entsprechenden Landes in der Bundesrepublik[214].

4.4.3. Das Prognoseverfahren bei den ehemaligen Ostblockstaaten

Die Lieferung von Kriegswaffen in ehemalige Ostblockstaaten ist grundsätzlich ausgeschlossen[215]. Das auf das CoCom zurückgehende Ausfuhrverbot hat die Aufgabe, den Export von Kriegswaffen und anderen Gütern zu verhindern, die das militärische Potential der Staaten des ehemaligen Warschauer Paktes und der ihnen politisch ehemals nahestehenden Länder (Kuba, Nordkorea, Vietnam) stärken könnten[216]. Daß die deutsche Lieferung von Kriegswaffen an diese Staaten zur Zeit des Kalten Krieges dem Interesse der Bundesrepublik an der Aufrechterhaltung guter Beziehungen zu anderen Ländern, insbesondere den befreundeten westlichen Staaten, zuwidergelaufen wäre, steht außer Frage.

Doch selbst angesichts der politischen Veränderungen in Osteuropa gilt die Regelung zunächst unverändert weiter. Hinsichtlich Polens gibt es jedoch Bestrebungen, dieses Land aus dem Kreis der verbotenen Exportstaaten herauszunehmen. Ungarn[217], die Tschechische und die Slowakische Republik[218] sind bereits von einem generellen Verbot befreit. Es ist schon jetzt zu erwarten, daß eine Entscheidung, auch andere Staaten zu privilegieren, nur eine Frage der Zeit ist[219].

---

[213] Sprögel in: Bebermeyer, Ausfuhrkontrolle, 21 (26). Vgl. BT-Drs. 12/4241 v. 1.2.1993, S. 8; vgl. Nr. 14 Satz 1 der Politischen Grundsätze der Bundesregierung für den Export von Kriegswaffen und sonstigen Rüstungsgütern.
[214] Wieland in: Bebermeyer, Ausfuhrkontrolle, 29 (35).
[215] Sprögel in: Bebermeyer, Ausfuhrkontrolle, 21 (26).
[216] Großfeld/Junker, Das CoCom im internationalen Wirtschaftsrecht, 2.
[217] Sprögel in: Bebermeyer, Ausfuhrkontrolle, 21 (26).
[218] FAZ v. 03.01.1994, S. 9.
[219] AA noch Sprögel in: Bebermeyer, Ausfuhrkontrolle, 21 (26).

4.4.4. Ergebnis zu 4.4.

Da § 6 Abs. 2 Nr. 1 KWKG die außenpolitischen Interessen der Bundesrepublik schützt, unterliegt es ihrem Beurteilungsspielraum, bei welchen Lieferungen Grund zu der Annahme besteht, daß die Genehmigungserteilung dem Interesse der Bundesrepublik an der Aufrechterhaltung guter Beziehungen zu anderen Ländern zuwiderlaufen würde. Die in der Praxis durchgeführten Prognoseverfahren sind mit den Anforderungen des § 6 Abs. 2 Nr. 1 KWKG vereinbar.

5. Das Ermessen im Rahmen des § 6 Abs. 2 Nr. 1 KWKG und seine gerichtliche Überprüfbarkeit

Nachdem der behördliche Prognose- und Beurteilungsspielraum für die Tatbestandsseite des § 6 Abs. 2 Nr. 1 KWKG festgelegt ist, gilt es im folgenden, die Grenzen der Rechtsfolgenseite zu bestimmen. Wie bereits oben erwähnt, räumt § 6 Abs. 2 Nr. 1 KWKG auf seiner Rechtsfolgenseite durch das Wort "kann" den Entscheidungsträgern Ermessen ein und gibt ihnen zwischen mehreren, vom Gesetzgeber als rechtmäßig angesehen Rechtsfolgen die Wahl.

Bei der Frage nach den Grenzen des behördlichen Ermessens ist zu beachten, daß die Einräumung von Ermessen nicht bedeutet, daß die Verwaltung beliebig verfahren darf. Es gibt nur ein "pflichtgemäßes", d. h. ein rechtlich gebundenes Ermessen[220]. Es ist heute allgemein anerkannt, daß dem Bürger ein formelles subjektiv öffentliches Recht auf fehlerfreien Ermessensgebrauch zusteht[221]. Dies allerdings mit der Einschränkung, daß die Ermessensnorm - zumindest auch - im individuellen Interesse erlassen worden sein muß[222]. Für § 6 KWKG wurde dies bereits oben bejaht.

Für die Grenzen der Ermessensentscheidung gilt es, zwischen ermessensspezifischen[223] und allgemeinen Anforderungen an Ermessensentscheidungen zu unterscheiden.

---

220 Stelkens/Bonk/Sachs, § 40 RN 30.
221 BVerwGE 65, 188 (190).
222 BVerwGE 2, 288, 290.
223 Zum Stand der Ermessensfehlerlehren Alexy, JZ 1986, 701ff.

5.1. Ermessensspezifische Anforderungen

Zentrale Rechtsvorschrift für die Grenzen von Ermessensentscheidungen ist § 40 VwVfG. Danach ist die Behörde gehalten, "ihr Ermessen entsprechend dem Zweck der Ermächtigung auszuüben und die gesetzlichen Grenzen des Ermessens einzuhalten".

Somit muß die Behörde von dem ihr zustehenden Ermessen überhaupt Gebrauch gemacht haben ("ausüben"). Dies ist dann nicht gegeben, wenn die Behörde den Ermessensrahmen nicht ausschöpft, weil sie sich des ihr eingeräumten Ermessens nicht bewußt ist und sich irrig für gebunden hält[224] (sog. Ermessensnichtgebrauch).

Ein Ermessensfehler in der Form der sogenannten Ermessensüberschreitung liegt vor, wenn die Behörde den Rahmen der Ermessensnorm überschreitet; die Behörde also eine Rechtsfolge wählt, die nicht vom Gesetz vorgesehen ist[225]. Da § 6 Abs. 2 Nr. 1 KWKG als Rechtsfolge nur die Versagung oder die Erteilung der Genehmigung vorsieht, besteht insofern Klarheit.

Beim Ermessensfehlgebrauch bzw. -mißbrauch hält die Behörde zwar den Rahmen der Ermessensvorschrift ein, läßt sich dabei aber nicht vom Zweck der Norm leiten[226]. Daß sie dazu verpflichtet ist, wird in § 40 VwVfG durch die Formulierung "... entsprechend dem Zweck der Ermächtigung auszuüben ..." ausgedrückt[227]. Sinn und Zweck des KWKG und speziell des § 6 Abs. 2 Nr. 1 KWKG wurden oben bereits erläutert.

Ein krasser Fall von Ermessensfehlgebrauch läge z. B. vor, wenn ein Amtswalter seine Genehmigungsentscheidung nach dem KWKG deshalb träfe, weil er sich davon persönliche Vorteile verspricht.

Fraglich ist, ob ein Ermessensfehlgebrauch auch dann vorliegt, wenn sich die Genehmigungsbehörde bei ihrer Entscheidung von wirtschaftlichen Gesichtspunkten leiten läßt. Wirtschaftspolitisches Ziel könnte hier z. B. die Sicherung von Arbeitsplätzen in der Rüstungsindustrie sein[228]. Wie die Dis-

---

[224] Stelkens/Bonk/Sachs, § 40 RN 45 mwNachw; Pottmeyer, Komm, § 6 RN 14.

[225] BVerwGE 34, 241ff; Maurer, 127.

[226] Stelkens/Bonk/Sachs, § 40 RN 34.

[227] Vgl. auch § 114 VwGO.

[228] Wulf u. Sohm sprechen von 250.000 Arbeitsplätzen in der deutschen Rüstungsindustrie (Wulf, Arms Indusrtry, 146; Sohm, NZWehrr 94, 99 (101)). Nach Angaben der Bundesregierung liegt die Zahl mittlerweile bei 180.000 (Presse- und Informationsamt

kussion um den Export deutscher U-Boote nach Taiwan gezeigt hat, spielt dieser Aspekt in Zeiten hoher Arbeitslosigkeit und erheblicher Strukturprobleme dieses Industriezweiges in der politischen Diskussion eine entscheidende Rolle[229].

Zur Berücksichtigung beschäftigungspolitischer Aspekte führen die exportpolitischen Grundsätze aus, daß Ausnahmegenehmigungen zwar nicht zum Aufbau zusätzlicher, exportspezifischer Kapazitäten führen dürfen. Einschränkend heißt es dazu jedoch später, daß beschäftigungspolitische Gründe zumindest keine "ausschlaggebende" Rolle spielen dürfen (Nr. 8 und Nr. 9 Satz 3 der Grundsätze).

In der politikwissenschaftlichen Literatur wird das Arbeitsplatzargument von *Brzoska* als ein "systemfremdes Element" bezeichnet[230]. In der juristischen Literatur bezeichnet *Epping*[231] Nr. 9 Satz 3 der Grundsätze zumindest als "Aushöhlung" des Grundsatzes, daß sich die Genehmigungsentscheidung an außen- und innenpolitischen, nicht aber an beschäftigungspolitischen Erwägungen zu orientieren habe.

Eine *vornehmlich* an wirtschafts- oder arbeitsmarktpolitischen Gesichtspunkten orientierte Ausrichtung der Ermessensentscheidung widerspricht dem Sinn und Zweck von § 6 Abs. 2 Nr. 1 KWKG, ja dem Sinn und Zweck des KWKG generell. Denn dieser verlangt, daß sich die Genehmigungsentscheidung an außenpolitischen Kriterien und solchen der inneren Sicherheit orientiert. Daß beschäftigungspolitische Gesichtspunkte keine ausschlaggebende Rolle spielen sollen, deutet sich auch in der Entstehungsgeschichte des KWKG und des Art. 26 Abs. 2 GG an. Während der Grundgesetzgeber Kriegswaffen - wie gezeigt - nur zu Verteidigungszwecken zulassen wollte, wollte der einfache Gesetzgeber durch das KWKG insbesondere auch den Vorgaben der Rüstungskontrolle nach dem WEU-Vereinbarungen nachkommen. Kapazitätserweiterungen bzw. Kapazitätssicherung für die Rüstungsindustrie sind mit diesem Gedankengut nur schwer vereinbar. Die Bundesregierung hat den Export im "U-Boote nach Taiwan" Fall dann auch zutreffend abgelehnt[232].

---

der Bundesregierung, Rüstungsgüter- Zivil und militärisch verwendbare Güter, Stand September 1996).

[229] Vgl. zu früheren Diskussionen Steinberg, 41ff.

[230] Brzoska, Aus Politik und Zeitgeschichte, B 18/1984, 15 (22).

[231] Epping, DWiR 1991 276 (283).

[232] Handelsblatt vom 28.04.1994, S. 3.

Allerdings spricht nichts dagegen, die Genehmigung dann zu erteilen, wenn außen- und innenpolitische Gründe nicht entgegenstehen und *zusätzlich* beschäftigungspolitische Effekte erzielt werden können. Denn bei mehreren Gründen für eine Ermessensentscheidung genügt es, wenn einer der *maßgeblichen* Gründe dem Gesetzeszweck entspricht; doch muß dieser Grund wirklich tragend und nicht nur Vorwand sein[233]. Die in Nr. 9 Satz 3 der exportpolitischen Grundsätze getroffene Einschränkung, daß beschäftigungspolitische Gründe keine *ausschlaggebende*[234] Rolle spielen dürfen, erweist sich somit als rechtmäßig[235].

5.2. Allgemeine Anforderungen an Ermessensentscheidungen und ihre Anwendbarkeit im Rahmen von § 6 Abs. 2 Nr. 1 KWKG

Die allgemeinen Anforderungen an Ermessensentscheidungen ergeben sich aufgrund der Bindung der Verwaltung an das Gesetz (Art. 20 Abs. 3 GG). Danach darf durch die Ermessensentscheidung, wie im übrigen durch jede andere Genehmigungsentscheidung, kein Rechtsverstoß bewirkt werden[236]. Sie darf insbesondere nicht gegen die Grundrechte und das übrige Verfassungsrecht verstoßen[237].

5.2.1. Der Gleichheitssatz (Art. 3 Abs. 1 GG)

Aus dem verfassungsrechtlichen Gleichheitsgebot des Art. 3 Abs. 1 GG ergibt sich die Pflicht der Genehmigungsbehörden zur gleichmäßigen Behandlung aller durch die Ermessensentscheidung Betroffenen. Ermessensfehlerhaft handelt die Verwaltung dann, wenn sie ohne sachlichen Grund von ihrer bisherigen Genehmigungspraxis abweicht[238].

Dies kann - insbesondere für den Fall, daß die Genehmigungsbehörde ihre Entscheidungsmaximen in Verwaltungsvorschriften niedergelegt hat - zur Selbstbindung der Verwaltung führen. Sie kann dann von ihren Maximen nur in besonders gelagerten Ausnahmefällen abweichen[239]. Besondere Beachtung im Hinblick auf das KWKG verdienen insoweit die "Politischen

---

[233] BVerwG NJW 1988, 783(784) mwNachw, Stelkens/Bonk/Sachs § 40 RN 39.
[234] Hervorhebung des Verfassers.
[235] AA wohl Epping, DWiR 1991, 276 (283).
[236] VGH Kassel NJW 1983, 2280.
[237] Maurer, 128.
[238] BVerfGE 25; 198, 205; Pottmeyer, Komm., § 6 RN 12.
[239] Maurer, S. 598ff; Stelkens/Bonk/Sachs, § 40 RN 53ff.

Grundsätze der Bundesregierung für den Export von Kriegswaffen und sonstigen Rüstungsgütern" vom 28. April 1982[240].

5.2.1.1. Die "Politischen Grundsätze der Bundesregierung für den Export von Kriegswaffen und sonstigen Rüstungsgütern" vom 28. April 1982

5.2.1.1.1. Entstehung und Rechtsnatur

Bis zur Verabschiedung der "Politischen Grundsätze der Bundesregierung für den Export von Kriegswaffen und sonstigen Rüstungsgütern" (im folgenden auch "exportpolitische Grundsätze" oder "Grundsätze") am 28. April 1982 existierten lediglich zwei nicht veröffentlichte Grundsatzbeschlüsse der Bundesregierung zur Rüstungsexportpolitik[241]. Diese stammten aus den Jahren 1965 und 1971.

Nach den Bundestagswahlen vom Herbst 1980 beabsichtigte die von Bundeskanzler *Helmut Schmidt* geführte Bundesregierung, Leopard II Panzer nach Saudi-Arabien zu exportieren. Da zum selben Zeitpunkt bekannt wurde, daß die Bundesregierung am 19. Juni 1980 den Bau zweier U-Boote für Chile genehmigt hatte, die SPD Bundestagsfraktion davon aber absprachewidrig erst nachträglich unterrichtet hatte[242], kam es neben einer öffentlichen Diskussion zu einem massiv einsetzenden Widerstand aus der verärgerten Regierungsfraktion gegen das Saudi Arabien Geschäft[243]. Vor diesem Hintergrund entbrannte eine Grundsatzdiskussion über die Neuorientierung der Rüstungsexportpolitik[244] und über eine größere Beteiligung und bessere Vorabinformation der Fraktionen bei derartigen Entscheidungen. Wenn auch die angestrebte Konsultation eines Parlamentsgremiums am Widerstand der Bundesregierung scheiterte, wurde die Transparenz exportpolitischer Entscheidungen dadurch erhöht, daß die Bundesregierung ihre Grundsätze im Bulletin Nr. 38 (S. 309ff) des Presse- und Informationsamtes der Bundesregierung vom 5. Mai 1982 abdruckte und somit erstmals der breiten Öffentlichkeit zugänglich machte. Alle der Schmidt/Genscher Regierung

---

[240] Abgedruckt im Bulletin des Presse- und Informationsamtes der Bundesregierung, Nr. 38 S. 309 vom 05.05.1982.

[241] Krause, EA 1982, 527 (528).

[242] Schön, ZParl 1986, 159 (162).

[243] Schön, ZParl 1986, 159 (162f); Der massive Protest aus der Fraktion zwang die Bundesregie-rung schließlich dazu, eine Genehmigung nicht zu erteilen (Vgl. Hans Dietrich Genscher, in: Die Welt v. 06.10.1981).

[244] Krause, EA 1982, 527 (527).

nachfolgenden Regierungen haben ihr Festhalten an den exportpolitischen Grundsätzen bekundet[245].

Die rüstungsexportpolitischen Grundsätze sind generell-abstrakte Anordnungen für die nähere Bestimmung des bei der Entscheidung nach § 6 Abs. 2 Nr. 1 KWKG auszuübenden Ermessens[246]. Denn die für die Ermessensentscheidung nach § 6 Abs. 2 Nr. 1 KWKG gem. Art. 26 Abs. 2 GG iVm mit § 11 Abs. 1 KWKG zuständige Bundesregierung hat diese Befugnis gemäß § 11 Abs. 2 und Abs. 3 KWKG in Verbindung mit § 1 der Ersten DVO zum KWKG auf verschiedene Bundesministerien übertragen. Soweit die Bundesregierung in Form des Bundessicherheitsrates die Genehmigungsentscheidung selbst trifft, handelt es sich um Verwaltungsvorschriften in Form von Ermessensrichtlinien.

Der Inhalt dieser Grundsätze soll im folgenden dargestellt werden.

5.2.1.1.2. Inhalt

Die Grundsätze differenzieren zwischen Rüstungsexporten in NATO-Länder, Nicht-NATO-Länder und Länder der Länderliste C.

(a) Exporte in Staaten der ehemaligen Länderliste C (ehemalige Ostblockstaaten)

Exporte in die Staaten der ehemaligen Länderliste C[247] werden grundsätzlich nicht genehmigt, es sei denn, daß alle COCOM Mitglieder dem zustimmen (Nr. 15 der Grundsätze). Zwar ist das COCOM als Folge des politischen Umbruchs in Mittel- und Osteuropa abgeschafft worden. Für die Übergangszeit bis zu einer neuen Regelung - seit dem Weltwirtschaftsgipfel vom Sommer 1993 in Tokio verhandeln die ehemaligen Mitgliedstaaten über eine Nachfolgeeinrichtung - haben sich die zuletzt 17 Mitglieder jedoch darauf verständigt, den bisherigen Kontrollstandard auf nationaler Ebene beizubehalten[248].

---

[245] Vgl. z. B. die Rede des Bundesministers des Auswärtigen, Kinkel, vor dem Deutschen Bundestag am 13.01.1994, abgedruckt in: Auswärtiges Amt (Hg.), Außenpolitik der Bundesrepublik Deutschland, 1023.

[246] Epping, DWiR 1991 276 (281); Oeter, 198f; Pottmeyer, Komm, Einl, RN 228; Sprögel in: Bebermeyer, Ausfuhrkontrolle, 21 (25); vgl. Hucko, 14.

[247] Die Länderliste C wurde inzwischen gestrichen, vgl. AwPrax 1996, 148.

[248] Reuter, RN 537; FAZ vom 29.03.1994, S. 15.

(b) Exporte in NATO-Staaten

Gänzlich anders regeln die Grundsätze Exporte in NATO-Staaten. Bei diesen steht der Gedanke der Erhaltung der Verteidigungskraft des Bündnisses und damit das Verteidigungsinteresse der Bundesrepublik im Vordergrund. Deshalb ist der Export in diese Staaten grundsätzlich nicht zu beschränken, es sei denn, daß aus besonderen politischen Gründen in Einzelfällen eine Beschränkung geboten ist (Nr. 1 der Grundsätze). Insoweit ist insbesondere an einen Konflikt zwischen NATO-Staaten, wie dem ständig schwelenden Konflikt zwischen der Türkei und Griechenland zu denken.

Der Endverbleib der Rüstungsgüter im NATO-Bereich ist grundsätzlich glaubhaft zu machen. Außerdem ist darauf hinzuwirken, daß Kriegswaffen nur mit dem schriftlichen Einverständnis der Bundesregierung aus dem NATO-Vertragsgebiet verbracht werden dürfen, wenn konkrete Hinweise bestehen, daß sie in Länder weiterexportiert werden, gegen deren Belieferung mit diesen Waffen sicherheits- oder außenpolitische Bedenken bestehen (Nr. 2 der Grundsätze).

Breiten Raum nehmen die Bestimmungen zu Rüstungskooperationen im NATO- Bereich ein. Bei Rüstungskooperationen werden Kriegswaffen bzw. Waffensysteme durch deutsche Firmen in Gemeinschaftsarbeit mit Firmen oder staatlichen Stellen anderer NATO-Mitglieder entwickelt oder hergestellt. Bei den regierungsamtlichen Kooperationen (z. B. die Entwicklung und Herstellung des britisch-italienisch-deutschen Kampfflugzeuges Tornado) beruht diese Zusammenarbeit auf Regierungsvereinbarungen, bei privaten Kooperationen auf Vereinbarungen zwischen einzelnen Firmen. Unabhängig davon, ob regierungsamtlich oder privat, sollen Kooperationen im bündnispolitischen Interesse liegen (Nr. 3 Abs. 1 der Grundsätze).

Bei Koproduktionen mit NATO-Partnern, die Gegenstand von Regierungsvereinbarungen sind, sollen unter Beachtung der deutschen Kooperationsfähigkeit im Bündnis deutsche rüstungsexportpolitische Grundsätze soweit wie möglich verwirklicht werden. Jedoch räumt die Bundesregierung dem Kooperationsinteresse grundsätzlich Vorrang ein, ohne allerdings auf Einwirkungsmöglichkeiten auf die Kooperationspartner zu verzichten (Nr. 3 Abs. 2 der Grundsätze). Dazu müssen ("sind") die exportpolitischen Konsequenzen einer Kooperation rechtzeitig vor einer Vereinbarung gemeinsam geprüft werden. Im übrigen behält sich die Bundesregierung zur Durchsetzung ihrer rüstungsexportpolitischen Ziele vor, bestimmten Exportvorhaben des Kooperationspartners im Konsultationswege entgegenzutreten. Zu diesem Zweck ist bei allen neu abzuschließenden Kooperationsvereinbarungen für den Fall des Exports durch das Partnerland grundsätzlich ein Konsultationsverfahren zu vereinbaren, das der Bundesregierung die Möglichkeit gibt, Einwendungen geltend zu machen (Nr. 5 der Grundsätze). Einwendungen gegen die Verwendung deutscher Zulieferungen kommen z. B. ("vor allem") in Betracht bei Exporten in Länder, die in bewaffnete Auseinandersetzungen verwickelt sind, oder in denen ein Ausbruch bewaffneter Auseinandersetzungen unmittelbar bevorsteht, bei Exporten, durch die unverzichtbare Sicherheitsinteressen der Bundesrepublik Deutschland gefährdet werden, schließlich bei Exporten, welche die auswärtigen Beziehungen zu Drittländern so erheblich belasten würden, daß selbst das eigene Interesse an der Kooperation und an der Aufrechterhaltung guter Beziehungen zum Kooperationspartner zurückstehen muß (Nr. 6 Abs. 2 der Grundsätze).

Für private Rüstungskooperationen sind Zulieferungen, entsprechend der Direktlieferung in NATO Länder, grundsätzlich nicht zu beschränken. Um, wie bei regierungsamtlichen Kooperationen, auf Exporte Einfluß nehmen zu können, wird die Bundesregierung darauf hinwirken, daß sich der deutsche Kooperationspartner bei Zulieferung von Teilen, die nach Umfang oder Bedeutung für eine Kriegswaffe wesentlich sind, vertraglich in die Lage versetzt, der Bundesregierung rechtzeitig die nötigen Informationen über Exportabsichten seiner Partner geben zu können (Nr. 7 der Grundsätze).

Konsequenz des in Nr. 3 formulierten Grundsatzes vom Vorrang des Kooperationsinteresses ist Nr. 4 der Grundsätze[249]. Danach ist ausfuhrrechtlich für deutsche Zulieferung von Teilen (Einzelheiten oder Baugruppen), die Kriegswaffen nach der Kriegswaffenliste sind, das Kooperationspartnerland ausfuhrrechtlich Käufer- und Verbrauchsland und, soweit es sich um als Kriegswaffen eingestufte Teile handelt, auch Endverbleibsland (Nr. 4 Satz 1 der Grundsätze). Wenn diese Teile durch festen Einbau in das Waffensystem integriert werden, begründet die Verarbeitung im Partnerland ausfuhrrechtlich einen neuen Warenursprung.

(c) Exporte in Nicht-NATO-Staaten

Bei Exporten in Nicht-NATO-Staaten hält die Bundesregierung in Fortführung ihrer Grundsatzbeschlüsse von 1965 und 1971 daran fest, daß derartige Ausfuhren eingeschränkt bleiben (Nr. 8 der Grundsätze). Nach Nr. 9 Satz 1 der Grundsätze werden derartige Exporte grundsätzlich nicht genehmigt. Ausnahmen von diesem Grundsatz sind zum einen möglich, wenn auf

[249] Epping, DWiR 1991 276 (282).

Grund besonderer politischer Erwägungen Ausnahmen allgemeiner Art festgelegt werden, wie dies z. B. für die der NATO gleichgestellten Staaten geschehen ist. Zum anderen können Ausnahmegenehmigungen erteilt werden, wenn im Einzelfall vitale Interessen der Bundesrepublik für eine Ausnahme sprechen. Vitale Interessen werden als außen- und sicherheitspolitische Interessen der Bundesrepublik unter Berücksichtigung der Bündnisinteressen definiert (Nr. 9 Satz 2 der Grundsätze). Die ausnahmsweise Erteilung von Genehmigungen kommt nicht in Betracht, wenn die innere Lage des betreffenden Landes dem entgegensteht oder wenn die Lieferung zur Erhöhung bestehender Spannungen beiträgt. Deshalb scheiden Lieferungen an Länder, bei denen eine Gefahr für den Ausbruch bewaffneter Auseinandersetzungen besteht, grundsätzlich aus. In allen Ausnahmefällen muß eine hinreichende Sicherheit bestehen, daß die Kriegswaffen nur zur Verteidigung des Empfängerlandes oder der betreffenden Region bestimmt sind (Nr. 12 und 13 der Grundsätze)[250].

5.2.1.2. Vereinbarkeit der Grundsätze mit § 6 Abs. 2 Nr. 1 KWKG

Gegen die Vereinbarkeit der exportpolitischen Grundsätze mit § 6 Abs. 2 Nr. 1 KWKG bestehen keine Bedenken, da der Bundesregierung bei den durch § 6 Abs. 2 Nr. 1 KWKG geschützten Interessen aus den oben genannten Gründen ein weiter Ermessensspielraum zusteht.

5.2.2. Grundsatz der Verhältnismäßigkeit

Der Grundsatz der Verhältnismäßigkeit[251] - der von überragender Bedeutung für das gesamte Rechts- und Verfassungsleben geworden ist[252] - bindet grundsätzlich jede staatliche Gewalt, sofern sie subjektive Rechte des Einzelnen in irgendeiner Weise beeinträchtigt[253].

Im einzelnen verlangt er, daß eine Maßnahme geeignet, erforderlich und verhältnismäßig ist[254]. Geeignet ist sie, wenn ein Mittel eingesetzt wird, mit dessen Hilfe der gewünschte Erfolg gefördert werden kann[255]. Erforderlich

[250] Vgl. Pottmeyer, AwPrax 1996, 15 (16) mit konkreten Länderbeispielen zur Exportpraxis der Bundesregierung in Nicht-NATO-Staaten.
[251] Zum Ganzen Jakobs, DVBl. 1985, 97ff.
[252] Fürstenwerth, Außenwirtschaftsrecht, 33 mwNachw.
[253] Jarass/Pieroth, Art. 20 RN 57.
[254] BVerfGE 30, 292 (316).
[255] BVerfGE 33, 171 (187).

ist sie, wenn sie ihr Ziel durch das mildeste Mittel erreicht[256]. Verhältnismäßig ieS ist die Maßnahme, wenn sie in einem angemessenen Verhältnis zu dem Gewicht und der Bedeutung der betroffenen Grundrechte steht, d. h. daß bei der Gesamtabwägung zwischen der Schwere des Eingriffs und der Bedeutung der ihn rechtfertigenden Gründe die Grenze der Zumutbarkeit gewahrt sein muß[257].

Für die Gewichtung nach § 6 Abs. 2 Nr. 1 KWKG ist in diesem Zusammenhang zu beachten, daß das Individualrecht der Berufsfreiheit des Antragstellers nur auf der Berufsausübungsebene berührt ist, während den von Art. 26 GG und dem KWKG geschützten Rechtsgütern grundsätzlich bedeutendes Gewicht zukommt[258].

5.2.3. Vertrauensschutz

Durch die Ermessensentscheidung darf schließlich der Grundsatz des Vertrauensschutzes nicht verletzt werden. Die Genehmigungsbehörden müssen bei ihrer Ermessensentscheidung ihre vorherige Verwaltungspraxis beachten und dürfen sich daher nicht ohne gewichtige Gründe zu ihrem vorherigen Verhalten in Widerspruch setzen, sofern sie dadurch das schutzwürdige Vertrauen des Bürgers verletzen[259].

Dem Vertrauensschutz kommt über die Anwendung der exportpolitischen Grundsätze hinaus nur eine Bedeutung für die Drittländer zu. Denn bei den NATO und den der NATO-gleichgestellten Staaten ist die Bundesregierung schon aufgrund der exportpolitischen Grundsätze verpflichtet, ihre Verwaltungspraxis zu beachten. Für die Staaten der Länderliste C gibt es keine Genehmigungspraxis.

Ein schutzwürdiges Interesse könnte sich für den einzelnen Unternehmer aus Art. 12 GG ergeben, da er Kriegswaffen herstellt, um eine Lebensgrundlage zu erwirtschaften. Er investiert aufgrund der sehr hohen Entwicklungskosten oft erhebliche Summen[260]. Ein Vertrauenstatbestand könnte z. B. dadurch entstehen, daß die Bundesregierung dem Unternehmer über einen längeren Zeitraum und in einer hinreichenden Zahl von Fällen

---

[256] BVerfGE 53, 135 (145f).
[257] BVerfGE 67, 157 (173ff).
[258] Vgl. Erster Teil Kapitel C. 1.3.
[259] BVerwGE 52, 151 (160).
[260] Pottmeyer, Komm., § 6 RN 33.

U-Boot-Exporte nach Indonesien genehmigt hat und die politische Lage in Indonesien unverändert bleibt. Die Bundesregierung dürfte dann nicht willkürlich von dieser Praxis abweichen.

Die gewichtigen Gründe, die es der Bundesregierung aber im Einzelfall erlauben können, sich zu ihrem vorherigen Verhalten in Widerspruch zu setzen, können sich dann aus Art. 26 GG ergeben. Da die Genehmigungsentscheidung nach § 6 Abs. 2 Nr. 1 KWKG unter dem Primat der Politik steht, wird hier das Vertrauensschutzinteresse des einzelnen bei einer geänderten politischen Einschätzung der Lage zurücktreten müssen. Denn mit diesem Anspruch wäre es unvereinbar, wenn die Bundesregierung eine Exportgenehmigung aus Vertrauensschutzgründen genehmigen müßte, obwohl sie durch die betreffende Lieferung ihre aktuellen außenpolitischen Interessen verletzt sieht[261].

Schließlich ergibt sich aus § 7 Abs. 1 KWKG, daß Vertrauensschutz im KWKG nur eine untergeordnete Rolle spielt. Danach kann die Genehmigung, anders als nach den allgemeinen Regeln über den Widerruf und die Rücknahme begünstigender Verwaltungsakte (§§ 48, 49 VwVfG) jederzeit widerrufen werden[262].

5.2.4. Keine Abwägungsdefizite

Eine fehlerfreie Ermessensentscheidung setzt schließlich eine umfassende und sachgerechte Abwägung aller relevanten - öffentlichen und privaten - Belange voraus[263]. Dabei verlangt das Abwägungsgebot, daß "weder die Bedeutung der betroffenen öffentlichen und privaten Belange verkannt noch der Ausgleich zwischen ihnen in einer Weise vorgenommen wird, die zur objektiven Gewichtigkeit einzelner Belange außer Verhältnis steht"[264]. Eine derartige Abwägung ist nur möglich, wenn die Behörde den Sachverhalt soweit aufklärt, daß sie alle entscheidenden Umstände kennt[265]. Andernfalls fehlt ihr eine sachgerechte Entscheidungsgrundlage, mit der Folge, daß ein Abwägungsvorgang gar nicht möglich ist[266].

---

261 Vgl. für das AWG von Bogdandy, VerwArch 1992, 53 (84f).
262 V. Burchard, 31ff; Pottmeyer, Komm., § 7 RN 4.
263 BVerwGE 15, 196 (202); 35, 291 (295); Tettinger, Wirtschaftsverwaltungsrecht, 483 mw-Nachw.
264 BVerwG NJW 1975, 1375f.
265 BVerwGE 10, 176 (180); 73, 48 (51); Tettinger, Wirtschaftsverwaltungsrecht, 482.
266 Fürstenwerth, 36.

Entsprechend den oben gemachten Ausführungen steht die Entscheidungspraxis der Bundesregierung mit diesem Erfordernis in Übereinstimmung.

5.2.5. Ermessensreduzierung auf Null

Schließlich ist denkbar, daß jede andere Entscheidung als die begehrte ermessensmißbräuchlich wäre. Dann schrumpft das Ermessen auf "Null". Der Antragsteller hat dann einen Anspruch auf Erlaß dieser Entscheidung[267]. Eine Ermessensreduzierung auf Null kann sich insbesondere aus der Wirkung der Grundrechte oder anderer Verfassungssätze ergeben[268].

In besonders gelagerten Ausnahmefällen ist es z. B. denkbar, daß sich aus Art. 12 Abs. 1 GG ein Anspruch auf Erteilung einer Genehmigung ergibt[269].

6. Einheitliche Ermessensentscheidung?

Die Frage nach den Grenzen der verwaltungsgerichtlichen Kontrolldichte und die damit verbundene spiegelbildliche Frage nach dem Entscheidungsspielraum der Genehmigungsbehörden haben gezeigt, daß die im Interesse der Klarheit[270] zu ziehende Grenze zwischen der Überprüfung der unbestimmten Rechtsbegriffe des Tatbestandes und des Ermessens im Rahmen des § 6 Abs. 2 Nr. 1 KWKG zum Teil verwischt.

Z. B. sind sowohl bei der Auslegung der Begriffe "Aufrechterhaltung guter Beziehungen zu anderen Ländern" als auch bei der Ermessensausübung der Sinn und Zweck der Vorschrift zu beachten. Sowohl bei der Beurteilung der Tatbestandsvoraussetzungen als auch bei der Abwägung der Rechtsfolgen sind umfassende und komplexe außen- und sicherheitspolitische Erwägungen anzustellen.

Fraglich ist, ob die Ermessensentscheidung hier durch die Tatbestandsmerkmale bereits vorgeprägt bzw. determiniert wird und § 6 Abs. 2 Nr. 1 KWKG sich somit als eine einheitliche Ermessensentscheidung erweist.

---

[267] BVerwGE 11, 95 (97); Maurer, 128f.
[268] Vgl. BVerwGE 47, 280 (283); 62, 206 (210).
[269] VG Köln, Urteil vom 26.04.1985 20 K 4855/83 nv., S. 7; offen OVG Münster, Urteil v. 02.11.1976, XIV A 1829/75 nv., S. 8; vgl. auch Pottmeyer, Komm, § 6 RN 23ff.
[270] Vgl. Kopp, Komm. VwGO, § 114 RN 33.

Dafür bedarf es nach dem Beschluß des Gemeinsamen Senates der obersten Gerichtshöfe des Bundes vom 19. Oktober 1971[271] allerdings einer besonderen Rechtfertigung. Ob es sich um eine einheitliche Ermessensentscheidung handelt, ist nach dem Sinn und Zweck der jeweiligen Vorschrift zu bestimmen.

In dem dem Senat vorliegenden Fall war darüber zu entscheiden, ob es sich bei § 131 Abs. 1 Satz 1 AO in der Fassung des Art. 17 Nr. 5 des Steueränderungsgesetzes 1961 vom 13. Juli 1961[272] um eine einheitliche Ermessensentscheidung handelte.

Die Vorschrift lautete:

> Im Einzelfall *können* Steuern und sonstige Geldleistungen ganz oder zum Teil erlassen werden, wenn ihre Einziehung nach Lage des einzelnen Falles *unbillig* wäre.

Der Senat sah zwischen den Worten "unbillig" und "können" eine unlösbare Verbindung, die nicht in ihre Bestandteile zerrissen werden könnte. Diese ergebe sich daraus, daß im Steuerrecht ein einheitlicher Billigkeitsbegriff bestehe, der nicht danach unterschiedlich behandelt werden könne, ob er auf der Tatbestands- oder auf der Rechtsfolgenseite der Norm stehe[273].

Trotz der angesprochenen Überschneidungen sind diese Überlegungen auf § 6 Abs. 2 Nr. 1 KWKG nicht übertragbar. Denn schon allein dadurch, daß der Gesetzgeber in § 6 Abs. 2 KWKG das Ermessen systematisch "vor die Klammer" gezogen und nachfolgend die drei fakultativen Versagungstatbestände aufgezählt hat, wird deutlich, daß er nicht von einer einheitlichen Ermessensentscheidung sondern von unterschiedlichen und abgrenzbaren tatbestandlichen Voraussetzungen ausging. Dies folgt auch aus der durch § 6 Abs. 2 1. Hs. gegebenen Möglichkeit, die Genehmigung auch aus anderen als den aufgezählten Gründen zu verweigern ("insbesondere"). Denn durch die Zulassung weiterer Versagungsgründe hat der Gesetzgeber gerade auch Versagungsgründe anerkannt, die in keinem Zusammenhang zu den aufgezählten Versagungsgründen stehen.

§ 6 Abs. 2 Nr. 1 KWKG erweist sich somit nicht als einheitliche Ermessensentscheidung.

---

[271] GSOBG BVerwGE 39, 355ff.
[272] BGBl. I 981; BStBl. I 444.
[273] GSOBG BVerwGE 39, 355 (367f).

B. § 6 Abs 2 Nr. 2 KWKG

Des weiteren kann eine Genehmigung nach § 6 Abs. 2 Nr. 2 KWKG versagt werden, wenn

a) der Antragsteller, sein gesetzlicher Vertreter, bei juristischen Personen das vertretungsberechtigte Organ oder ein Mitglied eines solchen Organs, bei Personenhandelsgesellschaften ein vertretungsberechtigter Gesellschafter, sowie der Leiter eines Betriebes oder eines Betriebsteiles des Antragstellers,

b) derjenige, der Kriegswaffen befördert,

c) derjenige, der die tatsächliche Gewalt über Kriegswaffen dem Beförderer überläßt oder von ihm erwirbt,

nicht Deutscher im Sinne des Artikels 116 des Grundgesetzes ist oder den Wohnsitz oder gewöhnlichen Aufenthalt außerhalb des Bundesgebietes hat.

1. Der relevante Personenkreis

1.1. § 6 Abs. 2 Nr. 2 lit a KWKG

§ 6 Abs. 2 Nr. 2 lit a KWKG erfaßt zunächst den Antragsteller. Insoweit muß es sich um eine natürliche Person handeln, denn auf juristische Personen oder Personenhandelsgesellschaften ist die Vorschrift nicht anwendbar. Dies folgt daraus, daß bei diesen nur bestimmte Organe oder Gesellschafter erfaßt sind (s. u.).

Von geringer praktischer Bedeutung ist der Kreis der gesetzlichen Vertreter des Antragstellers[274]. Gesetzliche Vertreter sind vorgeschrieben für geschäftsunfähige und beschränkt geschäftsfähige Personen. Praktisch kommt dies nur dann vor, wenn ein Minderjähriger ein einzelkaufmännisch betriebenes Unternehmen, das Umgang mit Kriegswaffen betreibt, geerbt hat[275]. Bei Minderjährigen sind gesetzlicher Vertreter in der Regel die Eltern (§ 1629 BGB) oder ein Elternteil. Fallen sie aus oder ist der Geschäftsunfähige oder beschränkt Geschäftsfähige volljährig, so ist der gesetzliche Vertreter

---

[274] Pottmeyer, Komm., § 6 RN 52.

[275] Pottmeyer, Komm., § 6 RN 52.

der Vormund (§§ 1793, 1897 BGB), gegebenenfalls ein Pfleger (§§ 1909f BGB)[276]. Darüber hinaus sind auch die sogenannten Parteien kraft Amtes gesetzliche Vertreter. Dies betrifft den Konkurs-, Vergleichs- und Zwangsverwalter sowie den Testamentsvollstrecker[277].

Ferner erfaßt § 6 Abs. 2 Nr. 2 lit a KWKG bei juristischen Personen das vertretungsberechtigte Organ oder das Mitglied eines solchen Organs. Dazu gehören beim wirtschaftlichen oder nichtwirtschaftlichen Verein, bei einer Aktiengesellschaft oder einer Genossenschaft der Vorstand (§§ 26 Abs. 2 BGB, 78 AktG, 24 GenG), bei einem mehrköpfigen Vorstand die einzelnen Vorstandsmitglieder. Dazu gehören bei der GmbH die Geschäftsführer bzw. die Geschäftsführung (§ 35 Abs. 1 GmbHG). Ist schließlich eine KGaA Antragsteller, so haben die persönlich haftenden Gesellschafter die Erfordernisse dieser Vorschrift zu erfüllen (§§ 278 Abs. 2 AktG, 161 Abs. 2, 125 HGB)[278]. Bei den Personenhandelsgesellschaften sind die vertretungsberechtigten Gesellschafter von der Vorschrift des § 6 Abs. 2 Nr. 2 lit a KWKG erfaßt. Dies sind, sofern sich aus dem Gesellschaftsvertrag nichts anderes ergibt, die Gesellschafter der OHG bzw. die Komplementäre der KG (§§ 125 Abs. 1, 161 Abs. 2, 170 HGB)[279].

Klarheit besteht insoweit, daß sowohl bei mehrköpfigen vertretungsberechtigten Organen von juristischen Personen als auch bei den vertretungsberechtigten Gesellschaftern von Personenhandelsgesellschaften es für eine Versagung der Genehmigung ausreicht, wenn nur eine Person von diesen die Voraussetzungen der Vorschrift nicht erfüllt[280].

Umstritten ist, ob es bei einer Gesellschaft bürgerlichen Rechts ausreicht, wenn nur die vertretungsberechtigten Gesellschafter die Anforderungen des § 6 Abs. 2 Nr. 2 KWKG erfüllen. Während *Potrykus*[281] dies ohne nähere Begründung bejaht, führt *Pottmeyer*[282] dagegen zutreffend ins Feld, daß die Gesellschaft bürgerlichen Rechts keine Personenhandelsgesellschaft mit rechtlicher Selbständigkeit darstellt. Antragsteller sei bei der BGB Gesellschaft folglich nicht die Gesellschaft als solche, sondern die einzelnen Gesellschafter. Daraus folgt, daß für den Fall, daß eine BGB Gesellschaft Umgang mit Kriegswaffen hat, sämtliche Gesellschafter Deutsche sein müssen

---

[276] Potrykus, Komm, § 6 Anm. 9. (S. 70).
[277] Pottmeyer, Komm., § 6 RN 52.
[278] Vgl. hierzu Pottmeyer, Komm., § 6 RN 53; Potrykus, Komm, § 6 Anm. 9. (S. 70).
[279] Vgl. VGH München NJW 1992, 1644f.
[280] Pottmeyer, Komm., § 6 RN 55; Potrykus, Komm. § 6 Anm. 9. (S. 70).
[281] Potrykus, Komm, § 6 Anm. 9. (S. 70).
[282] Pottmeyer, Komm., § 6 RN 56.

oder ihren Wohnsitz sowie ihren gewöhnlichen Aufenthalt innerhalb des Bundesgebietes haben sollten[283].

Zum von § 6 Abs. 2 Nr. 2 lit a KWKG erfaßten Personenkreis zählen weiter der Leiter eines Betriebes oder eines Betriebsteiles des Antragstellers.

Betrieb ist in Anlehnung an das Betriebsverfassungsgesetz eine nicht nur vorübergehende organisatorische, meist auch räumlich zusammengefaßte Einheit von Personen und Sachmitteln unter einheitlicher Leitung zu dem arbeitstechnischen Zweck, bestimmte Leistungen hervorzubringen oder zur Verfügung zu stellen[284].

Betriebsleiter ist derjenige, dem die Geschäftsführung für den Betrieb nach innen und außen verantwortlich übertragen ist und der demgemäß selbständig anstelle des Betriebsinhabers handelt[285]. Der Betriebsleiter braucht nicht notwendig Stellvertreter des Betriebsinhabers im Sinne von § 45 GewO zu sein[286].

Der Begriff Teilbetriebsleiter im Sinne des § 6 Abs. 2 Nr. 2 lit a KWKG erfaßt zum einen die, die einen organisatorisch und räumlich getrennten Betriebsteil leiten (Nebenstelle, Filiale, Werk als besondere Fabrikationsanlage)[287], zum anderen die, die in einem großen Betrieb eine bestimmte Abteilung leiten (z. B. als kaufmännischer oder technischer Leiter)[288]. Nicht erforderlich ist die Zugehörigkeit zur obersten Führungsebene, beispielsweise im Sinne eines 'leitenden Angestellten' nach § 5 Abs. 3 Satz 2, Abs. 4 BetrVG[289]. Maßgeblich ist auch nicht die rechtliche Stellung, etwa die eines Prokuristen oder Handlungsbevollmächtigten. Entscheidend ist im Einzelfall die Organisation des betreffenden Betriebes.

1.2. § 6 Abs. 2 Nr. 2 lit b KWKG

Die Voraussetzungen des § 6 Abs. 2 Nr. 2 KWKG muß gemäß § 6 Abs. 2 Nr. 2 lit b KWKG auch derjenige erfüllen, der Kriegswaffen befördert.

---

[283] Vgl. auch VGH München NJW 1992, 1644f.
[284] Fitting/Kaiser/Heither/Engels, § 1 RN 53ff; Schönke Schröder Lenckner, § 14 RN 28; vgl. auch BAG AP Nr. 9 zu § 1 BetrVG 1972.
[285] BGH NJW RR 1989, 1185 (1186); Göhler, OWiG, § 9 RN 19.
[286] Pottmeyer, Komm., § 6 RN 57.
[287] Göhler, OWiG, § 9 RN 20; Pottmeyer, Komm., § 6 RN 58.
[288] Göhler, OWiG, § 9 RN 20; Pottmeyer, Komm., § 6 RN 58.
[289] Göhler, OWiG, § 9 RN 21.

Der Begriff der Beförderung von Kriegswaffen ist Gegenstand verschiedener anderer Normen des KWKG.

Gemäß § 3 Abs. 1 KWKG bedarf der Genehmigung, wer Kriegswaffen außerhalb eines abgeschlossenen Geländes befördern lassen will. Nach allgemeiner Lesart ist unter dem "Befördernlasser" nicht derjenige zu verstehen, der die Beförderung organisiert und durchführt, sondern derjenige, der sie in Auftrag gibt. Damit sind Befördernlasser weder der Frachtführer, der mit der Beförderung von Kriegswaffen beauftragt wurde, noch dessen Arbeitnehmer, die die Beförderung durchführen (wie etwa die entsprechenden LKW-Fahrer). Ebensowenig ist der Spediteur, der sich seinerseits eines Frachtführers bedient, als Befördernlasser anzusehen[290]. Mit der Eingrenzung des Genehmigungserfordernisses auf Transporte außerhalb geschlossener Gelände wollte der Gesetzgeber Beförderungen innerhalb eines Werksgeländes von einer zusätzlichen Genehmigung befreien, da er diese als bereits durch die Herstellungsgenehmigung gemäß § 2 Abs. 1 KWKG mit erfaßt ansah[291]. Da aber häufig derjenige, der Kriegswaffen hergestellt oder die tatsächliche Gewalt über Kriegswaffen erworben hat, diese Kriegswaffen auch selbst, d. h. in eigener Verantwortung und meist auch mit eigenen - werkseigenen - Fahrzeugen außerhalb seines abgeschlossenen Geländes selbst transportieren will, verlangt § 3 Abs. 2 KWKG auch dafür eine Genehmigung[292]. Bei dieser Sachlage sind Beförderer und Auftraggeber identisch. Die Voraussetzungen des § 3 Abs. 2 KWKG sind auch dann gegeben, wenn der Hersteller die Kriegswaffen nicht in eigener Person befördert, sondern durch in seinem Dienste stehende Personen befördern läßt[293].

Die Vorschrift des § 3 KWKG über Beförderungen innerhalb des Bundesgebietes wird ergänzt durch § 4 KWKG, der die Beförderung von Kriegswaffen außerhalb des Bundesgebietes erfaßt. Danach bedarf der Genehmigung, wer Kriegswaffen, die außerhalb des Bundesgebietes ein- und ausgeladen und durch das Bundesgebiet nicht durchgeführt werden, mit Seeschiffen, die die Bundesflagge führen, oder mit Luftfahrzeugen, die in die Luftfahrzeugrolle der Bundesrepublik eingetragen sind, befördern will. Im Gegensatz zu § 3 KWKG, der den Auftraggeber der Beförderung erfaßt, ist hier dem unmittelbaren Beförderer die Genehmigungspflicht auferlegt wor-

---

[290] Pottmeyer, Komm., § 6 RN 28; Potrykus, Komm, § 3 Anm. 3. (S. 51f); aA Epping, 169ff der auch den Frachtführer selbst für genehmigungspflichtig hält.

[291] BR-Drs. 329/589; S. 15.

[292] Vgl. BR-Drs. 329/589; S. 15.

[293] Hinze, § 3 Anm. 6.

den[294]. Nach der Entwurfsbegründung findet dies seinen Grund darin, daß der an der Beförderung interessierte Auftraggeber nur selten von den Genehmigungs-, Überwachungs- und Strafvorschriften des Gesetzes erfaßt werden kann, weil es sich dabei meist um Personen handeln wird, die ihren Wohnsitz außerhalb des Geltungsbereichs des Gesetzes haben[295].

In Anlehnung an die Regelung des § 3 KWKG läge es zunächst nahe, den Wortlaut des § 6 Abs. 2 Nr. 2 lit b KWKG dahingehend auszulegen, daß der Auftraggeber der Beförderung Deutscher im Sinne des Artikel 116 des Grundgesetzes sein soll oder den Wohnsitz oder gewöhnlichen Aufenthalt innerhalb des Bundesgebietes haben soll. Dann würde die Regelung des § 6 Abs. 2 Nr. 2 lit b KWKG jedoch wenig Sinn machen, denn dieser Personenkreis ist bereits von § 6 Abs. 2 Nr. 2 lit a KWKG erfaßt. Gemeint ist deshalb mit § 6 Abs. 2 Nr. 2 lit b KWKG der unmittelbare Beförderer[296].

Bei der sich anschließenden Frage, wer wiederum als unmittelbarer Beförderer zu verstehen ist, ist zu trennen zwischen dem Beförderer innerhalb des Bundesgebietes und demjenigen außerhalb des Bundesgebietes.

Als Beförderer innerhalb des Bundesgebietes käme zunächst der Spediteur in Betracht. Nach § 407 Abs. 1 HGB ist dies derjenige, der es gewerbsmäßig übernimmt, Güterversendungen durch Frachtführer oder durch Verfrachter von Seeschiffen für Rechnung eines anderen (des Versenders) in eigenem Namen zu besorgen. Ob der Spediteur als Beförderer im Sinne von § 6 Abs. 2 Nr. 2 lit b KWKG anzusehen ist, bestimmt sich nach dem Zweck des Gesetzes.

Dessen Ziel ist es, diejenigen Gefahren auszuschalten oder zumindest zu verringern, die typischerweise mit dem Transport von Kriegswaffen einhergehen. Verhindert werden soll insbesondere, daß die Waffen während des Transportes abhanden kommen[297]. Da das Gesetz mithin an dem eigentlichen Transportvorgang ansetzt[298], scheidet der Spediteur als Beförderer schon deshalb aus, weil er keinerlei unmittelbare Verbindung zu diesem Vorgang besitzt. Als Geschäftsbesorger fehlt ihm die Verfügungsmöglichkeit über die Kriegswaffen. Es hängt nicht von seiner, sondern von der Nachlässigkeit des Ausführenden ab, ob die Kriegswaffen Gefahr laufen,

---

[294] Potrykus, Komm, § 4 Anm. 4. (S. 59).
[295] BT-Drs. III/1589, S. 16; Hinze, § 4 Anm. 3.
[296] Hinze, § 6 Anm. 4; vgl. Epping, 172f.
[297] BR-Drs. 329/589, S. 15; Pottmeyer, Komm., § 3 RN 58.
[298] Pottmeyer, Komm., § 3 RN 59.

abhanden zu kommen[299]. Somit ergibt sich, daß der Spediteur als Beförderer im Sinne des § 6 Abs. 2 Nr. 2 lit b KWKG ausscheidet.

Fraglich ist, ob nach dem Zweck des Gesetzes der unmittelbar Ausführende der Beförderung den Anforderungen des § 6 Abs. 2 Nr. 2 lit b KWKG unterstellt ist. In Betracht käme etwa der betreffende LKW-Fahrer, der auf seinem Sattelschlepper Kampfpanzer (KWL Nr. 24) transportiert. Er ist der am Transportvorgang unmittelbar Beteiligte und dadurch naheliegend derjenige, der am ehesten gewährleisten kann, daß die Kriegswaffen nicht durch Nachlässigkeit oder unsachgemäße Handhabung zweckwidrig verwandt werden.

Dieser Auslegung steht jedoch die Entstehungsgeschichte des KWKG entgegen. Dort spricht der Gesetzgeber von demjenigen, der die "Beförderung ausführt (LKW-Fahrer)" und dem "Beförderer, d. h. dem Fuhrunternehmer (LKW-Frachtführer, Deutsche Bundesbahn)". Beide sollen keiner Genehmigung bedürfen[300]. Daraus wird deutlich, daß der Gesetzgeber den Frachtführer und nicht den unmittelbar Ausführenden als Beförderer ansieht. Dieses Ergebnis ist auch sachgerecht, denn die Annahme, der Transporteur sei zur Gefahrenabwehr optimal geeignet, hält einer kritischen Betrachtung nicht stand. So hängt es zwar zu einem Großteil von der Zuverlässigkeit des Fahrers ab, ob die Kriegswaffen abhanden kommen. Zur Vermeidung dieses Schadens ist der Fahrer jedoch auf die sachlichen, betrieblichen und technischen Mittel und Vorrichtungen des Frachtführers bzw. des Fuhrunternehmers angewiesen. Dieser stellt dem Transporteur die Gerätschaft zur Sicherung der Waffen zur Verfügung. Der Frachtführer ist es auch in der Regel, der den Fahrer in der Abwehr von Gefahren geschult hat oder auf seine Initiative hin hat schulen lassen. Im übrigen ist der Frachtführer gegenüber denjenigen Personen, deren er sich als Erfüllungsgehilfen bedient, umfassend weisungsbefugt. Er kann Ihnen genaue Anweisungen erteilen, was bei dem Transport mit den Kriegswaffen im einzelnen zu beachten und zu veranlassen ist[301]. Schließlich wird dem Frachtführer das Fehlverhalten seiner Mitarbeiter wie eigenes Verschulden angerechnet. Daraus ergibt sich wirtschaftlich wie rechtlich für ihn der Druck, nur zuverlässige und verläßliche Arbeitnehmer einzustellen[302].

---

[299] Pottmeyer, Komm., § 3 RN 59.
[300] BT-Drs. III/1589, S. 15; so zutreffend auch Pottmeyer, Komm., § 3 RN 62.
[301] Pottmeyer, Komm., § 3 RN 65.
[302] Pottmeyer, Komm., § 3 RN 65.

Mit dieser Auslegung lassen sich auch diejenigen Fälle lösen, in denen der Frachtführer die Beförderung ganz oder teilweise anderen selbständigen Frachtführern überläßt[303]. Dabei wird zwischen Teil- , Zwischen- und Unterfrachtführer unterschieden[304].

Beim Transport durch Teilfrachtführer schließen diese mit dem Auftraggeber für die jeweils von ihnen abzudeckende Teilstrecke einen gesonderten Frachtvertrag. Da die Teilfrachtführer voneinander rechtlich unabhängig sind und nicht für das Verschulden des jeweils anderen einstehen, ist jeder selbständiger Beförderer im Sinne des § 6 Abs. 2 Nr. 2 lit b KWKG[305].

Das gleiche gilt für die Einschaltung von Zwischenfrachtführern. Diese übernehmen einen Teil der Transportstrecke. Vertragspartner ist jedoch nicht der Auftraggeber, sondern der Hauptfrachtführer. Dieser vereinbart vertraglich in eigenem Namen, aber für Rechnung des Auftraggebers mit dem Zwischenfrachtführer für denjenigen Streckenabschnitt, den dieser übernehmen soll, die gesonderte Fracht. Da der Hauptfrachtführer aber nicht für das Verschulden des Zwischenfrachtführers haftet und der Zwischenfrachtführer nicht Erfüllungsgehilfe des Hauptfrachtführers ist, ist auch der Zwischenfrachtführer als Beförderer im Sinne des § 6 Abs. 2 Nr. 2 lit b KWKG anzusehen[306].

Anders ist die Lage beim Unterfrachtführer zu beurteilen. Da diesem lediglich die Qualität eines Erfüllungsgehilfen zukommt und zwischen Auftraggeber und Unterfrachtführer keine vertraglichen Beziehungen bestehen, ist in diesen Fällen ausschließlich der Hauptfrachtführer Beförderer im Sinne des § 6 Abs. 2 Nr. 2 lit b KWKG[307].

Keine Bedeutung kommt § 6 Abs. 2 Nr. 2 lit b KWKG schließlich im Rahmen der Beförderung nach § 4 KWKG zu. Denn in diesen Fällen ist der Antragsteller gleichzeitig der Beförderer und er muß bereits sachnotwendig - ohne daß es der Anwendung des § 6 Abs. 2 Nr. 2 lit b KWKG bedarf - die Anforderungen der Deutschenzugehörigkeit erfüllen. Für Luftfahrzeuge folgt dies aus § 3 Satz 1 Luftverkehrsgesetz. Danach dürfen Luftfahrzeuge nur dann in die Luftfahrzeugrolle eingetragen werden, wenn sie im ausschließlichen Eigentum deutscher Staatsangehöriger stehen. Für Seeschiffe

---

[303] Vgl. dazu ausführlich Pottmeyer, Komm., § 3 RN 69ff.
[304] Baumbach Duden Hopt, HGB, § 433 RN 1.
[305] So auch Pottmeyer, Komm., § 3 RN 73.
[306] So auch Pottmeyer, Komm., § 3 RN 74.
[307] So auch Pottmeyer, Komm., § 3 RN 75.

ergibt sich dies aus §§ 1, 2 Flaggenrechtsgesetz. Nach § 1 Abs. 1 FlaggenRG haben all diejenigen Seeschiffe die Bundesflagge zu führen, deren Eigentümer Deutsche sind und die ihren Wohnsitz im Geltungsbereich des Grundgesetzes haben. Gleiches gilt dann, wenn Eigner eines Seeschiffes eine OHG oder eine KG mit Sitz im Geltungsbereich des Grundgesetzes ist, sofern die Mehrheit sowohl der persönlich haftenden Gesellschafter als auch der zur Geschäftsführung und Vertretung berechtigten Gesellschafter aus Deutschen besteht und außerdem die deutschen Gesellschafter nach dem Gesellschaftsvertrag die Mehrheit der Stimmen haben (§ 1 Abs. 2 lit. a FlaggenRG). Entsprechendes gilt auch für juristische Personen, wenn Deutsche im Vorstand oder in der Geschäftsführung die Mehrheit haben (§ 1 Abs. 2 lit. b FlaggenRG). Nach § 2 FlaggenRG dürfen die Bundesflagge Seeschiffe führen, deren Eigentümer Deutsche ohne Wohnsitz im Geltungsbereich des Grundgesetzes sind, sowie Seeschiffe, die im Eigentum von bestimmten Partenreedereien und Erbengemeinschaften stehen[308].

Im Ergebnis führt § 6 Abs. 2 Nr. 2 lit b KWKG dazu, daß bei einem Genehmigungsantrag nach § 3 KWKG trotz des Vorliegens der in § 6 Abs. 2 Nr. 2 KWKG aufgezählten Anforderungen (Volkszugehörigkeit, Wohnsitz, gewöhnlicher Aufenthalt) in der Person des Antragstellers diese versagt werden kann, wenn der Ausführende der Beförderung (Frachtführer) den Anforderungen des § 6 Abs. 2 Nr. 2 KWKG ermangelt[309]. Mit anderen Worten ist der Beförderer zwar grundsätzlich von der Genehmigungspflicht befreit, muß aber die Voraussetzungen des § 6 Abs. 2 Nr. 2 KWKG erfüllen. Diese zusätzliche Kontrolle wird dadurch gerechtfertigt, daß hinsichtlich der Möglichkeit des Abhandenkommens von Kriegswaffen und der damit verbundenen erheblichen Gefahren vom unmittelbaren Beförderer zur Gewährleistung einer ausreichenden Überwachung als Ausgleich zur Genehmigungsbefreiung wenigstens ein Bezug zum Bundesgebiet zu verlangen ist. Auf diesem Wege soll ein "Rest an kriegswaffenrechtlicher Kontrolle"[310] gegenüber dem Beförderer gesichert werden.

Bei der Entscheidung, ob eine Person unter § 6 Abs. 2 Nr. 2 lit b) fällt, ist der Genehmigungsbehörde kein Beurteilungsspielraum eingeräumt. Gesichtspunkte, die die Einräumung eines Beurteilungsspielraumes rechtfertigen, sind nicht ersichtlich.

---

[308] Vgl. zum Ganzen Abraham, Seerecht, S. 55.

[309] Potrykus, Komm, § 6 Anm. 8. (S. 69).

[310] Vgl. Pottmeyer, Komm., § 3 RN 48.

1.3. § 6 Abs. 2 Nr. 2 lit c KWKG

Mit Ausnahme der Selbstbeförderung gemäß § 3 Abs. 2 KWKG[311] überläßt zu Beginn jeder Beförderung der Auftraggeber die tatsächliche Gewalt an den Kriegswaffen dem Beförderer und der Beförderer erlangt zugleich die tatsächliche Gewalt vom Auftraggeber. Spiegelbildlich überläßt am Ende der Beförderung der Beförderer dem Empfänger die tatsächliche Gewalt an den Kriegswaffen und der Empfänger erlangt zugleich die tatsächliche Gewalt vom Beförderer. Grundsätzlich ist zwar jeder dieser Vorgänge gemäß § 2 Abs. 2 KWKG genehmigungspflichtig. Denn nach dieser Vorschrift bedarf der Genehmigung, wer die tatsächliche Gewalt über Kriegswaffen von einem anderen erwerben oder einem anderen überlassen will. Da aber die eben aufgezählten Übertragungsakte notwendigerweise mit jeder Beförderung einhergehen, entschloß sich der Gesetzgeber zur Einführung des § 5 Abs. 3 Nr. 1 KWKG, wonach eben diese Übertragungsakte von der Genehmigung nach § 2 Abs. 2 KWKG befreit sind[312]. Sie gelten als von der Beförderungsgenehmigung gemäß § 3 Abs. 1 KWKG mitabgedeckt. Das bedeutet, daß der Absender und der Empfänger von der Genehmigungspflicht für die einzelnen Überlassungsakte freigestellt sind[313]. Um aber auch in diesen Fällen ein Mindestmaß an Kontrolle zu erreichen, verlangt der Gesetzgeber in § 6 Abs. 2 Nr. 2 lit c KWKG, daß der Überlasser und der Erwerber der tatsächlichen Gewalt den Anforderungen des § 6 Abs. 2 Nr. 2 KWKG entsprechen.

Dieser Wille des Gesetzgebers ergibt sich daraus, daß der Wirtschaftsausschuß auf Vorschlag des Bundesrates den Anwendungsbereich des § 6 Abs. 2 Nr. 2 KWKG um die Regelung des lit c gerade deswegen "ausdehnte", weil er § 6 Abs. 2 Nr. 2 KWKG der Einführung des § 5 Abs. 3 Nr. 1 KWKG "anpassen" wollte[314]. Diese redaktionelle Fassung hat der Bundestag schließlich auch verabschiedet[315].

Fraglich ist, was unter Erwerb und Überlassung der tatsächlichen Gewalt im Sinne von § 6 Abs. 2 Nr. 2 lit c KWKG zu verstehen ist.

---

[311] Vgl. dazu Pottmeyer, Komm., § 5 RN 20.

[312] BT-Drs. III/2433, S. 17.

[313] BR-Drs. 329/59, S. 17; Potrykus, Komm, § 6 Anm. 8. (S. 69).

[314] BT-Drs. III/2433, S. 3.

[315] Vgl. dazu Pottmeyer, Komm., Einl. RN 32; Aus diesem historisch bedingten systematischen Zusammenhang zu § 5 Abs. 3 Nr. 1 KWKG ergibt sich im übrigen auch, daß Absender und Empfänger im Sinne des § 5 Abs. 3 Nr. 1 KWKG diejenigen sind, die dem Beförderer die tatsächliche Gewalt über Kriegswaffen überlassen oder von ihm erwerben (so auch Pottmeyer, Komm., § 3 RN 49).

In der Literatur wird zu Recht die Auffassung abgelehnt, mit dem Begriff der tatsächlichen Gewalt sei der strafrechtliche Begriff des Gewahrsams gemeint[316]. Danach müßte derjenige die Anforderungen des § 6 Abs. 2 Nr. 2 lit c KWKG erfüllen, der vom Beförderer das tatsächliche Herrschaftsverhältnis über die Kriegswaffen - getragen vom Herrschaftswillen - erwirbt oder diesem überläßt. Ein tatsächliches Herrschaftsverhältnis besteht, wenn der unmittelbaren Verwirklichung des Einwirkungswillens auf die Kriegswaffe keine Hindernisse entgegenstehen. Maßgeblich wäre insoweit die natürliche Auffassung des täglichen Lebens[317].

Zum einen steht die Entstehungsgeschichte des KWKG einer derartigen Auslegung entgegen. Denn in der amtlichen Begründung sind als Inhaber der tatsächlichen Gewalt der unmittelbare Besitzer und der Besitzdiener - und nicht der Gewahrsamsinhaber - beispielhaft erwähnt[318]. Zum anderen spricht der Sinn und Zweck des § 6 Abs. 2 Nr. 2 lit c KWKG gegen eine Zugrundelegung des Gewahrsamsbegriffs. Nach dem Sinn und Zweck des § 6 Abs. 2 Nr. 2 lit c KWKG soll das Abhandenkommen der Kriegswaffen bei der Beförderung verhindert werden, damit diese nicht unkontrolliert in Umlauf gelangen[319]. Da Gewahrsam aber zum Teil dann nicht mehr angenommen wird, wenn - wie im Rahmen sozialer Abhängigkeitsverhältnisse[320] - die unmittelbare Einwirkungsmöglichkeit gegeben ist, wären auch solche Personen nicht vom Regelungsbereich des § 6 Abs. 2 Nr. 2 lit c KWKG erfaßt, die wegen der ihnen zukommenden tatsächlichen Einwirkungsmöglichkeiten in der Lage sind, über die Kriegswaffen zu verfügen.

Maßgeblich ist deshalb "allein und nicht nur in erster Linie" die "effektive, jederzeit ausübbare tatsächliche"[321] - nicht etwa rechtliche - Verfügungsgewalt.

Epping[322] hat zutreffend darauf hingewiesen, daß aus denselben Gründen auch die Auffassung abzulehnen ist, der Begriff der tatsächlichen Gewalt lehne sich an den Begriff des unmittelbaren Besitzes gemäß § 854 BGB an. Danach wird der Besitz einer Sache durch die Erlangung der tatsächlichen Gewalt über die Sache erworben. Zwar ist zuzugeben, daß die kongruente Wortwahl in § 6 Abs. 2 Nr. 2 lit c KWKG für die Zugrundelegung des un-

---

[316] So Potrykus, Komm, § 2 Anm. 5. (S. 48); Schünemann, HwB WiStR, KWKG, III 3.b).
[317] Vgl. nur BGHSt 16, 271 (273 mwNachw); 22, 180 (182); Dreher/Tröndle, § 242 RN 9.
[318] Pottmeyer, Komm., § 2 RN 51.
[319] Vgl. Epping, 200.
[320] Schönke/Schröder-Eser, § 242 RN 27, Beispiel der Haushaltshilfe.
[321] Vgl. Epping, 201.
[322] Vgl. Epping, 201f.

mittelbaren Besitzes spricht[323]. In den Materialien wird jedoch ausdrücklich auch der Besitzdiener als Inhaber der tatsächlichen Gewalt im Sinne des KWKG aufgezählt. Dieser ist aber, wie sich aus § 855 BGB ergibt, gerade nicht unmittelbarer Besitzer. Im übrigen besteht auch beim Besitzdiener die Gefahr, daß er die Kriegswaffen zweckwidrig in Umlauf bringt.

Dem kann auch nicht entgegengehalten werden, daß dieses Ergebnis der Wertung des § 5 Abs. 1 KWKG widerspreche. Begründet wird dieser angebliche Widerspruch damit, daß unter der Voraussetzung, daß auch der Besitzdiener Inhaber der tatsächlichen Gewalt sei, dieser folglich auch eine Genehmigung nach § 2 Abs. 2 KWKG benötige. Dies widerspreche aber der Wertung des § 5 Abs. 1 KWKG. Denn diese Vorschrift nehme gerade den Beschäftigten eines anderen - also auch den Besitzdiener - von der Genehmigungspflicht aus[324].

Dieser Schluß ist jedoch nicht zwingend. Geht man nämlich - wie hier - davon aus, daß der Inhaber der tatsächlichen Gewalt derjenige ist, der die tatsächliche Verfügungsgewalt über die Kriegswaffe hat, und will man aber - wie der Gesetzgeber - nur den für die Herstellung oder die Beförderung Verantwortlichen der Genehmigungspflicht unterstellen[325], dann ist die Einfügung eines Ausnahmetatbestandes in § 5 Abs. 1 KWKG gerade Voraussetzung für eine Befreiung. Denn andernfalls bedürfte auch der die tatsächliche Verfügungsgewalt Innehabende der Genehmigungen nach §§ 2 - 4a KWKG.

Hat sich somit gezeigt, daß nach dem Sinn und Zweck des § 6 Abs. 2 Nr. 2 lit c KWKG mit der tatsächlichen Gewalt über Kriegswaffen die tatsächliche Verfügungsgewalt gemeint ist, so stellt sich im Anschluß die Frage, wann diese vom Beförderer erworben oder diesem überlassen wird.

Der Vorgang des Überlassens und der des Erwerbens umfassen einen Vorgang an dem begriffsnotwendig zwei Personen beteiligt sein müssen[326]. Aus dem Wortlaut des § 6 Abs. 2 Nr. 2 lit c KWKG ergibt sich, daß dies auf einer Seite stets der Beförderer ist. Erwerb und Überlassen der tatsächlichen Gewalt ist damit grundsätzlich jede den Beförderungstatbestand flankierende tatsächliche Änderung der Verfügungsgewalt über die Kriegswaffen[327].

[323] So Pottmeyer, Komm., § 2 RN 51.
[324] So Pottmeyer, Komm., § 2 RN 52.
[325] BT-Drs. III/2433, S. 16.
[326] Vgl. Epping, 207; Pottmeyer, Komm., § 2 RN 62.
[327] Vgl. Epping, 203.

Andernfalls ist die beabsichtigte umfassende Überwachung des Umgangs mit Kriegswaffen nicht möglich. Das Überlassen betrifft dabei den Entäußerungsvorgang an den Beförderer, während das Erwerben spiegelbildlich den "Aneignungs"vorgang aus den Händen des Beförderers betrifft. Maßgeblich für die Beantwortung der Frage, ob die tatsächliche Verfügungsgewalt überlassen oder erworben wird, sind dabei die Umstände des Einzelfalles. Grundsätzlich denkbar ist dabei, daß mehrere Personen gleichzeitig oder gemeinsam die tatsächliche Verfügungsgewalt über eine Kriegswaffe erlangen. Dies gilt z. B. für den LKW-Fahrer und seinen Beifahrer.

Bei der Entscheidung, ob eine Person unter § 6 Abs. 2 Nr. 2 lit c) fällt, ist der Genehmigungsbehörde kein Beurteilungsspielraum eingeräumt. Gesichtspunkte, die die Einräumung eines Beurteilungsspielraumes rechtfertigen, sind nicht ersichtlich.

2. Der Bezug zum Bundesgebiet

§ 6 Abs. 2 Nr. 2 KWKG verlangt von dem eben genannten Personenkreis einen Bezug zum Bundesgebiet. Dabei reicht es nach dem Wortlaut der Vorschrift ("oder") für eine Versagung der Genehmigung aus, wenn nur eine der drei Voraussetzungen nicht erfüllt ist.

2.1. Deutscher im Sinne des Art. 116 GG

Deutscher im Sinne des Art. 116 GG sind nach dem Wortlaut des Grundgesetzes zunächst diejenigen, die die deutsche Staatsangehörigkeit besitzen. Welche Personen dies im einzelnen sind, bestimmt sich nach dem Reichs- und Staatsangehörigkeitsgesetz vom 22. Juli 1913 (RuStAG). Gemäß § 3 RuStAG wird die Staatsangehörigkeit entweder durch Geburt, durch Legitimation, durch Annahme als Kind oder für einen Ausländer durch Einbürgerung erworben.

Darüber hinaus sind als Deutsche auch diejenigen anzusehen, die als Flüchtling oder Vertriebener deutscher Volkszugehörigkeit oder als dessen Ehegatte oder Abkömmling in dem Gebiete des Deutschen Reiches nach dem Stande vom 31. Dezember 1937 Aufnahme gefunden haben.

2.2. Wohnsitz

In den Gesetzesmaterialien findet sich kein Hinweis darauf, was mit dem Begriff des Wohnsitzes in § 6 Abs. 2 Nr. 2 KWKG gemeint ist. Es ist deshalb davon auszugehen, daß der Begriff an den allgemeinen bürgerlichrechtlichen Begriff des Wohnsitzes anknüpft[328]. Andernfalls hätte der Gesetzgeber Ausführungen dazu gemacht, warum dem KWKG ein anderer Wohnsitzbegriff zugrunde liegen soll. Denn zum Zeitpunkt des Erlasses des KWKG war der allgemeine Wohnsitzbegriff des BGB bereits bekannt.

Während das Reichsgericht in RGZ 67, 191 (193) den Wohnsitz als "den räumlichen Mittelpunkt des gesamten Lebens einer Person, ein Zustandsverhältnis, das durch die Verknüpfung der Lenkung und Leitung der Angelegenheiten einer Person mit einem Ort hergestellt wird", begriff, wird der Wohnsitz heute allgemein als der räumliche Schwerpunkt der Lebensverhältnisse einer Person definiert[329].

Nur die heutige Definition wird dem Wohnsitzbegriff voll gerecht. Denn nach § 7 Abs. 2 BGB ist die Begründung mehrerer Wohnsitze möglich. Räumlicher *Mittelpunkt* des Lebens einer Person können jedoch nicht mehrere Orte gleichzeitig sein[330], während das Leben einer Person durchaus mehrere Schwerpunkte gleichzeitig haben kann.

Unter Wohnsitz ist aber nicht die Wohnung sondern die kleinste politische Einheit, in der Regel die Gemeinde, in der die Wohnung liegt, zu verstehen. Dies ergibt sich aus der Verwendung des Wortes "Ort"[331].

2.3. Gewöhnlicher Aufenthalt

Der Begriff "Aufenthalt" beschreibt das rein tatsächliche Verhältnis einer Person zu einem bestimmten Ort. Er unterscheidet sich vom Wohnsitz im wesentlichen dadurch, daß ein rechtsgeschäftlicher Wille, den Aufenthaltsort zum Schwerpunkt der Lebensverhältnisse zu machen, nicht erforderlich ist[332]. Maßgeblich ist also nicht ein rechtliches sondern ein Zustandsverhält-

---

[328] So auch Potrykus, Komm, § 6 Anm. 7 (S. 69); Pottmeyer, Komm., § 6 RN 62.
[329] BGH LM Nr. 3 zu § 7 BGB; BAG DB 1985, 2693; BayObLGZ 84, 289 (291); Ermann-Westermann, § 7 RN 1; Mü-Ko Gitter, § 7 RN 5; Palandt-Heinrichs, § 7 RN 1.
[330] Mü-Ko Gitter, § 7 RN 5.
[331] Palandt-Heinrichs, § 7 RN 1.
[332] BGH NJW 1975, 1068; Soergel-Fahse, Vor § 7 RN 16.

nis. Es genügt das tatsächliche Verweilen von einer gewissen Dauer oder Regelmäßigkeit[333].

Zur Begründung eines gewöhnlichen Aufenthaltes ist ein längeres Verweilen erforderlich, ohne daß es auch dabei auf einen dahingehenden Willen der betroffenen Person ankommt[334].

2.4. Das Bundesgebiet

Zum Teil wird vertreten, daß mit dem Bundesgebiet das Zollgebiet gemeint sei[335]. Unter dem Zollgebiet ist das Gebiet der Bundesrepublik Deutschland mit den sog. Zollanschlüssen, aber ohne die Zollausschlüsse und ohne die Zollfreigebiete zu verstehen (§ 2 Abs. 1 ZG)[336]. Zollanschlüsse sind solche Gebiete, die zum Hoheitsgebiet eines anderen Landes zählen, jedoch zollrechtlich als Inland gelten. Umgekehrt verhält es sich bei den Zollausschlüssen. Zollfreigebiete sind gemäß § 2 Abs. 3 ZG u.a. die Insel Helgoland, vom Zollgebiet ausgeschlossene Teile von Seehäfen, Gewässer und Watten, gerechnet von der jeweiligen Strandlinie, die Zollgrenze gemäß § 2 Abs. 4 ZG ist, und der Hoheitsgrenze (Dreimeilenzone), sowie deutsche Schiffe und deutsche Luftfahrzeuge in Gebieten, die zu keinem Zollgebiet gehören.

Maßgeblich ist nach zutreffender Ansicht jedoch das Hoheitsgebiet der Bundesrepublik Deutschland einschließlich des ehemaligen Staatsgebietes der DDR (Art. 3 EinV)[337]. Abgesehen davon, daß in der Praxis nur wenige Personen ihren Wohnsitz oder gewöhnlichen Aufenthalt in Gebieten haben werden, die Zollgebiet aber nicht Bundesgebiet sind, ergibt sich insbesondere aus dem Sinn und Zweck des § 6 Abs. 2 Nr. 2 KWKG, daß dieser unter "Bundesgebiet" das Hoheitsgebiet der Bundesrepublik versteht. Denn eine umfassende Überwachung und Kontrolle von Kriegswaffen ist nur auf dem Gebiet möglich, auf dem die Bundesrepublik kraft Hoheitsgewalt diese Kontrolle auch ausüben kann. Diese Kontrolle wäre nicht umfassend möglich, wenn bestimmte Teile des bundesdeutschen Hoheitsgebietes vom Anwendungsbereich des KWKG ausgenommen würden[338]. Maßgeblich ist also das Landgebiet, das durch die Staatsgrenzen umschlossen wird.

---

[333] RGZ 91, 287 (288); BayObLGZ 59, 416 (418); Mü-Ko Gitter § 7 RN 7.

[334] RGZ 91, 287 (288); Mü-Ko Gitter § 7 RN 7.

[335] Hinze, § 3 Anm. 7.

[336] Vgl. BFH NJW 1983, 2349ff; BGH NJW 1983, 2335ff.

[337] OLG Düsseldorf NJW 1993, 2253 (2254); Pottmeyer, Komm., § 3 RN 13ff mit ausführlicher Begründung.

[338] So auch für § 3 KWKG Pottmeyer, Komm., § 3 RN 23.

Bei der Entscheidung, ob der in § 6 Abs. 2 Nr. 2 lit a) bis c) genannte Personenkreis einen Bezug zum Bundesgebiet hat, ist der Genehmigungsbehörde kein Beurteilungsspielraum eingeräumt. Gesichtspunkte, die die Einräumung eines Beurteilungsspielraumes rechtfertigen, sind nicht ersichtlich.

3. Das Ermessen

Zunächst ist festzuhalten, daß für die Ermessensentscheidung nach § 6 Abs. 2 Nr. 2 KWKG grundsätzlich dieselben allgemeinen Anforderungen zu stellen sind, wie sie zu § 6 Abs. 2 Nr. 1 KWKG bereits dargestellt wurden[339].

Als Besonderheit ist jedoch zu beachten, daß die Anwendung von § 6 Abs. 2 Nr. 2 KWKG im Ergebnis dazu führt, daß jeder Umgang mit Kriegswaffen, der eine Ausländerberührung aufweist, allein deswegen versagt werden kann, weil eine der beteiligten Personen Ausländer ist. So ist es nach dem Wortlaut der Vorschrift z. B. möglich, bei einer Einfuhr von Kriegswaffen aus dem Ausland, bei der der ausländische Auftraggeber als Beförderlasser einer Genehmigung gemäß § 3 Abs. 1 KWKG bedarf, diese allein deshalb zu versagen, weil dem Auftraggeber der Bezug zum Bundesgebiet fehlt. *Pottmeyer*[340] weist treffend darauf hin, daß unter diesen Umständen praktisch keine Durchfuhrgenehmigung - bei der die Beförderung regelmäßig durch Ausländer vorgenommen wird - erteilt werden könnte.

Dieses Ergebnis ist widersprüchlich, denn das KWKG sieht die Aus- und Einfuhr, also den Umgang mit Kriegswaffen auch durch Nichtdeutsche, ausdrücklich vor. Außerdem hat der Gesetzgeber im Wissen um die nur selten gegebene Möglichkeit, Personen, die ihren Wohnsitz oder gewöhnlichen Aufenthalt außerhalb des Geltungsbereichs des Gesetzes haben, von den Genehmigungs-, Überwachungs- und Strafvorschriften des KWKG erfassen zu können, bei Beförderungen außerhalb des Bundesgebietes nicht wie in § 3 Abs. 1 KWKG den ausländischen Befördernlasser sondern von vornherein nur den inländischen Beförderer der Genehmigungspflicht unterworfen (§ 4 KWKG)[341]. Wenn der Gesetzgeber aber schon deshalb, weil er bei Auslandsbeförderungen gegenüber dem Auftraggeber keine Kontrollmöglichkeiten hat, den ausländischen Auftraggeber vom "Mehr" der generellen Genehmigungspflicht befreit, ist es wenig einleuchtend, warum er dann an

---

[339] Siehe A. 4.4.4..
[340] Pottmeyer, Komm., § 6 RN 66.
[341] BT-Drs. III/2433, S. 16.

anderer Stelle gerade bei Auslandsbezug das "Weniger", den Bezug zum Bundesgebiet, als Versagungsgrund vorsehen soll.

Dieses Ergebnis erscheint im übrigen vor dem Hintergrund des Diskriminierungsverbotes in Art. 6 EGV europarechtlich bedenklich. Denn nach Art. 6 Abs. 1 EGV ist unbeschadet besonderer Bestimmungen des Vertrages in seinem Anwendungsbereich jede Diskriminierung aus Gründen der Staatsangehörigkeit verboten[342].

Die Vorschrift verbietet somit grundsätzlich jede Ungleichbehandlung von Inländern und Ausländern aufgrund der Staatsangehörigkeit[343]. Eine Rechtfertigung kommt, wie sich aus dem Wortlaut von Art. 6 Abs. 1 EGV ergibt, ("unbeschadet") allerdings aufgrund anderer "besonderer" Bestimmungen des Vertrages in Betracht. Ohne die europarechtliche Dimension des Problems hier aus Platzgründen vertiefen zu wollen, könnte eine derartige Bestimmung in Art. 223 Abs. 1 lit b) Hs. EGV zu finden sein. Dort ist geregelt, daß jeder Mitgliedsstaat die Maßnahmen ergreifen kann, die seines Erachtens für die Wahrung seiner wesentlichen Sicherheitsinteressen erforderlich sind, soweit sie die Erzeugung von Waffen, Munition und Kriegsmaterial oder den Handel damit betreffen. Dabei räumt das Tatbestandsmerkmal "seines Erachtens" den Mitgliedsstaaten ein politisches Ermessen[344] bei der Frage ein, ob die ergriffenen Maßnahmen für die Wahrung der wesentlichen Sicherheitsinteressen erforderlich sind. Es kann wohl noch als ermessensfehlerfrei angesehen werden, wenn der deutsche Gesetzgeber der Auffassung ist, daß eine Diskriminierung von EG-Ausländern gerechtfertigt ist, weil bei ihnen die Gefahr z. B. des Abhandenkommens von Kriegswaffen größer als bei Inländern ist. Zwar kann dies keineswegs daran liegen, daß EG-Ausländer per se unzuverlässiger sind. Begründet werden kann dies jedoch damit, daß bei ihnen aus faktischen und rechtlichen Gründen eine dünnere Informationsbasis als bei Inländern gegeben ist, was die Beurteilung des Risikos des Abhandenkommens erschwert. § 6 Abs. 2 Nr. 2 KWKG gibt der Verwaltung deshalb quasi "sicherheitshalber" das Instrumentarium an die Hand, die Genehmigung zu versagen.

Erscheint somit die Versagungsmöglichkeit des § 6 Abs. 2 Nr. 2 KWKG europarechtlich gerechtfertigt, steht der angesprochene gesetzesimmanente Widerspruch nach wie vor im Raum.

---

[342] Vgl. dazu von Bogdany zu Art. 6 EGV in: Grabitz/Hilf, Kommentar zur Europäischen Union; Bleckmann, Europarecht, RN 1730ff.
[343] Schweitzer/Hummer, Europarecht, RN 1053.
[344] Hummer in: Grabitz/Hilf, Kommentar zur Europäischen Union, Art. 223 RN 4 und 9.

Pottmeyer[345] fordert die Genehmigungsbehörden angesichts dessen auf, in den genannten Fällen von ihrem Ermessen keinen Gebrauch zu machen.

Die Praxis umschifft das Problem, indem etwa im Falle der Beförderung zum Zwecke der Einfuhr der ausländische Vertragspartner dem inländischen Empfänger eine Vollmacht erteilt, für ihn die erforderliche Genehmigung nach dem KWKG einzuholen[346].

Weder die Aufforderung zum Ermessensverzicht noch die Vorgehensweise der Praxis können jedoch befriedigen, denn sie "lösen" das Problem durch dessen Umgehung.

§ 6 Abs. 2 Nr. 2 KWKG ist vielmehr sachgerecht einschränkend dahingehend auszulegen, daß er nur auf Tatbestände anzuwenden ist, an denen nicht zwangsweise aus der Natur der Sache ein Ausländer beteiligt sein muß oder das Hoheitsgebiet der Bundesrepublik nicht berührt wird, wie z. B. im oben genannten Fall des ausländischen Befördernlassers.

Diese Auslegung ergibt sich aus dem Sinn und Zweck der Vorschrift. Danach soll durch eine umfassende Kontrolle und Überwachung der Umgang mit Kriegswaffen gesichert und insbesondere deren Abhandenkommen verhindert werden.

Die Möglichkeiten der Überwachung und Kontrolle finden von vornherein ihre Grenzen dort, wo mangels Hoheitsgewalt diese nicht durchführbar sind. Sie finden ihre Grenzen mithin an den Landesgrenzen, denn dort endet der Geltungsbereich des Gesetzes. Daraus ergibt sich, daß der Schutzzweck der Norm außerhalb des Bundesgebietes gar nicht erst verwirklicht werden kann, weil dies schlicht nicht möglich ist.

Im Falle des Umgangs von Ausländern mit Kriegswaffen im Inland ist § 6 Abs. 2 Nr. 2 KWKG allerdings einschlägig, denn wenn Nichtdeutsche oder Personen, die nicht ihren Wohnsitz oder ihren gewöhnlichen Aufenthalt im Bundesgebiet haben, mit Kriegswaffen umgehen, greift der Schutzzweck des KWKG. Angesichts der nur vorübergehenden Beziehungen dieser Personen zum Bundesgebiet ist eine genaue Prüfung notwendig, ob die ausländischen Personen ausreichend Gewähr dafür bieten, daß die Kriegswaffen nicht abhanden kommen. Denn bei ihnen besteht die Gefahr, daß sie im Ausland untertauchen und sich dem Zugriff der deutschen Behörden entzie-

---

[345] Pottmeyer, Komm., § 6 RN 65.

[346] Vgl. das Beispiel in: Pottmeyer, Komm., Anhang, S. 729ff.

hen. Bei Personen mit festem Bezug zum Bundesgebiet ist diese Wahrscheinlichkeit geringer, da diese territorialen Bindungen zur Bundesrepublik unterliegen[347]. Schließlich fehlen den deutschen Behörden oft die Möglichkeiten, über Ausländer die notwendigen Informationen zu beschaffen, um sicher zu gehen, daß die Kriegswaffen bei ihnen nicht abhandenkommen.

Die Genehmigungsbehörden haben somit ihr Ermessen im Rahmen des § 6 Abs. 2 Nr. 2 KWKG dahingehend auszuüben, daß der Anwendungsbereich der Vorschrift auf Tatbestände beschränkt bleibt, an denen nicht sachnotwendig ein Ausländer beteiligt ist.

[347] Vgl. zu ähnlichen Erwägungen im Zusammenhang mit der Fluchtgefahr Kleinknecht/Meyer-Goßner, Komm., § 112 RN 12 mwNachw.

C. § 6 Abs. 2 Nr. 3 KWKG

Schließlich kann die Genehmigungsbehörde die Genehmigung versagen, wenn eine im Zusammenhang mit der genehmigungsbedürftigen Handlung nach anderen Vorschriften erforderliche Genehmigung nicht nachgewiesen wird.

In Frage kommen insbesondere einzuholende Genehmigungen nach

- dem Waffengesetz[348],
- dem Außenwirtschaftsrecht[349],
- dem Sprengstoffgesetz[350] und
- dem Güterkraftverkehrsgesetz.

§ 6 Abs. 2 Nr. 3 KWKG verlangt nicht, daß die anderen Genehmigungen bereits vorliegen müssen, *bevor* der Antrag über die Genehmigung nach dem KWKG beschieden werden kann[351]. Das Gesetz ermöglicht nur eine Zurückweisung des Genehmigungsantrages nach dem KWKG bei ihrem Fehlen, z. B. infolge einer Ablehnung. Auf diese Weise soll eine Koordinierung der Entscheidungen der verschiedenen Genehmigungsbehörden bewirkt werden. Im übrigen soll vermieden werden, daß verschiedene Behörden zu unterschiedlichen Ergebnissen gelangen[352]. Insbesondere die zuletzt genannte Überlegung stellt einen der maßgebenden Ermessensgesichtspunkte für die Vorschrift des § 6 Abs. 2 Nr. 3 KWKG dar. Denn an sich stellt bereits § 6 Abs. 4 KWKG klar, daß eine Genehmigung nach dem KWKG solche Genehmigungen, die aufgrund anderer Regelungen erforderlich sind, nicht ersetzt[353].

---

[348] Vgl. zum Verhältnis von KWKG und WaffG ausführlich Pottmeyer, Komm., Einl. RN 79 - 160.

[349] Vgl. BGH NJW 1996, 1355 (1357); zum Verhältnis von KWKG und AWG ausführlich Pottmeyer, Komm., Einl. RN 161 - 191.

[350] Vgl. zum Verhältnis von KWKG und SprengG ausführlich Pottmeyer, Komm., Einl. RN 195 -219.

[351] Hinze, § 6 KWKG Anm. 5; Pottmeyer, Komm., § 6 RN 67; Potrykus, Komm, § 6 Anm. 10. (S. 71).

[352] Pottmeyer, Komm., § 6 RN 68; Potrykus, Komm, § 6 Anm. 10. (S. 71).

[353] Pottmeyer, Komm., § 6 RN 68.

D. Weitere Versagungsgründe

1. Der Grundsatz "Kriegswaffen gehören grundsätzlich nicht in Privathand"

1.1. Die These von Verwaltung und Rechtsprechung

Wie eingangs erwähnt kommt es im Bereich des Kriegswaffenkontrollrechts nur äußerst selten zu Klagen gegen die Genehmigungsbehörden. Entscheidungsmaterial ist in diesem Rechtsbereich dünn gesät. Die - soweit ersichtlich - einzigen vorliegenden Urteile rühren gänzlich aus Klagen von Privatleuten, die versucht haben, die Genehmigungsbehörden im Klagewege zu verpflichten, ihnen die für den Erwerb oder für den Umgang mit Kriegswaffen erforderlichen Genehmigungen zu erteilen. Es handelt sich dabei ausschließlich um die vergeblichen Versuche privater Waffensammler, ihre Sammlung um den Besitz einer Kriegswaffe nach der Kriegswaffenliste zu erweitern.

Die Genehmigungsbehörden und ihnen folgend die Rechtsprechung haben in diesen Fällen den Grundsatz aufgestellt, daß zur Kriegsführung bestimmte Waffen grundsätzlich nicht in die Hand von Privatpersonen gehören und eine Genehmigung nach dem KWKG deshalb "nicht"[354] oder "nur selten"[355] zu erteilen sei. Im Einzelnen ist damit gemeint, daß Kriegswaffen Streitkräften und auf derartige Waffen angewiesenen sonstigen öffentlichen Funktionsträgern und Organisationen vorbehalten sind. Darüber hinaus sei der Umgang mit Kriegswaffen nur für Produktions-, Instandsetzungs-, Beförderungs- und Handelsbetriebe zulässig, die öffentliche Bedarfsträger mit derartigen militärischem Ausrüstungsmaterial versorgen[356]. Privathand sind alle Personen außerhalb staatlicher Stellen und außerhalb von Unternehmen der wehrtechnischen Industrie[357].

Rechtsprechung und Verwaltung leiten den Grundsatz aus dem "erkennbaren Zweck des in Art. 26 Abs. 2 Satz 1 GG normierten Verbots mit Genehmigungsvorbehalt"[358] bzw. aus dem "erkennbaren gesetzgeberischen"[359] Anliegen des KWKG ab.

---

[354] VG Köln, Urteil vom 26.04.1985 20 K 4855/83 nv, S. 6.
[355] BVerwGE 61, 24 (31f).
[356] Vgl. die Rechtsansicht des beklagten BMWi in OVG Münster, Urt. v. 02.11.1976, XIV A 1829/75 nv., S. 3.
[357] Pottmeyer, Komm., § 6 RN 17.
[358] BVerwGE 61, 24 (31f).
[359] OVG Münster, Urt. v. 11.11.1988, 20 A 1552/85 nv., S. 10.

Auffallend ist, daß die Gerichte eine nähere Begründung, warum nach dem Zweck des KWKG Kriegswaffen nicht in Privathand gehören, nicht liefern. Deshalb soll untersucht werden, ob sich tatsächlich aus Art. 26 Abs. 2 Satz 1 GG bzw. aus dem KWKG selbst ergibt, daß möglichst wenig Kriegswaffen "ins Volk kommen"[360].

1.2. Art. 26 Abs. 2 Satz 1 GG

Dem Wortlaut von Art. 26 Abs. 2 Satz 1 GG ist nicht zu entnehmen, daß Kriegswaffen nicht in Privathand gelangen sollen. Da die Vorschrift nur allgemein eine Genehmigungspflicht statuiert und dabei hinsichtlich der Erlaubniserteilung nicht zwischen verschiedenen Personenkreisen differenziert, liegt vielmehr der Schluß nahe, daß von verfassungswegen ein Umgang mit Kriegswaffen auch für Privatpersonen möglich ist.

Aus dem Zusammenhang zu Art. 26 Abs. 1 GG ergibt sich lediglich, daß das Grundgesetz den Umgang mit Kriegswaffen als Spezialfall einer potentiell friedensgefährdenden Handlung in Art. 26 Abs. 2 Satz 1 GG selbst regelt. Daraus ergibt sich aber nicht notwendig, daß der Umgang mit Kriegswaffen speziell durch Privatpersonen unerwünscht ist.

Dieser Gedanke liegt jedoch nahe, wenn man sich daran erinnert, daß die Einfügung der Regelung des Art. 26 Abs. 2 GG in das GG insbesondere auf den historischen Erfahrungen mit einem extremen gesellschaftlichen Militarismus in Weimar sowie im Dritten Reich beruhte. Eine der Ausgangsüberlegungen für die Statuierung einer Genehmigungspflicht für den Umgang mit Kriegswaffen war nämlich die Tatsache, daß sich SA und SS nicht hätten bewaffnen können, wenn die Weimarer Verfassung eine Bestimmung enthalten hätte, die den Transport, die Einfuhr, die Lagerung und das Inverkehrbringen von Munition verboten hätte[361].

Besonders deutlich wird der Wille des Grundgesetzgebers, den Umgang mit Kriegswaffen in Privathand zu verhindern, jedoch erst dadurch, daß von einem absoluten Verbot jeglichen Umganges mit Kriegswaffen nur deshalb abgesehen wurde, weil man die Bewaffnung der Sicherheits- und der Streitkräfte nicht ausschließen wollte. Es sollte auch weiterhin möglich sein,

---

[360] Vgl. OVG Münster, Urt. v. 02.11.1976, XIV A 1829/75 nv., S. 9; vgl. fürs Waffenrecht BVerwGE 49, 1 (6f).
[361] V. Doemming/Füsslein/Matz, JÖR 1 (1951), 241.

"Revolver zur Bewaffnung der Polizei herzustellen"[362]. Da folglich nur staatliche Stellen und diejenigen, die diese mit Kriegswaffen beliefern, Umgang mit Kriegswaffen haben sollten, ergibt sich, daß der Umgang für Privatpersonen nicht erwünscht war.

Dies folgt auch aus dem Sinn und Zweck von Art. 26 Abs. 2 Satz 1 GG, den Umgang mit Kriegswaffen einer umfassenden Kontrolle zu unterwerfen, um u. a. deren Abhandenkommen zu verhindern. Denn bei abhandengekommenen Kriegswaffen ist die Gefahr ihrer Verwendung bei einer friedensstörenden Handlung besonders groß. Privatpersonen sind in der Regel nicht in der Lage, zur Kriegführung bestimmte Waffen ausreichend gegen Verlust zu sichern, da ihnen meist die finanziellen, personellen und technischen Mittel dazu fehlen[363].

Somit ergibt sich, daß bereits Art. 26 Abs. 2 Satz 1 GG aufgrund seiner Entstehungsgeschichte und nach seinem Sinn und Zweck, den Umgang von Kriegswaffen durch Privatpersonen nicht wünscht.

1.3. Das KWKG

Im Einklang damit steht die Auslegung des KWKG. Zwar enthält auch der Wortlaut des § 6 KWKG keinen Anhaltspunkt für eine Beschränkung des Umganges mit Kriegswaffen auf staatliche Stellen und Unternehmen.

Auffällig ist aber, daß im Gegensatz zum Grundgesetzgeber, der sich noch Gedanken darüber machte, wer Umgang mit Kriegswaffen haben sollte, der Gesetzgeber des KWKG wie selbstverständlich davon ausging, daß dieser Umgang auf staatliche Stellen und die wehrtechnische Industrie beschränkt ist.

Besonders deutlich wird dies in der amtlichen Begründung zum KWKG. Denn dort wird stets vom industriellen Umgang mit Kriegswaffen ausgegangen. Mit keinem Wort wird z. B. wenigstens die Möglichkeit des Transportes durch Privatpersonen erwähnt. Stets ist dagegen von der Beförderung zwischen verschiedenen "Werken" oder "Betriebsstätten" bzw. durch "werkseigene" Fahrzeuge die Rede[364]. Später wird angeführt, daß von der Statuierung besonderer Erfordernisse für die Zulassung zum Betrieb eines

---

[362] V. Doemming/Füsslein/Matz, JÖR 1 (1951), 242.
[363] Vgl. Pottmeyer, Komm., § 6 RN 17.
[364] BT-Drs. III/1589, 15.

"Gewerbes", das auf die Herstellung von Kriegswaffen oder den Handel mit diesen gerichtet sei, deshalb abgesehen wurde, weil gerade dieser Umgang mit Kriegswaffen durch § 2 Abs. 2 KWKG umfassend geregelt werde[365]. An anderer Stelle heißt es, daß mit der Ausführung der verschiedenen genehmigungspflichtigen Handlungen häufig mehrere Personen gleichzeitig oder nacheinander beschäftigt seien, so z. B. bei der Herstellung von Kriegswaffen Ingenieure und Arbeiter, bei der Beförderung Kraftfahrer und Begleitpersonen[366].

Ferner geht aus der Kriegswaffenliste in Verbindung mit § 1 Abs. 1 KWKG hervor, daß die dort genannten Waffen und Geräte wie etwa Kampfflugzeuge und -hubschrauber, Kriegsschiffe, Panzer, Torpedos etc., bei ihrem heutigen technischen Standard nur noch industriell entwickelt, hergestellt und auch gesichert werden können[367].

Auch die Auffangzuständigkeit des Bundesministers für Wirtschaft gemäß § 11 Abs. 2 Nr. 4 KWKG läßt sich nur dadurch erklären, daß man grundsätzlich von einem industriellen Umgang mit Kriegswaffen ausging, denn andernfalls hätte es nahegelegen z. B. für Waffensammler eine Zuständigkeit des sachnäheren Bundesinnenministeriums zu begründen.

Somit hat sich gezeigt, daß das KWKG seiner Struktur nach auf die Rüstungsindustrie und deren Umgang mit Kriegswaffen zugeschnitten ist. Es geht "der Sache nach um einen Teilbereich staatlicher Wirtschaftslenkung"[368]. Daraus und aus dem systematischen Zusammenhang des KWKG zu Art. 26 Abs. 2 S. 1 GG folgt, daß nach dem Gesetz Privatpersonen mit diesen Waffen grundsätzlich keinen Umgang haben sollen. Die thesenhafte Begründung von Verwaltung und Rechtsprechung hat sich somit als zutreffend erwiesen.

1.4. Die Ausnahmen

Der Grundsatz gilt jedoch nicht uneingeschränkt. In jedem Fall haben die Genehmigungsbehörden das ihnen eingeräumte Ermessen auszuüben[369]. Stets sind dabei die näheren Umstände des Einzelfalles zu beachten.

---

[365] BT-Drs. III/1589, 15.
[366] BT-Drs. III/1589, 17.
[367] Vgl. Brzoska, EA 84, 15ff; Frank, 174; Roeser, 33 und 37.
[368] V. Burchard, 6; vgl. dazu auch Pottmeyer, Komm, Einl. RN 68; Hornung, 61.
[369] OVG Münster, Urt. v. 02.11.1976, XIV A 1829/75 nv., S. 11; VG Köln, Urteil vom 26.04.1985 20 K 4855/83 nv, S. 7f).

An die Erteilung einer Genehmigung ist z.. dann zu denken, wenn es sich bei dem Antragsteller um ein wissenschaftliches Institut handelt, das zum Zwecke der Forschung Kriegswaffen erwerben will. Zu denken ist auch an ein Museum, das eine Sammlung von kulturhistorischem Wert erweitern will. Stets ist bei diesen Fallkonstellationen jedoch in besonderem Maße zu berücksichtigen, daß die Kriegswaffen ausreichend gegen die Gefahr des Abhandenkommens gesichert sind[370]. Dient der Erwerb der Kriegswaffen demgegenüber lediglich einer privaten Sammelleidenschaft, so greift der Grundsatz "Kriegswaffen gehören nicht in Privathand" ein[371].

Besonderheiten gelten insoweit beim Erwerb von Kriegswaffen durch Werksmuseen von Unternehmen der Rüstungsindustrie[372]. Hier sind die Kriegswaffen, wie die übrigen Waffen auf dem Werksgelände auch, in der Regel gegen Abhandenkommen ausreichend gesichert. Im übrigen dient die Ausstellung von Kriegswaffen in Werksmuseen im Ergebnis gewerblichen und nicht privaten Zwecken, denn das Werksmuseum dient der Selbstdarstellung des Unternehmens. In seinen Räumlichkeiten soll den Kunden die Produktpalette des Unternehmens vorgeführt werden. Daher sind Genehmigungsanträge im Zusammenhang mit der Ausstellung von Kriegswaffen in Werksmuseen nicht anders zu behandeln als alle anderen Anträge des Unternehmens.

2. Exportmoratorium hinsichtlich Anti-Personenminen

Aus dem Grundsatz der Selbstbindung der Verwaltung ergibt sich zur Zeit ein weiterer Versagungsgrund speziell für die Ausfuhr von sog. Anti-Personenminen (KWL Nr. 43). Denn das Bundeskabinett hat am 8. Juni 1994 ein auf drei Jahre befristetes Exportverbot für diese in ihrer Wirkung besonders grausamen und für die Zivilbevölkerung besonders gefährlichen Waffen beschlossen[373].

Die Verhandlungen über internationale Handelsbeschränkungen im Rahmen der sogenannten "Wiener Landminenkonferenz" sind zunächst gescheitert. Die Delegierten der 40 teilnehmenden Länder konnten sich nicht auf Han-

---

[370] So auch Pottmeyer, Komm., § 6 RN 18.

[371] Vgl. OVG Münster, Urt. v. 11.11.1988, 20 A 1552/85 nv., S. 11; für die Parallelproblematik bei § 37 WaffG: HessVGH, Urt. v. 23.09.1982, V OE 9/81 nv., S. 13 u. 17; Urt. v. 28.05.1984, 11 UE 65/84 nv. S. 8).

[372] So auch Pottmeyer, Komm., § 6 RN 19.

[373] Süddeutsche Zeitung vom 09.06.1994, S. 2; FAZ vom 26.09.1995, S. 9.

delsbeschränkungen für Anti-Personenminen bzw. auf eine Verschärfung des Landminenvertrages von 1980 einigen[374].

Die Bemühungen werden zur Zeit auf zwei Ebenen fortgesetzt: Zum einen bemühen sich 50 Staaten unter der Führung Kanadas, ein Verbot der Herstellung, Lagerung und des Exports dieser Waffen durchzusetzen[375]. Dieser sogenannte "Ottawa-Prozeß" führte jüngst zur Billigung des Textes einer "Konvention über das Verbot von Antipersonenminen und ihre Zerstörung"[376]. Auf der anderen Seite ist das Thema Gegenstand der UN-Abrüstungskonferenz[377]. Diese konnte sich zumindest auf ein Verbot des Einsatzes und des Transfers von Laserwaffen, die speziell dazu bestimmt sind, dauerhafte Erblindungen herbeizuführen, sowie von Anti-Personen-Minen, die nicht dedektierbar sind und die keine Wirkzeitbegrenzung durch einen Mechanismus der Selbstzerstörung und Selbstdeaktivierung aufweisen, einigen. Doch dabei wird unterschieden zwischen Neu- und Altminen, für die eine Übergangszeit von neun Jahren vorgesehen ist, gerechnet vom Inkrafttreten des Protokolls an[378].

Die Bundesregierung hat darüber hinaus am 11. Januar 1996 ihr Exportmoratorium unbefristet verlängert[379]. Dem Moratorium der Bundesrepublik haben sich alle Mitglieder der Europäischen Union angeschlossen[380]. Ausgenommen von dem Ausfuhrmoratorium sind Lieferungen für Prüf- und Ausbildungszwecke im Rahmen der deutschen NATO-Verpflichtungen.

3. Sonstige

Schließlich können auch andere Gründe, "und zwar ohne Rücksicht darauf, ob sie mit den drei genannten Gründen im Zusammenhang stehen oder nicht"[381], Anlaß zur Genehmigungsversagung sein. Die Gesetzesmaterialien nennen als weitere Versagungsgründe[382]:

---

[374] Süddeutsche Zeitung vom 14./15.10.1995, S. 7.
[375] Vgl. Gilessen in: FAZ vom 02.10.96, Zeitgeschehen.
[376] FAZ v. 18.09.97, S. 1; FAZ v. 19.09.97, S. 7.
[377] Vgl. dazu Mrusek in: FAZ vom 13.02.1997, S. 12.
[378] Vgl. Kröning in: FAZ vom 27.02.1997, S. 16.
[379] Pressemitteilung des AA vom 18.07.1996; Presse- und Informationsamt der Bundesregierung, Referat Außen-, Sicherheits- und Europapolitik, "Landminenproblematik" Stand Juni 1996; S. 2.
[380] FAZ vom 13.05.1995, S. 2.
[381] BT-Drs. III/1589, S. 17.
[382] BT-Drs. III/1589, S. 17.

- Die Herstellung von Kriegswaffen in einem Betrieb, der in unmittelbarer Nähe einer gefährdeten Grenze liegt und

- die Beförderung von Kriegswaffen durch ein unruheverdächtiges Gebiet.

Dritter Teil

Die zwingenden Versagungsgründe

Kein Ermessen steht der Bundesregierung bzw. den entscheidungsbefugten Ministerien bei Vorliegen der Tatbestände des § 6 Abs. 3 KWKG zu. Liegen dessen Voraussetzungen vor, so "ist" die Genehmigung nach dem klaren Wortlaut zu versagen. Deshalb ist auch die indirekte Behauptung *Pottmeyers*, zumindest bei § 6 Abs. 3 Nr. 2 KWKG handele es sich um eine Ermessensentscheidung[1], nicht haltbar. Möglich erscheint nur die Einräumung von Beurteilungs- oder Prognosespielräumen.

Die Aufzählung in § 6 Abs. 3 KWKG ist erschöpfend. Denn während der Gesetzgeber hinsichtlich § 6 Abs. 2 KWKG noch ausdrücklich darauf hinwies, daß "auch andere Gründe ... Anlaß zur Versagung einer Genehmigung sein"[2] können, fehlt eine solche Feststellung für § 6 Abs. 3 KWKG. Außerdem deutet die Formulierung: "*Bestimmte* Gründe sind als so schwerwiegend anzusehen, daß bei ihrem Vorhandensein eine Kriegswaffengenehmigung nicht erteilt werden darf. *Diese in Absatz 3 aufgeführten zwingenden Versagungsgründe* ergeben sich unmittelbar aus Sinn und Zweck des Artikels 26 Abs. 2 GG" darauf hin, daß keine anderen zwingenden Versagungsgründe gesehen wurden[3].

A. § 6 Abs. 3 Nr. 1 KWKG

§ 6 Abs. 3 KWKG schreibt die Genehmigungsversagung vor, wenn "die Gefahr besteht, daß die Kriegswaffen bei einer friedensstörenden Handlung, insbesondere bei einem Angriffskrieg, verwendet werden".

Der Gesetzgeber verwendet damit erneut unbestimmte Rechtsbegriffe[4], die nicht nur eine ausgeprägte Affinität zum Politischen aufweisen, sondern deren konkreter Inhalt zudem "kaum faßbar"[5] erscheint bzw. deren exakte Begriffsbestimmung von Stimmen in der Literatur sogar gänzlich bezwei-

---

[1] Pottmeyer, Komm., § 6 RN 76.

[2] BT Drs. III/1589, S. 17.

[3] So im Ergebnis auch, allerdings ohne Begründung, Potrykus , Komm., § 6 Anm. 12.; Pottmeyer, Komm., § 6 RN 70.

[4] Vgl. Stratmann, Das grundgesetzliche Verbot friedensstörender Handlungen, 148; Ebert, 104.

[5] Sachs-Streinz, Art. 26 RN 9.

felt[6] oder sogar explizit verneint wird[7], denn die anzustellende Prognose, ob die Gefahr der friedensstörenden Verwendung der Kriegswaffen besteht, verlangt eine genaue Kenntnis außen- und sicherheitspolitischer sowie militärischer Zusammenhänge.

Da die Anforderungen an die Festlegung der entsprechenden Begriffsinhalte und die funktionell-rechtliche Zuständigkeit zu deren Ausfüllung somit denen des § 6 Abs. 2 Nr. 1 KWKG entsprechen, kann den Genehmigungsbehörden aus denselben Gründen hier ebenfalls ein Beurteilungsspielraum eingeräumt werden[8].

Damit steht aber auch fest, daß in entsprechender Anwendung der im zweiten Teil Kapitel A. 4. dieser Arbeit genannten allgemeinen Maßstäbe für die Überprüfung unbestimmter Rechtsbegriffe

a) die Genehmigungsbehörden sich nicht von sachfremden, willkürlichen oder sonst unsachlichen Erwägungen leiten lassen dürfen,

b) die getroffene wertende Beurteilung in sich schlüssig und nachvollziehbar und den Erfordernissen rationaler Abwägung nicht widersprechen darf,

c) die Genehmigungsbehörden bei ihren Entscheidungen wenigstens den zugrunde liegenden Sachverhalt zutreffend und vollständig ermitteln müssen,

d) die Genehmigungsbehörden die ihre Einschätzung tragenden Gesichtspunkte offenlegen müssen,

e) die Genehmigungsbehörden die Entscheidung in einer der jeweiligen Materie angemessenen Weise erarbeiten müssen,

f) die Genehmigungsbehörden dafür zu sorgen haben, daß verfahrensmäßige Schutzvorkehrungen getroffen werden, die den Gefahren angepaßt sind, denen sie begegnen sollen und schließlich

---

[6] Weber, NJW 1979, 1282 (1283) mwNachw; vgl. v. Schlabrendorff, FS Müller, 403 (406ff).
[7] Stratmann, Das grundgesetzliche Verbot friedensstörender Handlungen, 164.
[8] Vgl. v. Münch-Hernekamp, Art. 26 RN 24.

g) die Genehmigungsbehörden bei der Auslegung den gesetzlichen Rahmen und die dem Gesetz innewohnenden Wert- und Zweckmaßstäbe zu beachten haben.

Für die unter a) bis d) aufgeführten Kriterien kann auf die zu § 6 Abs. 2 Nr. 1 KWKG aufgestellten Grundsätze verwiesen werden, die hier entsprechend anwendbar sind.

Die unter e) bis g) aufgestellten Grundsätze werden in ihrer Bedeutung für § 6 Abs. 3 Nr. 1 KWKG neu untersucht, da sich aus der Tatsache, daß es sich um einen zwingenden Versagungsgrund handelt, besondere Anforderungen ergeben. Zunächst wird dabei gefragt, welche Vorgaben "der Rahmen" der Norm macht und welche Wert- und Zweckmaßstäbe ihm zugrunde liegen (Kriterium g)).

1. Der Begriff des Angriffskrieges

Als "Hauptbeispiel"[9] einer friedensstörenden Handlung nennt § 6 Abs. 3 Nr. 1 KWKG den Angriffskrieg ("insbesondere"). Die Beantwortung der Frage, was unter einem Angriffskrieg zu verstehen ist, hängt zunächst von der Beantwortung der Vorfrage ab, was unter einem Krieg zu verstehen ist.

Angesichts der Tatsache, daß die Begriffe des Art. 26 Abs. 1 GG dem zwischenstaatlichen Bereich entstammen[10], liegt es nahe, den Begriff des Krieges mit Hilfe des Völkerrechts zu definieren bzw. zu fragen, ob der völkerrechtliche Kriegsbegriff gegebenenfalls sogar als der staatsrechtliche übernommen wurde, sofern die innerstaatliche Rechtsordnung dem nicht entgegensteht[11].

Im herkömmlichen Sinne beginnt Krieg mit der den Kriegszustand begründenden Kriegserklärung oder mit der Vornahme bewaffneter Schädigungshandlungen in der Absicht, den Kriegszustand herbeizuführen[12].

Die "papierenen" Kriegserklärungen vieler lateinamerikanischer Staaten, die gegenüber dem Deutschen Reich in beiden Weltkriegen erklärt worden

---

[9] MD-Maunz, Art. 26 RN 12.

[10] Vgl. v. Mangoldt/F. Klein, Art. 26 Anm. III 1.

[11] Epping, 44.

[12] Doehring in: Handbuch des Staatsrechts VII, § 178 RN9; Ipsen in: FS Menzel, 405 (420); Roeser, 116 m. w. Nachw.

waren, ohne daß es überhaupt zu bewaffneten Handlungen gekommen war, haben berechtigte Zweifel an der Aktualität des Begriffsmerkmals "Kriegserklärung" aufkommen lassen[13]. Außerdem wird die Abgabe einer ausdrücklichen Kriegserklärung kaum noch praktiziert[14], um sich angesichts des Gewaltanwendungsverbotes in Art. 2 Ziff. 4 der UN-Charta nicht dem "Odium des Angriffskrieges"[15] auszusetzen[16]. Das hat dazu geführt, daß in der Staatenpraxis seit der Beendigung des 2. Weltkrieges jene Konflikte die Regel waren, in denen die jeweiligen Staaten Streitkräfte gegeneinander einsetzten, ohne einander als im Kriegszustand befindlich zu behandeln und sämtliche Rechtsfolgen des Krieges eintreten zu lassen, wie z. B. im Falkland-Krieg 1982 oder im 1. Golfkrieg (Irak/Iran)[17]. Auf das Erfordernis einer Kriegserklärung kann angesichts dieses Befundes somit verzichtet werden.

Die Tatsache, daß in zahlreichen Konflikten die beteiligten Parteien das Vorliegen eines Krieges verneinten und damit auch einen Kriegsführungswillen in Abrede stellten, führten in der völkerrechtlichen Literatur auch zu Zweifeln an der traditionellen Doktrin des Kriegsführungswillens, des animus belligerendi als Tatbestandsmerkmal des Kriegsbegriffes[18]. Da jedoch der Wortlaut des Art. 26 Abs. 1 Satz 1 GG schon für "das Weniger", die Vorbereitungshandlungen zu einem Angriffskrieg, subjektiv das Vorliegen einer entsprechenden Absicht verlangt und auch dem Tatbestandsmerkmal der "Führung" ein subjektives Element innewohnt, so kann für das "Mehr", die Kriegshandlung an sich, erst recht nicht auf das entsprechende subjektive Element verzichtet werden. Angesichts der Schwierigkeit der Feststellung des Vorliegens eines animus belligerendi kann es aber als ausreichend angesehen werden, wenn dieser aus den Umständen bzw. den Aktionen einer Partei klar erkennbar oder zumindest ableitbar ist[19].

Aus dem allgemeinen Sprachgebrauch ergibt sich, daß der Begriff des Krieges konstituierend und "wesensnotwendig" die Anwendung von Waffengewalt beinhaltet[20]. In diesem Zusammenhang ist im Völkerrecht insbesondere umstritten, ob die kriegsähnlichen Maßnahmen, die sogenannten "measures short of war", also militärische Gewaltmaßnahmen mit örtlicher

---

[13] Epping, 50 f m. w. Nachw.
[14] Roeser, 116.
[15] Menzel, Völkerrecht, S. 353.
[16] Epping, 47.
[17] Ipsen, Völkerrecht, S. 997.
[18] Ausführlich dazu Oeter, 76 ff m. w. Nachw.; vgl. auch Epping, 53 ff.
[19] Oeter, 78 ff; a. A. Epping, 55.
[20] Epping, 51; vgl. Bothe in: Vitzthum, Völkerrecht, S. 588 f.

und zeitlicher Begrenzung[21] wie z. B. die bewaffnete Intervention, vom Kriegsbegriff erfaßt werden[22]. Angesichts der Tatsache, daß dem Zweck des Art. 26 GG, das friedliche Zusammenleben der Völker zu schützen, auch dadurch Genüge getan werden kann, daß derartige Handlungen jedenfalls dem Begriff der friedensstörenden Handlung zugeordnet werden können[23], soll hier kein weiterer Abgrenzungsversuch unternommen werden.

Krieg beginnt somit mit der Vornahme bewaffneter Schädigungshandlungen in der Absicht, den Kriegszustand herbeizuführen.

Das Bundesverwaltungsgericht[24] und ein Großteil der Literatur[25] sind des weiteren der Meinung, daß durch den Kriegsbegriff in Art. 26 Abs. 1 GG nur Auseinandersetzungen zwischen Staaten erfaßt sind[26]. Begründet wird dies pauschal damit, daß der Begriff dem völkerrechtlichen bzw. dem zwischenstaatlichen Bereich entstamme. Dem widerspricht zu Recht eine im Vordringen befindliche Ansicht in der Literatur[27].

Das KWKG definiert in § 1 Abs. 2 letzter Halbsatz eine Kriegswaffe ebenfalls als Mittel der Gewaltanwendung bei bewaffneten Auseinandersetzungen zwischen Staaten und übernimmt damit den völkerrechtlichen Kriegsbegriff im herkömmlichen Sinne[28]. Diese einfachgesetzliche Definition kann der Genehmigungsentscheidung jedoch nur dann zugrunde gelegt werden, wenn sie den Anforderungen des Art. 26 Abs. 1 GG gerecht wird. *Epping*[29] hat als Begründung dafür unter Heranziehung der Rechtsprechung des Bundesverfassungsgerichts zu Art. 4 Abs. 3 Satz 2 GG zutreffend ausgeführt, daß der Gehalt einer Verfassungsnorm durch einfachgesetzliche Interpretationen nicht zu einem Verfassungswiderspruch führen darf. Da - wie das Bundesverfassungsgericht darlegt - Grundrechte gemäß Art. 1 Abs. 3 GG unmittelbar geltendes Recht sind, ist für eine einfachgesetzliche Be-

---

[21] Ipsen, Völkerrecht, S. 1008.
[22] Bothe in: Vitzthum, Völkerrecht, S. 589.
[23] BK-Menzel, Art. 26, Anm. II.4.d; vgl. v. Münch-Hemekamp, Art. 26 RN 23 a. E..
[24] BVerwG DÖV 1983, 118 (119f).
[25] So insbesondere BK-Menzel; Art. 26 Anm. II 1 und Klein in: v. Mangoldt/F. Klein, Art. 26 Anm. III 1; vgl. Ebert, 105.
[26] MD-Maunz, Art. 26 RN 12; BK-Menzel; Art. 26 Anm. II 1; Klein in: v. Mangoldt/F. Klein, Art. 26 Anm. III 1; Sachs-Streinz Art. 26 RN 19.
[27] Epping, 66ff; ders., Der Staat 1992, 39 (54ff); Haas-Traeger, DÖV 1983, 105 (108); offen v. Münch-Hernekamp, Art. 26 RN 23.
[28] Pottmeyer, Komm, § 1 RN 8; Roeser, 116; BVerwG DÖV 118 (119f); vgl. BayObLG 8 St 143/70 nv.; Moritz, NZWehrR 1970, 55 (57).
[29] Epping, 40f.

griffsausfüllung nur Raum, wenn sich durch Verfassungsauslegung die Reichweite eines Grundrechts nicht unmittelbar erschließen läßt. Auch die Ermächtigung an den Gesetzgeber - wie in Art. 26 Abs. 2 Satz 2 GG - "das Nähere" selbst zu regeln, steht dem - so das Bundesverfassungsgericht - nicht entgegen[30]. Daß diese Feststellung auch für Art. 26 GG gelten muß, auch wenn er kein Grundrecht ist, ergibt sich letztlich aus Art. 20 Abs. 3 GG[31].

Selbst wenn man jedoch die einfachgesetzliche Definition des Begriffs "Krieg" in § 1 Abs. 2 letzter Halbsatz KWKG als zulässig erachten will, so gilt dies jedenfalls nur für den Begriff der Kriegswaffe in § 1 Abs. 1 KWKG und nicht für den des Angriffskrieges in § 6 Abs. 3 Nr. 1 KWKG. Denn daß das Gesetz hier den verfassungsrechtlichen Kriegsbegriff des Art. 26 Abs. 1 GG zugrunde legt, ergibt sich eindeutig aus der historischen Auslegung. Der Gesetzgeber wollte dem Begriff keinen eigenen Gehalt geben, denn durch "unmittelbare"[32] Erfüllung des Art. 26 GG sollte gewährleistet werden, daß nicht gegen das "dort" aufgestellte Verbot[33] verstoßen wird.

Nachdem somit geklärt ist, daß dem § 6 Abs. 3 Nr. 1 KWKG der verfassungsrechtliche Kriegsbegriff des Art. 26 Abs. 1 GG zugrunde liegt, stellt sich im Anschluß die Frage, mit welchem Inhalt dieser im Hinblick auf die aufgeworfene Problematik zu füllen ist.

Gesetzessystematisch wird dabei von der Literatur argumentiert, Art. 26 Abs. 1 GG sei nur Teil eines aus der Präambel und Art. 1 Abs. 2 GG zu folgernden allgemeinen grundgesetzlichen Friedensgebotes. Art. 26 GG konkretisiere dieses Friedensgebot nur im negativen Sinne als Verbot. Die Auslegung habe sich aber am übergeordneten - explizit positiv formulierten - Friedensgebot (Präambel: "... dem Frieden der Welt zu dienen") zu orientieren. Dem sei aber nur dann Genüge getan, wenn sämtliche Gefahren für den Frieden in der Welt - also auch Bürger- und Befreiungskriege - erfaßt werden[34].

Dem ist zwar zunächst entgegenzuhalten, daß dem Friedensgebot - in Analogie zur Argumentation bei den kriegsähnlichen Maßnahmen - auch aus-

---

[30] BVerfGE 12, 45 (53).
[31] Epping, 41; vgl. auch die Ausführungen im ersten Teil Kapitel A.1.
[32] BT-Drs. III/1589 S. 17.
[33] BT-Drs. III/1589 S. 17.
[34] Epping, 66ff.

reichend dadurch Rechnung getragen wird, wenn Befreiungs- und Bürgerkriege zwar nicht dem Kriegsbegriff aber dem Begriff der friedensstörenden Handlung zugeordnet würden[35], den Art. 26 Abs.1 GG ebenfalls als verfassungswidrig brandmarkt.

Wie oben gezeigt ist Art. 26 Abs. 1 GG aber Ausdruck der verfassungsrechtlichen Garantie eines völkerrechtsfreundlichen (friedlichen) Verhaltens der Bundesrepublik und ihrer Organe. Als verfassungswidrig gekennzeichnet wird jede Art von Politik, die sich negativ auf das friedliche Zusammenleben der Völker auswirkt. Durch diese innerstaatliche verfassungsrechtliche Justitiabilität wird das Bestreben manifestiert, die deutsche Friedensbereitschaft auch nach außen zu demonstrieren[36]. Doch zeigt die "faktische Konfliktbilanz"[37] seit dem Zweiten Weltkrieg, daß gerade nicht die zwischenstaatlichen bewaffneten Auseinandersetzungen das Bild prägen. Von den seit 1945 dokumentierten mehr als 160 bewaffneten Konflikten können kaum ein Fünftel als zwischenstaatliche Auseinandersetzungen und somit als Kriege im herkömmlichen Sinne qualifiziert werden[38]. *Ipsen* prognostiziert sogar - allerdings unter Beschränkung auf den traditionellen, eine Kriegserklärung verlangenden, völkerrechtlichen Kriegsbegriff -, daß dieser eine "Ausnahmeerscheinung bewaffneter Auseinandersetzungen" bleiben wird[39]. Typisch waren und sind vorrangig Bürgerkriege[40] und sog. Befreiungskriege, wie z. B. die Auseinandersetzungen in Osttimor seit 1975. Das Beispiel der innerstaatlichen Auseinandersetzungen in Korea, Vietnam und Nicaragua macht deutlich, daß gerade auch die sog. "Stellvertreterkriege" sehr wohl das friedliche Zusammenleben der Völker gestört haben[41]. Eine dem Sinn und Zweck des Art. 26 GG verhaftete Auslegung kann diesen Befund nicht außer acht lassen, mit der Folge, daß auch innerstaatliche Auseinandersetzungen als Kriege im Sinne des Art. 26 GG anzusehen sind[42].

Der für die Auslegung des § 6 Abs. 3 Nr. 1 KWKG maßgebliche Kriegsbegriff des Art. 26 GG erstreckt sich somit auch auf innerstaatliche Konflikte.

---

[35] So wohl v. Münch-Hernekamp, Art. 26 RN 23 aE.
[36] Epping, 66f; v. Münch-Hernekamp, Art. 26 RN 2.
[37] V. Münch-Hernekammp, Art. 26 RN 23.
[38] Epping, 66; vgl. Marx, KJ 1996, 307 (309), der darauf hinweist, daß sich auch die Mehrzahl der "friedenssichernden Maßnahmen" der VN seit 1988 auf interne Konflikte bezog.
[39] Ipsen, FS Menzel, 405 (421).
[40] Haas-Traeger, DÖV 1983, 105 (108).
[41] Epping, 67.
[42] Haas-Traeger, DÖV 1983, 105 (108).

Zu klären bleibt, in welchen von diesen Fällen ein Angriffskrieg vorliegt. Dabei gilt auch für diesen Begriff, daß er sich einer exakten Bestimmung entzieht[43]. Widersprochen werden muß daher der im Hauptausschuß des Parlamentarischen Rates durch den Abgeordneten v. Brentano geäußerten Ansicht[44], der Begriff des Angriffskrieges sei in den Nürnberger Urteilen "klar herausgearbeitet" worden[45]. Weder im Prozeß gegen die Hauptkriegsverbrecher noch in den sogenannten "subsequent proceedings" findet sich eine als ausreichend zu bezeichnende Definition des Angriffskrieges[46].

Der Begriff hat jedoch schärfere Konturen im Wege der Definition des Begriffs "Aggression" durch eine Resolution der Generalversammlung der Vereinten Nationen aus dem Jahre 1974[47] erhalten[48]. Wenn auch der Begriff der Aggression nicht dem Begriff des Angriffskrieges entspricht, so kann er doch als Orientierung für eine Inhaltsbestimmung dienen[49], denn Art. 26 GG ist die Ausprägung einer langen völkerrechtlichen Entwicklung[50] und bildet eine völkerrechtliche Verbotsnorm ab, die zur zentralen Bestimmung des Systems der Vereinten Nationen geworden ist[51]: Art. 2 Nr. 4 der UN-Charta, der jegliche Gewalt in den internationalen Beziehungen verbietet[52] und der seinerseits durch den Begriff der Aggression näher definiert wurde[53]. Auch die Diskussionen im Parlamentarischen Rat orientierten sich stets an den bisherigen internationalen, völkerrechtlichen Diskussionen[54]. So führte der Vorsitzende des Hauptausschusses, der Abgeordnete Dr. Schmid, zur Begründung des Vorschlages in Art. 26 statt Angriffskrieg nur Krieg zu formulieren an, daß man im Grundgesetz "ein Stück weiter gehen" solle "als man bisher üblicherweise gegangen" sei und auf das, "was man früher als ultima ratio regum, als das Souveränitätsrecht der Souveränitätsrechte ansah, schlechthin" verzichten solle. Der Abgeordnete v. Brentano

---

[43] Doehring in: HdBuch des Staatsrechts VII, § 178 RN 5 - 7 und 34; von Schlabrendorff in: FS G. Müller, 403 (406); Weber, NJW 1979, 1282 (1283).

[44] Zitiert in: Matz, 237.

[45] BK-Menzel, Art. 26 Anm. I.2.a); von Schlabrendorff in: FS G. Müller, 403 (406).

[46] Stratmann, Das grundgesetzliche Verbot friedensstörender Handlungen, 76; so auch für das Statut des Internationalen Militärgerichtshofes, Jackson, 60.

[47] Res. der UN-GV 3314 (XXIX) vom 14.12.1974, abgedr. u.a. bei Fahl, Internationales Recht der Rüstungsbeschränkung, 1975ff, Nr. 10.3.1).

[48] Doehring in: HdBuch des Staatsrechts VII, § 178 RN 6; v. Münch-Hernekamp, Art. 26 RN 26; Moritz, NZWehrR 1970, 55 (58).

[49] AK-Frank, Art. 26 RN 41.

[50] Falge, Die Entscheidung über den Einsatz Deutscher Nato-Streitkräfte, 3.

[51] Kunig in: Vitzthum, Völkerrecht, S. 109.

[52] Bothe in: Vitzthum, Völkerrecht, S. 588.

[53] Bothe in: Vitzthum, Völkerrecht, S. 589.

[54] JÖR 1951, 239f.

knüpfte - wie gezeigt - an den Inhalt der Nürnberger Urteile an, während der Abgeordnete v. Mangoldt sich auf die völkerrechtliche Kriegsächtungsbewegung[55] bezog.

In der besagten Resolution des Sicherheitsrates wird - ohne daß diese Beschreibung als erschöpfend anzusehen wäre[56] - aufgezählt, was als Aggression gelten soll: Grundsätzlich wird vom formalen Kriterium des ersten Schusses ausgegangen, was bedeutet, daß zunächst derjenige Angreifer im Sinne des Art. 26 Abs. 1 Satz 1 GG ist, der die zeitlich erste Kriegshandlung vorgenommen hat[57]. Damit ist allerdings die Unzulässigkeit jedes Präventivangriffes nicht festgestellt worden, denn der erste Waffeneinsatz erweist nur prima facie der Angreifer zu sein[58]. Auch wird nicht das Recht auf Selbstbestimmung, Freiheit und Unabhängigkeit von Völkern beeinträchtigt, denen dieses Recht gewaltsam entzogen wurde und die zur Wiedererlangung dieses Rechts "kämpfen" (sog. Befreiungskriege)[59]. Art. 3 der Resolution zählt dann auf, was ungeachtet einer Kriegserklärung als Aggression gelten soll:

a) die Invasion oder der Angriff durch die Streitkräfte eines Staates auf das Gebiet eines anderen Staates oder jede auch noch so vorübergehende militärische Besetzung als Folge einer solchen Invasion oder eines solchen Angriffs oder jede gewaltsame Einverleibung des Hoheitsgebietes eines anderen Staates oder eines Teiles davon;

b) die Beschießung oder Bombardierung des Hoheitsgebietes eines Staates durch die Streitkräfte eines anderen Staates oder die Anwendung von Waffen jeder Art durch einen Staat gegen das Hoheitsgebiet eines anderen Staates;

c) die Blockade der Häfen oder Küsten eines Staates durch die Streitkräfte eines anderen Staates;

d) ein Angriff durch die Streitkräfte eines Staates gegen die Land-, See- oder Luftstreitkräfte oder die See- und Luftflotte eines anderen Staates;

---

[55] Vgl. dazu BK-Menzel, Art. 26 Anm. 4.a).
[56] UN-GV 3314, Art. 4; Doehring, aaO.
[57] UN-GV 3314, Art. 2; MD-Maunz, Art. 26 RN 25.
[58] UN-GV 3314, Art. 2; Doehring in: HdBuch des Staatsrechts VII, § 178 RN 6.
[59] UN-GV 3314, Art. 7; Doehring aaO; v. Münch-Hernekmap, Art. 26 RN 23.

e) der Einsatz von Streitkräften eines Staates, die sich im Hoheitsgebiet eines anderen Staates mit dessen Zustimmung befinden, unter Verstoß gegen die in der Zustimmung vorgesehenen Bedingungen oder jede Verlängerung ihrer Anwesenheit in diesem Gebiet über das Ende der Zustimmung hinaus;

f) die Handlung eines Staates, die in seiner Duldung besteht, daß sein Hoheitsgebiet, das er einem anderen Staat zur Verfügung gestellt hat, von diesem anderen Staat dazu benutzt wird, eine Angriffshandlung gegen einen dritten Staat zu begehen;

g) das Entsenden bewaffneter Banden, Gruppen, Freischärler oder Söldner durch einen Staat oder für ihn, wenn sie mit Waffengewalt Handlungen gegen einen anderen Staat von so schwerer Art ausführen, daß sie den oben angeführten Handlungen gleichkommen, oder die wesentliche Beteiligung an einer solchen Entsendung.

Angesichts der Unverbindlichkeit dieser Definition[60] - der Sicherheitsrat der Vereinten Nationen kann auf sie zurückgreifen - ist für die rechtliche Präzisierung entscheidend auch auf formelle Merkmale abzustellen. Das bedeutet, daß zumindest derjenige als Angreifer anzusehen ist, der vom Sicherheitsrat als solcher wahrgenommen wird[61].

Dieser formelle Aspekt läßt sich auch auf andere völkerrechtliche Verträge übertragen, denen die Bundesrepublik beigetreten ist. So gilt als Angreifer, wer vom Rat der NATO (Art. 9 des NATO Vertrages) als solcher im Sinne des Art. 6 des NATO-Vertrages bezeichnet wird[62], wer gemäß Art. V des WEU-Vertrages von den Vertragspartnern als solcher angesehen wird oder schließlich wer im Rahmen der Feststellungen über den Verteidigungsfall des Art. 115a GG als Angreifer festgestellt wird.

Für die nähere Eingrenzung des Begriffs ist ferner zu beachten, daß kriegerische Akte, die der Verteidigung dienen, nicht als Angriffskrieg anzusehen sind. Die Zulässigkeit des Verteidigungskrieges ergibt sich einmal aus dem Wortlaut des Art. 26 Abs. 1 GG selbst, der eben nur den Angriffskrieg brandmarkt. Zum anderen folgt dies aus dem systematischen Zusammen-

---

[60] Doehring aaO; v. Münch-Hernekamp, aaO.

[61] Maunz in: FS C. Schmitt, 285 (288); Potrykus, NJW 1963, 941.

[62] Zur Frage, welches Organ der NATO zur Entscheidung über Krieg und Frieden befugt ist, wenn eine rechtzeitige Entscheidung des Rates nicht mehr herbeigeführt werden kann: Falge, Die Entscheidung über den Einsatz deutscher NATO-Streitkräfte, 58ff.

hang zu den Art. 65a, 80a, 87a und 115a ff GG, die die Zulässigkeit des Verteidigungskrieges bestätigen[63]. Außerdem wird dies durch die historische Auslegung belegt, denn der bereits oben erwähnte Vorschlag, das Wort Krieg statt Angriffskrieg zu verwenden, wurde mit der Begründung abgelehnt, daß kein Volk das Recht habe, sich der Pflicht zu seiner Verteidigung zu entziehen[64]. Das bedeutet, daß Waffenlieferungen an die sich verteidigende Partei zulässig sind.

Mit der Feststellung, daß der Angriffs- vom Verteidigungskrieg abzugrenzen ist, ist allerdings nicht viel gewonnen, denn die Übergänge sind fließend und die Abgrenzung ist "eine kriegs- und waffentechnisch kaum vollziehbare Aufgabe"[65]. Deshalb gilt auch hier, daß jedenfalls das als Verteidigungskrieg zu bezeichnen ist, was als solches international völkerrechtlich anerkannt ist[66], womit - wie Maunz zutreffend feststellt - "auch hier das uralte Problem der Kriegsschuld auftritt"[67]. Unbeschadet bleibt also das "unveräußerliche Recht auf individuelle oder kollektive Selbstverteidigung" gem. Art. 51 Satz 1 der UN-Satzung.

Angesichts dessen ist bei der Abgrenzung wiederum auf die oben genannten formellen Aspekte abzustellen. Nicht als Angriffskrieg anzusehen sind deshalb Zwangsmaßnahmen nach Art. 43 der UN-Satzung[68], Zwangsmaßnahmen der NATO, der WEU und in Zukunft gegebenenfalls der EU. In diesem Rahmen kann auch eine präventive Verteidigung zulässig sein, wenn ein Angriff unmittelbar bevorsteht und jede andere Gegenwehr versagt[69].

---

63 Süsterhenn in: Der Kampf um den Wehrbeitrag, Bd. 2, 1. Hlbbd., 260 (261); Scheuner in: Der Kampf um den Wehrbeitrag, Bd. 2, 2. Hlbbd., 94 (107f); Sachs-Streinz, Art. 26 RN 20.

64 JöR 1951, 240.

65 Maunz in: FS C. Schmitt, 285 (288).

66 BK-Menzel, Art. 26 Anm. 3. b); MD-Maunz, Art. 26 RN 24.

67 MD-Maunz, Art. 26 RN 8.

68 Bezeichnenderweise hat sich die Bundesregierung auf die ihr durch den Abgeordneten Dr. Schöfberger gestellte Frage, wer nach ihrer Ansicht im Falle des Golfkrieges einen "Angriffskrieg" i. S. d. Art. 26 Abs. 1 Satz 1 GG vorbereitet und geführt hat, der Irak oder die Vereinigten Staaten von Amerika, auf formale Kriterien sowie den Begriff der Aggression zurückgezogen und geantwortet: "Der Golfkrieg begann am 02.09.1990 mit dem Angriff des Irak auf den Staat Kuwait. Die Völkerrechtsgemeinschaft hat daraufhin auf der Grundlage der Entschließungen des Sicherheitsrates der Vereinten Nationen und von Kapitel VII der Charta der Vereinten Nationen Maßnahmen eingeleitet, um die irakische Aggression zurückzuweisen und das internationale Recht wiedereinzusetzen"; BT Drs. 12/84, S. 4.

69 Sachs-Streinz, Art. 26 RN 20 mwNachw.

2. Die friedensstörende Handlung

Auch wenn eine Handlung nicht als Angriffskrieg bezeichnet werden kann, so kann sie immer noch friedensstörend sein. Das BVerwG hat - allerdings ohne Begründung - für den Begriff einer "Störung des friedlichen Zusammenlebens der Völker" festgestellt, daß "schon der allgemeine Sprachgebrauch als das regelmäßig in erster Linie heranzuziehende Auslegungsmittel" zumindest "deutliche Anhaltspunkte für eine objektive ..... Klärung", was unter dem Begriff zu verstehen sei, hergebe[70]. Diese sollen deshalb im folgenden festgestellt werden.

Wegen des bereits mehrfach skizzierten systematischen Zusammenhangs des § 6 Abs. 3 Nr. 1 KWKG zu Art. 26 GG liegt es auch hier nahe, eine Handlung dann als friedensstörend zu bezeichnen, wenn die Voraussetzungen des Art. 26 Abs. 1 Satz 1 GG erfüllt sind. Friedensstörend sind danach Handlungen, die geeignet sind und in der Absicht vorgenommen werden, das friedliche Zusammenleben der Völker zu stören.

Da nach der im Rahmen dieser Arbeit vertretenen Meinung bereits der Kriegsbegriff nicht nur auf den zwischenstaatlichen Bereich anwendbar ist, sei eingangs der folgenden Inhaltsbestimmung nur der Vollständigkeit halber darauf hingewiesen, daß aus denselben Gründen notwendigerweise auch der Oberbegriff der friedensstörenden Handlung nicht auf diesen Bereich beschränkt werden kann. Die gegenteilige Ansicht, die den Begriff Völker synonym mit Staaten interpretiert und demgemäß das friedliche Zusammenleben der Völker nur bei Konflikten zwischen Staaten gestört sieht, verkennt, daß ein Staatsvolk z. B. eines Vielvölkerstaates auch mehrere Völker i. S. des Selbstbestimmungsrechts der Völker haben kann[71].

Die Diskussionen um den Begriff der friedensstörenden Handlung konzentrieren sich im übrigen auf zwei Streitpunkte.

Zum einen geht es um die Frage, ob bei der Auslegung eine einschränkende oder eine erweiternde Auslegung geboten ist. Ansatzpunkt der einschränkenden Auslegung ist der sog. "negative Friedensbegriff" i. S. d. Abwesen-

---

[70] BVerwG RIW 1992, 579 (580).

[71] Dahlhoff, NJW 1991, 208 (209); Epping, 60ff; ders. in: Der Staat, 39 (50ff); Haas-Traeger, DÖV 1983, 105 (108); zum Begriff der "Friedensbedrohung" in der Praxis des Sicherheitsrates der VN, Nowlan, FS Bock, 165ff.

heit von militärischer Gewalt[72], Ansatzpunkt der erweiternden Auslegung ist der sog. "positive Friedensbegriff" aus dem eine Pflicht zur aktiven Friedensbemühung abgeleitet wird[73].

Als Begründung für die Stipulierung eines positiven Friedensbegriffes durch das GG wird darauf hingewiesen, daß das friedliche Zusammenleben der Völker der in der Präambel der Satzung der Vereinten Nationen aufgestellten positiven Forderung, "to practice tolerance and to live together in peace with one another as good neighbours", entspreche[74]. Die bestehende Pflicht zur aktiven Friedensbemühung zeige auch die systematische Stellung des Art. 26 GG in dem Abschnitt, dessen Vorschriften für den staatsrechtlichen Charakter der Bundesrepublik typisch seien ("Der Bund und die Länder") und mit denen der Grundgesetzgeber die Qualität des Staatsgebildes präge. Qualität fordere aber in erster Linie eine positive Bestimmung[75]. Schließlich mache die Textfassung selbst deutlich, daß der Angriffskrieg nur als *ein* und nicht als *das* Beispiel der friedensstörenden Handlung anzusehen sei. Die Reduzierung der Auslegung auf eine am Begriff des Angriffskrieges orientierte Interpretation verbiete sich somit[76].

Einer angeblich bestehenden positiven Friedenspflicht halten die Vertreter einer restriktiven Auslegung die ausdrücklich negativ formulierte Textfassung, die nur die Störung einer bestehenden Ordnung verbiete, entgegen[77]. Im übrigen orientiere sich der Begriff des friedlichen Zusammenlebens der Völker an Art. 2 Nr. 4 UN-Charta. Mit der Eindeutigkeit des Merkmals "militärisch" begünstige dies die verfassungsgewollte Justitiabilität und rechtfertige sich zudem aus der gemeinsamen historischen Ausgangslage sowie auch der vergleichbaren Abwehrfunktion beider Verbotsnormen[78]. Zielvorstellungen wie "Emanzipation des Individuums, Freiheit, Gerechtigkeit und Überwindung der Ausbeutung"[79] entwerteten das Friedensgebot durch Relativierung und ideologische Verbrämung[80].

---

[72] Doehring in: Hdbuch des Staatsrechts VII, § 178 RN 33; Maunz-Dürig, Art. 26 RN 6; v. Münch-Hernekamp, Art. 26 RN 6; Sachs-Streinz, Art. 26 RN 10.
[73] AK-Frank, Art. 26 RN 9 ff; BK-Menzel, Art. 26 Anm. 1.; Hamann/Lenz, Art. 26 Anm. B. 2.; v. Mangoldt-Klein, Art. 26 Anm. III 1.; v. Schlabrendorff, FS G. Müller, 403 (404).
[74] BK-Menzel, aaO; vgl. Marx, KJ 1996, 307 (318).
[75] V. Schlabrendorff, FS G. Müller, 403 (408).
[76] Haas-Traeger, DÖV 1983, 105 (108); v. Schlabrendorff aaO.
[77] Sachs-Streinz, Art. 26 RN 10; Stern, Staatsrecht, Bd. 1, 510.
[78] V. Münch-Hernekmap, Art. 26 RN 8.
[79] AK-Frank, Art. 26 RN 10.
[80] V. Münch-Hernekamp, Art. 26 RN 5; Sachs-Streinz, Art. 26 RN 10.

Als Konsequenz dieser Meinungsverschiedenheiten sehen die Vertreter der extensiven Auslegung den Wirkungsbereich des Art. 26 GG deutlich unterhalb der Schwelle völkerrechtlicher Verbote angesiedelt[81]. Eine friedensstörende Handlung sei z. B. bereits dann gegeben, wenn die Zusammenarbeit mit anderen Nationen auf rechtlichem, wirtschaftlichem usw. Gebiet verweigert wird[82] oder wenn ein Boykott gegen Erzeugnisse fremder Staaten verhängt wird[83]. Demgegenüber verlangt die Gegenmeinung ein böswilliges "Spiel mit dem Feuer"[84] und sieht Art. 26 GG z. B. erst beim Verstoß gegen völkerrechtliches "ius cogens"[85] oder bei militärischer Gewaltanwendung tangiert[86].

Zum anderen ist umstritten, ob es für das Vorliegen des "Geeignet-Seins" der betreffenden Handlung erforderlich ist, daß diese das Schutzgut konkret[87], im Sinne einer konkreten Gefährdung nach Polizei- und Sicherheitsrecht, gefährdet oder ob eine abstrakte[88] Gefährdung ausreicht. Dabei verläuft die Trennungslinie der verschiedenen Ansichten allerdings nicht genau dort, wo unterschiedliche Auffassungen über den Friedensbegriff bestehen. Für die Annahme eines abstrakten Gefährdungsdeliktes spreche vor allen Dingen der durch das hervorgehobene Beispiel der Vorbereitung des Angriffskrieges zum Ausdruck kommende vorverlagerte Rechtsgüterschutz[89]. Die Befürworter der Gegenansicht meinen, nur durch das Verlangen nach einer konkreten Gefährdung sowohl dem "verwirrenden Wortlaut (geeignet ... zu stören)"[90] als auch der Zweckrichtung der Vorschrift gerecht werden zu können.

Für die Beantwortung der beiden skizzierten Hauptdiskussionspunkte um den Begriff der friedensstörenden Handlungen ist im Rahmen der hier interessierenden Fragestellung nach dem Inhalt des § 6 Abs. 3 Nr. 1 KWKG maßgeblich, daß es bei der Anwendung des Kriegswaffenkontrollgesetzes sachnotwendig ausschließlich um Tatbestände mit Kriegswaffenbezug gehen kann.

---

[81] AK-Frank, Art. 26 RN 19.
[82] BK-Menzel, Art. 26 Anm. 3.
[83] Hamann/Lenz, Art. 26 Anm. B. 2.
[84] MD-Maunz, Art. 26 RN 12.
[85] Sachs-Streinz, Art. 26 RN 11.
[86] V. Münch-Hernekamp, Art. 26 RN 6.
[87] MD-Maunz, Art. 26 RN 13; v. Mangoldt/Klein, Art. 26 Anm. III 3. a).
[88] So v. Münch-Hernekamp, Art. 26 RN 16; Hamann/Lenz, Art. 26 Anm. B. 2.; differenzierend allerdings AK-Frank, Art. 26 RN 16f.
[89] Sachs-Streinz, Art. 26 RN 26.
[90] MD-Maunz, Art. 26 RN 13.

Zur Frage des erforderlichen Gefährdungsgrades hat der Grundgesetzgeber dazu in Art. 26 Abs. 2 GG bereits selbst entschieden, daß er diese Tatbestände als Spezialfall der Friedensgefährdung[91] und somit "abstrakt" als so gefährlich erachtet, daß er sie generell einem Genehmigungsvorbehalt unterwirft. Da aber dann konsequenterweise jede Genehmigung von kriegswaffenrechtlichen Tatbeständen friedensstörend wäre und folglich jede Genehmigung nach § 6 Abs. 3 Nr. 1 KWKG zu versagen wäre, was offensichtlich nicht gewollt sein kann, stellt die Vorschrift systemkonform vielmehr auf die Gefahr der Verwendung der Kriegswaffen bei einer solchen Handlung ab. Ausschlaggebend ist danach für § 6 Abs. 3 Nr. 1 KWKG nicht die Frage nach dem Gefährdungsgrad für das Vorliegen einer friedensstörenden Handlung sondern nach dem Gefährdungsgrad für die Verwendung der Kriegswaffe bei einer solchen Handlung.

Damit erweist sich auch der Streit um die Auslegung des Begriffs der friedensstörenden Handlung für die Anwendung des § 6 Abs. 3 Nr. 1 KWKG als nicht fruchtbar und letztendlich irrelevant. Denn schon tatbestandlich scheiden jene Handlungen aus, die keinen Kriegswaffenbezug haben, wie z. B. der Abbruch diplomatischer Beziehungen oder die vieldiskutierten Beispiele des Sammelns von Geld zugunsten bewaffneter Oppositionskräfte[92]. Durch den zu fordernden Kriegswaffenbezug können - unabhängig davon, ob sie schon als friedensstörend anzusehen sind oder nicht - als Versagungsgrund im Sinne des § 6 Abs. 3 Nr. 1 KWKG nur Handlungen angesehen werden, die allgemein als ernste, schwerwiegende und nachhaltige Störungen des friedlichen Zusammenlebens der Völker angesehen werden[93] und somit nach allen Meinungen als friedensstörend angesehen werden. Denn daß Beeinträchtigungen des friedlichen Zusammenlebens der Völker dann vorliegen, wenn die Möglichkeit des Waffeneinsatzes besteht, wird wohl von niemandem bezweifelt werden.

Zu beachten ist dabei insbesondere, daß das Tatbestandsmerkmal "verwenden" und "friedensstörende Handlung" in einem sich gegenseitig beeinflussenden Abhängig- und Wechselseitigkeitsverhältnis stehen. So kann die per se nicht unbedingt als friedensstörend zu bezeichnende Ausübung von politischem Druck gegenüber einem anderen Staat erst dadurch zum Versagungsgrund werden, daß der Druck durch die Androhung von

---

[91] Statt aller Schmidt/Bleibtreu-Klein, Art. 26 RN 4.

[92] BVerwG BayVBl. 1982, 571; BVerwG DÖV1983, 118; Haas-Traeger DÖV 1983, 105ff.

[93] BVerwG DÖV 1983, 118 (120); MD-Maunz, Art. 26 RN 12.

Waffengewalt erheblich verstärkt wird[94]. Anders ausgedrückt: Erst durch die mögliche "Verwendung" der Waffen bei der Drohung wird die Handlung von § 6 Abs. 3 Nr. 1 KWKG erfaßt. Andererseits kann eine Handlung - unabhängig davon, ob man sie als friedensstörend ansieht oder nicht - bei der eine Verwendung von Kriegswaffen nicht denkbar ist, wie z. B. der mögliche bloße Abbruch diplomatischer Beziehungen, nie als Grundlage einer Genehmigungsversagung nach § 6 Abs. 3 Nr. 1 KWKG dienen, da bei der bloßen Abbruchshandlung keine Kriegswaffen verwendet werden können.

Somit stellen - ohne den Anspruch auf Vollständigkeit zu erheben - einen Versagungsgrund im Sinne des § 6 Abs. 3 Nr. 1 KWKG dar:

- innerstaatlicher Völkermord (sofern dieser nicht bereits als Angriffskrieg zu werten ist),
- die Mißachtung völkerrechtlicher Verträge, insbesondere von Abrüstungsverträgen[95],
- die Mitwirkung bei der Waffenherstellung und -beschaffung eines fremden Staates durch Mißachtung von Waffenembargos der internationalen Gemeinschaft (Irak)[96],
- Drohung mit Waffengewalt (z. B. zur Untermauerung territorialer Ansprüche[97]) oder
- jedes Eintreten für nationalen, rassistischen oder religiösen Haß, durch das zur Waffengewalt aufgestachelt wird[98]

Nichtsdestotrotz ist aber wegen des systematischen Zusammenhangs zu Art. 26 Abs. 1 Satz 1 GG schließlich noch festzustellen, ob die betreffende Handlung subjektiv in der Absicht vorgenommen wird, das friedliche Zusammenleben der Völker zu stören. Dabei besteht Uneinigkeit darüber, ob die Störungsabsicht nur das Mittel zur Erlangung anderer politischer Ziele[99]

---

[94] Vgl. MD-Maunz aaO; Sachs-Streinz, Art. 26 RN 16.
[95] Vgl. BK-Menzel, Art. 26 Anm. II. 3.; v. Mangoldt/Klein, Art. 26 Anm. III 3. b); v. Münch-Hernekamp, Art. 26 RN 21.
[96] Vgl. Haas-Traeger, DÖV 1983, 105 (109).
[97] Vgl. Hamann/Lenz, Art. 26 Anm. B. 2.
[98] Vgl. Sachs-Streinz, Art. 26 RN 16.
[99] So v. Münch-Hernekamp, Art. 26 RN 19; Sachs-Streinz, Art. 26 RN 28.

oder aber Motiv und Endzweck der Handlung sein muß[100]. Während insbesondere Maunz als Beleg für letzteres anführt, daß Art. 26 Abs. 1 GG lediglich eine friedensfeindliche Haltung der Bundesrepublik verurteile, und es daher nicht verboten sein könne, an sich neutrale Handlungen vorzunehmen, denen eine böswillige, friedensfeindliche Tendenz fehle, nur weil u. U. feindlich gesonnene Staaten sie zum Anlaß nehmen könnten, eine internationale Krise vom Zaun zu brechen[101], hält die andere Ansicht dem zu Recht entgegen, daß dies den Anwendungsbereich des Art. 26 Abs. 1 GG auf den "Extremfall außenpolitischer Pyromanie" beschränken würde[102]. Im übrigen gilt für die Anwendung des § 6 Abs. 3 Nr. 1 KWKG, daß hier anders als bei Art. 26 Abs. 1 Satz 1 GG nicht die außenpolitische Haltung der Bundesrepublik sondern die des Staates maßgeblich ist, in den die betreffende Kriegswaffe exportiert werden soll. Die Frage, ob dieser Staat seine Handlungen dem Endziel "Friedensstörung" unterwirft, ist erheblich schwieriger zu beantworten als die Frage, ob er friedensstörende Handlungen begehen will, um bestimmte politische Ziele zu verwirklichen. Denn in der Praxis ist kaum zu erwarten, daß ein Staat sich öffentlich diesem Ziel verschreibt. Das hieße aber, daß der Art. 26 Abs. 1 GG letztendlich ins Leere liefe, was seiner unbestrittenen "unmittelbaren Rechtsbindung"[103] widersprechen würde, da er auf diesem Wege zu einem Lippenbekenntnis verkommt.

Objektiv korrigierend gilt auch für den Begriff der friedensstörenden Handlung, daß die oben genannten Abwehr-, Schutz- und Verteidigungsmaßnahmen, die die Führung eines Krieges bzw. von bewaffneten Auseinandersetzungen rechtfertigen, nicht als friedensstörend bezeichnet werden können[104]. Gleiches gilt für Maßnahmen der Vereinten Nationen, der NATO und der WEU sowie die Beteiligung an internationalem Krisenmanagement.

3. Der Begriff "verwenden"

Zwar wurde bereits oben festgestellt, daß dem Tatbestandsmerkmal "verwenden" die Funktion eines systemnotwendigen Korrektivs zukommt, um die Anwendung des § 6 Abs. 3 Nr. 1 KWKG auf friedensstörende Handlungen zu beschränken, die einen Waffenbezug aufweisen und somit

---

[100] So MD-Maunz, Art. 26 RN 15; Schmidt/Bleibtreu-Klein, Art. 26 RN 2.
[101] MD-Maunz, aaO.
[102] V. Münch-Hernekamp, Art. 26 RN 19.
[103] So auch MD-Maunz, Art. 26 RN 4.
[104] Statt aller Sachs-Streinz, Art. 26 RN 15.

für das KWKG nur diejenigen Handlungen in Betracht kommen, die nach der restriktiven Auslegung als friedensstörend zu bezeichnen sind. Damit ist aber noch nicht abschließend entschieden, wann Kriegswaffen bei diesen Handlungen "verwendet" werden.

Nach dem allgemeinen Sprachgebrauch ist unter der Verwendung einer Sache deren Gebrauch, Benutzung bzw. Anwendung zu verstehen[105]. Danach ließe sich argumentieren, daß ein Verwenden der Kriegswaffen nur dann vorliegt, wenn sie auch eingesetzt werden, wenn z. B. mit ihnen geschossen wird[106]. Die oben getroffene Annahme, daß eine Drohung mit Kriegswaffen eine Versagung nach § 6 Abs. 3 Nr. 1 KWKG rechtfertigt, würde sich damit als unzutreffend erweisen, denn die bloße Drohung bedeutet noch nicht den Einsatz der Waffen. Eine derartige Auslegung wäre jedoch mit dem Sinn und Zweck des KWKG nicht vereinbar. Denn es steht außer Zweifel, daß auch eine Drohung mit Kriegswaffen geeignet ist, das friedliche Zusammenleben der Völker zu stören. Diese Auslegung ist auch vom allgemeinen Sprachgebrauch gedeckt, da das Wort "verwenden" sprachlich meist in Verbindung mit einem bestimmten Zweck benutzt wird[107]. Beim Beispiel der Drohung ist die Verwendung darin zu sehen, daß die Kriegswaffen als Mittel für die Drohung benutzt werden.

Aus dem Tatbestandsmerkmal "verwenden" kann sich andererseits im Einzelfall ergeben, daß eine Genehmigung nicht zwingend zu versagen ist, wenn Kriegswaffen in Staaten geliefert werden, in denen es zu friedensstörenden Handlungen kommt. Ein Beispiel soll dies verdeutlichen:

In einzelnen Gebieten des Staates X kommt es zu bewaffneten Auseinandersetzungen zwischen Regierungstruppen und Aufständischen. Das Kampfgebiet liegt weder in einem Grenzgebiet zu einem anderen Staat (z. B. Insellage), noch in Reichweite der Küste. Die Regierung des Staates bestellt nun Minenjagdboote (KWL-Nr. 20) bei einem deutschen Unternehmen und macht glaubhaft, daß die Boote nur der Außenverteidigung dienen. Nach genauer Prüfung der Lage bestätigen sich diese Angaben, denn das umkämpfte Gebiet liegt in einem Gebirge. Das beauftragte deutsche Unternehmen stellt einen Genehmigungsantrag bei der Bundesregierung bzw. dem zuständigen Bundesministerium für Wirtschaft.

---

[105] Brockhaus/Wahrig, Deutsches Wörterbuch; S. 561; vgl. LG Stuttgart, NStZ 1997, 288 (289).

[106] Vgl. LG Stuttgart, NStZ 1997, 288 (289).

[107] Etwas zu einem bestimmten Zweck verwenden, vgl. Brockhaus/Wahrig aa0.

In einem solchen Fall ist die Genehmigung des Exports nicht zwingend nach § 6 Abs. 3 Nr. 1 KWKG zu versagen, denn es besteht nicht die Gefahr, daß die Boote bei der genannten friedensstörenden Handlung *verwendet* werden. Fraglich ist, ob diese Auslegung nicht den Zielen des Gesetzgebers widerspricht. Danach soll vermieden werden, daß die Bundesrepublik mit friedensstörenden Tendenzen in irgendeiner Weise in Verbindung gebracht wird[108]. Grenze jeglicher Auslegung ist nach allgemeiner Auffassung jedoch der sprachlich mögliche Wortsinn[109]. Auch bei einer weiten Auslegung des Begriffs "verwenden" kann in dem oben genannten Beispiel nicht angenommen werden, daß die Gefahr besteht, daß die Minenjagdbote bei den bewaffneten Auseinandersetzungen verwendet werden, denn es ist schon technisch nicht möglich sie im Gebirge zu gebrauchen, zu benutzen oder sie zum Einsatz zu bringen[110].

Die Genehmigungspraxis der Bundesregierung, den Export von Seekriegsschiffen (insbes. Fregatten) und U-Booten in Nicht-NATO-Staaten in vergleichbaren Fällen zu genehmigen, steht deshalb mit der Gesetzeslage in Einklang[111]. Denn damit wird der Tatsache Rechnung getragen, daß es sich insbesondere "bei U-Booten - anders als bei landgestützten Geräten - um Waffen mit beschränkten Einsatzmöglichkeiten handelt, die insbesondere nicht bei inneren Unruhen im Empfängerland eingesetzt werden können[112]". Beispielhaft erwähnt sei hier dazu die Exportpraxis nach Indonesien. Trotz des in Osttimor stattfindenden Bürgerkrieges ist die Ausfuhr von U-Booten nach Indonesien rechtmäßig, da diese - nach den dem Verfasser vorliegenden Kenntnissen - nicht in dem im Inland stattfindenden Konflikt verwendet werden können[113].

---

[108] Pensky in der 81. Sitzung der 8. Wahlperiode des Deutschen Bundestages vom 16.3.1978, Sten. Prot. S. 6433f.

[109] Larenz, Methodenlehre, 321ff.

[110] Eine mögliche Versagung der Exportgenehmigung aus anderen Gründen, z. B. nach § 6 Abs. 2 Nr. 1 KWKG, bleibt davon unbeschadet.

[111] Vgl. dazu Sohm, NZWehhr 1994, 99 (100).

[112] BT Drs. 12/694, S. 30.

[113] Nach einer im Tagesspiegel vom 7.12.1996 abgedruckten dpa Meldung werden z. B. einige aus dem Altbestand der DDR-Flotte exportierte Kriegsschiffe "zum Schutz der dortigen Küstengewässer vor illegal eindringenden ausländischen Fischereibooten eingesetzt".; vgl. BT Drs. 12/1959; S. 27; 12/4434, S. 1.

4. Das Bestehen der Gefahr der Verwendung der Kriegswaffe

Schließlich fordert § 6 Abs. 3 Nr. 1 KWKG, daß "die Gefahr besteht", daß die betreffende Kriegswaffe bei den o. b. Handlungen verwendet wird.

Nach zutreffender Ansicht muß es sich dabei um eine konkrete Gefahr handeln[114]. Eine abstrakte Gefahr reicht nicht aus. Dies deutet schon der Wortlaut der Vorschrift an, denn die Gefahr muß "bestehen" und nicht bloß abstrakt gegeben sein. Zum anderen ergibt sich dies aus dem bereits oben angesprochenen systematischen Zusammenhang zu Art. 26 GG. Da Art. 26 Abs. 2 GG Handlungen im Zusammenhang mit Kriegswaffen schon abstrakt als potentiell friedensstörend i. S. d. Art. 26 Abs. 1 GG qualifiziert, wäre konsequenterweise jede Genehmigung zu versagen, was wiederum dem Art. 26 Abs. 2 GG widersprechen würde, denn die Formulierung eines Genehmigungsvorbehalts setzt zwingend die Möglichkeit einer Genehmigung voraus.

Eine konkrete Gefahr ist nach allgemeiner Meinung eine Sachlage, die bei ungehindertem, objektiv zu erwartendem Geschehensablauf im Einzelfall erkennbar zu einem Schaden führen kann[115]. Irrtümlicherweise meint Potrykus diesen, dem Polizeirecht entstammenden Gefahrbegriff von dem des § 6 Abs. 3. Nr. 1 KWKG abgrenzen zu müssen, wenn er behauptet:

> Andererseits muß auch nicht die zeitlich unmittelbar bevorstehende Gefahr des allgemeinen Polizeirechts vorliegen. Es genügt, wenn nach den konkreten Zeitverhältnissen die generelle Gefahr der verfassungswidrigen Verwendung der Kriegswaffen gegeben ist[116].

Denn für das Polizeirecht ist anerkannt, daß eine konkrete Gefahr nicht erfordert, daß die Gefahr eine akut oder "unmittelbar bevorstehende" sein muß[117]. "Konkret" bezieht sich auf den Einzelfall und nicht auf den Zeithorizont. Die Verwirklichung der Gefahr, also der Eintritt des Schadens, kann vielmehr noch Jahre auf sich warten lassen und gleichwohl kann die Gefahr konkret sein[118]. Gerade im Kriegswaffenbereich ist dies der Fall. So vergehen von den ersten Produktionsschritten der Herstellung bis zum Export einer Kriegswaffe, z. B. eines Kriegsschiffes, oft mehrere Jahre.

---

[114] Pottmeyer, Komm., § 6 RN 72, Potrykus, Komm., § 6 Anm. 12. und 12.a) (S. 72).
[115] Würtenberger in: Achterberg/Püttner, Besonderes Verwaltungsrecht, Bd. II, S. 392f.
[116] Potrykus, Komm., § 6 Anm. 12.a) (S. 72f).
[117] Götz, Allgemeines Polizei- und Ordnungsrecht, RN 147 (S. 61).
[118] BVerwG DÖV 1970, 713 (715).

Für den zu fordernden Grad der Wahrscheinlichkeit des Schadenseintritts ergibt sich aus dem Verhältnismäßigkeitsgrundsatz, daß je größer der zu erwartende Schaden ist, desto geringere Anforderungen an den die Gefahr begründenden Wahrscheinlichkeitsgrad zu stellen sind[119]. Die Wertigkeit des Schadens bemißt sich dabei nach dem einschlägigen Rechtsgut. Bezieht man diese allgemeinen Erkenntnisse auf das Kriegswaffenkontrollrecht, so folgt daraus, daß keine besonderen Anforderungen an die Wahrscheinlichkeit eines Schadenseintritts zu stellen sind[120]. Dies ergibt sich aus der hohen Wertigkeit des Schutzgutes des § 6 Abs. 3 Nr. 1 KWKG, das durch Art. 26 Abs. 1 GG sogar Verfassungsrang besitzt.

Ferner muß die Gefahr objektiv gegeben sein[121]. Erforderlich ist dafür eine Prognose des zukünftigen hypothetischen Geschehensablaufes[122].

5. Die Rechtmäßigkeit des Prognoseverfahrens der Bundesregierung bei Exporten in Drittländer

Für Exporte in die NATO-Staaten und die den NATO-Staaten gleichgestellten Staaten gilt entsprechend dem zu § 6 Abs. 2 Nr. 1 KWKG gemachten Feststellungen, daß beim Direktimport in diese Staaten keine Bedenken gegen die verallgemeinernde Prognose, daß die Kriegswaffen dort nicht bei einer friedensstörenden Handlung oder gar einem Angriffskrieg verwendet werden, keine Bedenken bestehen. Denn die politischen Verhältnisse in diesen Ländern haben sich in der Vergangenheit als besonders stabil gezeigt.

Fraglich ist, ob das unter § 6 Abs. 2 Nr. 1 KWKG dargestellte Prognoseverfahren für Exporte in die sogenannten Drittstaaten den Anforderungen eines der Wertigkeit des Schutzgutes des § 6 Abs. 3 Nr. 1 KWKG angemessenen Prognoseverfahrens entspricht und ob die Bundesregierung ihre Entscheidung in einer der Materie angemessenen Weise erarbeitet. Zugrunde gelegt wird bei der Fragestellung das auf den Seiten 83 ff dargestellte Prognoseverfahren.

Selbstverständliche Grundlage des allgemeinen Gefahrenabwehrrechts ist, daß die Prognose auf der Basis von Feststellungen getroffen wird, die die

---

[119] Von Bogdandy, VerwArch 1992, 53 (69) mwNachw.

[120] Von Bogdandy, aaO, 70.

[121] BVerwG DÖV 1983, 118 (120); Würtenberger in: Achterberg/Püttner, Besonderes Verwaltungsrecht, Bd. II, S. 392.

[122] Würtenberger, aaO, 393f.

Behörden vor Ort treffen. Dies gilt für Immissionen von Anlagen, bei denen durch Messungen ermittelt wird[123], genauso wie für Maßnahmen der Vollzugspolizei, die aufgrund der vorliegenden Information vor Ort entscheidet, ob eine Gefahrenabwehr vor Ort zu veranlassen ist[124].

Bei der Prognose nach § 6 Abs. 3 Nr. 1 KWKG wird genau diese Selbstverständlichkeit zum Problem. Es müssen Feststellungen über Verhältnisse in fernen Ländern getroffen werden. Dabei behindern sprachliche, kulturelle, politische, historische und ethnische Unterschiede eine umfassende Prognoseerarbeitung. Nicht zuletzt bestehen auch hoheitsrechtliche Barrieren, denn der Bundesregierung ist es verwehrt, Gefahrerforschungseingriffe in diesen Ländern vorzunehmen. Schließlich stoßen die Möglichkeiten der Ermittlung an tatsächliche Grenzen, denn häufig werden die relevanten Informationen geheimgehalten. Da die Grundsätze des allgemeinen Gefahrenabwehrrechts somit aus der Natur der Sache nicht anwendbar sind, stellt sich im Anschluß die Frage, nach welchen Kriterien die Rechtmäßigkeit der Prognose bemessen werden kann.

Zum Ausgleich des zwangsweise gegebenen Informationsdefizites ist zumindest die Einbeziehung aller derjenigen Stellen zu fordern, die über Informationskanäle ins Ausland verfügen[125]. Die Entscheidung darf nicht, wie *Haas Traeger* es in ähnlichem Zusammenhang pointiert ausdrückt, aus einer "Gartenzwergperspektive" getroffen werden[126]. So verbietet es sich etwa, die Entscheidung "vom Schreibtisch" im Bundeswirtschaftsministerium aus oder nur aufgrund vorliegender Presseveröffentlichungen vorzunehmen. Die im Zweiten Teil Kapitel A. 4.4.2. dargestellte Ressortabstimmung stellt sich somit nicht als ein freiwilliger informeller Entscheidungsprozeß dar, sondern erweist sich als rechtlich gebotene und auch rechtmäßige Entscheidungsinstitution, denn sie bezieht alle über die relevanten Aulandsinformationen verfügenden Stellen ein.

Es hieße jedoch, die Forderung nach einer möglichst ortsnahen Prognose zu überspannen, wenn man, diese fortentwickelnd, für jeden Staat genau festlegen würde, welcher Informationsgrad im einzelnen zu fordern wäre[127].

---

[123] Vgl. Hansen-Dix, 100f.

[124] Vgl. Würtenberger u. a., Polizeirecht Baden Würtenberg, S. 129f.

[125] Vgl. dazu die Literatur, in der der Aspekt dadurch anklingt, daß im "Regelfall" (Pottmeyer, Komm, § 6 RN 49) bzw. in "Zweifelsfällen" (Potrykus, Komm, § 6 Anm. 6., S. 68) oder "zweckmäßigerweise" (Hinze, Waffenrecht, § 6 KWKG, Anm. 4) eine Verständigung mit bzw. ein Gutachten vom Auswärtigen Amt eingeholt werden soll.

[126] Haas-Traeger, DÖV 1983, 105 (110).

[127] Vgl. BT Drs. 12/4241, S. 8.

Auch insoweit bleibt der Bundesregierung ein gewisser Entscheidungsspielraum. Im Grundsatz gilt jedoch, daß je loser die Verbindungen zu dem Exportstaat sind, je mehr Informationsquellen zu bemühen sind.

Diesen Anforderungen genügt die Bundesregierung dadurch, daß sie neben den Informationen der mit auswärtigen Kontakten befaßten *staatlichen* Stellen ergänzend - soweit möglich - Auskünfte befreundeter ausländischer Institutionen heranzieht und auf *privater* Ebene die betroffenen Unternehmen ebenfalls um Hinweise ersucht.

Angesichts des bestehenden Informationsdefizites ist im Grundsatz bei den Drittländern - wie in der Praxis üblich - das Vorlegen einer amtlichen Endverbleibserklärung zu verlangen. Bei Endverbleibserklärungen von Staaten, in denen diese Dokumente bekanntermaßen gegen Entgelt erworben werden können, ist eine weitergehende Glaubhaftmachung zu verlangen[128].

6. Die Prognose bei Rüstungskooperationen

Bei den Prognosen für Exporte in NATO- und der NATO gleichgestellte Staaten ist an die Feststellung zu erinnern, daß in diesen Fällen in der Regel gar kein Prognoseverfahren mehr stattfindet, da die Bundesregierung nach den exportpolitischen Grundsätzen insoweit für den Regelfall vorab prognostiziert hat, daß bei Ausfuhren in diese Staaten nicht die Gefahr besteht, daß die Kriegswaffen bei einer friedensstörenden Handlung verwendet werden. Während bei den Exporten, die zum Verbleib in diesen Staaten bestimmt sind, weil sie z. B. der entsprechenden Armee zur Verfügung gestellt werden sollen, aus den oben genannten Gründen dagegen keine Bedenken bestehen, erscheint die Praxis in den Fällen, in denen der Partnerstaat sich die Entscheidung über den Weiterexport der Waffen ausdrücklich vorbehält, angesichts des klaren Wortlauts von § 6 Abs. 3 Nr. 1 KWKG ("Die Genehmigung *ist* zu versagen") zweifelhaft.

Besondere praktische Bedeutung kommt dem bei den sogenannten Rüstungskooperationen zu. Dabei gilt sowohl für die regierungsamtlichen als auch für die privaten Rüstungskooperationen, daß nach den exportpolitischen Grundsätzen deutsche Zulieferungen von Teilen (Einzelheiten oder Baugruppen), die Kriegswaffen nach der Kriegswaffenliste sind, das Kooperationspartnerland ausfuhrrechtlich Käufer- und Verbrauchsland und, soweit es sich um als Kriegswaffen eingestufte Teile handelt, auch Endver-

---

[128] Pottmeyer, Komm, § 3 RN 154.

bleibsland ist. Sobald diese Teile durch festen Einbau in das Waffensystem integriert werden, begründet die Verarbeitung im Partnerland ausfuhrrechtlich einen neuen Warenursprung (Nr. 4 Satz 2 der Grundsätze).

Aus diesem Grundsatz wird die sogenannte "Untergangstheorie"[129] abgeleitet. Diese Theorie besagt allerdings nicht - wie ihr Wortlaut nahelegt -, daß mit der Zulieferung einer deutschen Kriegswaffe an eine NATO-Kooperation diese ihre Kriegswaffeneigenschaft in dem Moment verliert, in dem sie in das gemeinschaftlich hergestellte Waffensystem integriert wird. Vielmehr gehen diese Waffenkomponenten mit der Zulieferung für die deutsche Rüstungsexportkontrolle unter. Der belieferte NATO-Staat ist Endverbleibsland im Sinne des § 4 Abs. 2 Satz 1 der Zweiten DVO zum KWKG. Dies gilt nicht nur dann, wenn die *Gesamt*waffe von dem Kooperationspartnerland in ein Drittland exportiert werden soll[130], sondern, wie der Wortlaut von Nr. 4 Satz 1 der Grundsätze zeigt, auch dann, wenn die Waffe bzw. der Waffenbestandteil nicht in das Waffensystem eingebaut und dennoch weiterexportiert wird. Im Ergebnis führt dies zu erweiterten Exportmöglichkeiten des Partnerlandes, da gemäß Nr. 4 Satz 3 der exportpolitischen Grundsätze solchen Zulieferungen keine zwingenden Versagungsgründe entgegenstehen[131]. Dies bedeutet aber, daß das Kooperationspartnerland, das die deutsche Zulieferung in die zu fertigende Gesamtwaffe eingebaut hat, diese durchaus in eine Region ausführen kann, in dem diese Waffe bei einer friedensstörenden Handlung verwendet wird[132]. Wenngleich z. B. von der Bundesregierung keine Genehmigungen für Exporte in den Irak erteilt wurden, so hat die französische Firma EUROMISSILE, ein gemeinsames Tochterunternehmen der Firmen AEROSPITALE/Frankreich und MBB/Deutschland, die Panzerabwehrsysteme HOT und MILAN sowie das Flugabwehrsystem ROLAND in den Irak exportiert[133]. Das LG Düsseldorf hat zu derartigen Fällen deutlich hervorgehoben: "Selbst der erwartete Verkauf der Gesamtwaffe in ein Spannungsgebiet hindert die Genehmigung der Lieferung in das Erstland nicht, wohl aber wäre eine Direktlieferung von der Bundesrepublik in das Spannungsgebiet nicht möglich"[134].

---

[129] Epping, DWiR 1991 276 (282f); LG Düsseldorf, Urteil v. 27.5.1986, X-64/83 S. 49 insoweit nicht abgedruckt in NStZ 1988, 231ff; Pottmeyer, Komm, § 1 RN 74f; vgl. auch BT-Drs 11/6879, S. 7.
[130] Pottmeyer, Komm, § 1 RN 75 mwNachw.
[131] Epping, DWiR 1991 276 (283).
[132] Pietsch, KJ 1991, 475 (488); vgl. auch die Kritik in BT Drs. 11/6879 v. 03.04.1990, S. 7f.
[133] Epping in: FS Bock, 125 (133ff).
[134] LG Düsseldorf, Urteil vom 27.05.1986, X-64/83, S. 49; insoweit nicht abgedruckt in NStZ 1988, 231ff.; zitiert nach Epping, aaO.

Diese Praxis erscheint zunächst mit dem klaren Wortlaut des § 6 Abs. 3 Nr. 1 KWKG nur schwer vereinbar. Denn zum einen läßt die Vorschrift an keiner Stelle eine Differenzierung zwischen Exporten in NATO-Staaten einerseits und Nicht-NATO-Staaten andererseits erkennen. Zum anderen differenziert sie nicht zwischen dem direkten Export und dem Weiterexport der Waffe, sondern stellt wie oben gezeigt darauf ab, ob objektiv die "generelle" Gefahr der Verwendung bei einer friedensstörenden Handlung besteht.

Schließlich wird das durch § 6 Abs. 3 Nr. 1 KWKG geschützte Rechtsgut, das friedliche Zusammenleben der Völker, in keiner Weise dadurch geringer gefährdet bzw. beeinträchtigt, daß die Kriegswaffe möglicherweise indirekt - und nicht direkt - in Krisen- oder Kriegsgebiete geliefert wird. Im übrigen genießt das aus § 6 Abs. 3 Nr. 1 KWKG hervorgehende Genehmigungsverbot in Verbindung mit Art. 26 GG Verfassungsrang, so daß genau untersucht werden muß, ob diese Praxis mit der Rechtsordnung in Einklang steht. Begründungen solcher Art, daß die Untergangstheorie bei Kooperationen innerhalb der NATO "tragfähig erscheint"[135], reichen dafür jedenfalls nicht aus.

6.1. Die Rechtmäßigkeit der Prognose bei Zulieferungen im NATO-Bereich aufgrund regierungsamtlicher Kooperationen

Zuerst soll untersucht werden, ob den Zulieferungen aufgrund regierungsamtlicher Kooperationen der zwingende Versagungsgrund des § 6 Abs. 3 Nr. 1 KWKG nicht entgegensteht, wie Nr. 4 Satz 3 der exportpolitischen Grundsätze es indirekt behauptet. Nr. 4 der Grundsätze lautet:

> Für deutsche Zulieferungen von Teilen (Einzelteilen oder Baugruppen), die Kriegswaffen oder sonstige Rüstungsgüter sind, ist das Kooperationspartnerland ausfuhrrechtlich Käufer- und Verbrauchsland und, soweit es sich um als Kriegswaffen eingestufte Teile handelt, auch Endverbleibsland. Wenn diese Teile durch festen Einbau in das Waffensystem integriert werden, begründet die Verarbeitung im Partnerland ausfuhrrechtlich einen neuen Warenursprung. *Solchen Zulieferungen stehen keine zwingenden Versagungsgründe entgegen.*[136]

Wie sich aus einer Antwort der Bundesregierung auf eine Kleine Anfrage von Abgeordneten des Bundestages ergibt, hat die Bundesregierung durch den Bundesminister der Verteidigung mit nahezu allen NATO-Staaten Ver-

---

[135] Pottmeyer, Komm., § 1 RN 78.
[136] Hervorhebung des Verfassers.

einbarungen über die Entwicklung, Produktion und Nutzung von Waffensystemen bzw. Gerät geschlossen[137]. Die Ressortvereinbarungen beziehen sich in der Regel auf Waffensysteme, ausnahmsweise auch auf Gerät. Erst jüngst ist diese Praxis - allerdings unter Beschränkung auf Rüstungskooperationen mit Italien - von der Bundesregierung bestätigt worden[138]. Die Kooperationsvereinbarungen zwischen den Verteidigungsministerien werden formal als Ressortvereinbarungen, Noten- und Briefwechsel abgeschlossen[139]. Die den Vereinbarungen zugrunde liegenden Texte werden dem Parlament oder der Öffentlichkeit aus Geheimhaltungsgründen und aus außenpolitischen Gründen unter Berufung auf § 203 StGB und § 30 VwVfG nicht zugänglich gemacht. Der Deutsche Bundestag wird aber im Haushalts- und Verteidigungsausschuß mit allen Rüstungsvorhaben mit einem finanziellen Volumen von mehr als 50 Millionen DM befaßt[140]. Es ist nur soviel bekannt, daß in den Vereinbarungen Kündigungsklauseln enthalten sind, die folgende Aspekte berücksichtigen: Frist, Auswirkungen auf die Verteilung des Fertigungsvolumens der Industrien der beteiligten Länder, Kosten des Programmes und Kosten der Kündigung[141]. Außerdem folgt aus der Literatur und den Antworten der Bundesregierung auf zahlreiche Anfragen, daß die Vereinbarungen in der Regel

- von der souveränen Entscheidung über den (Weiter)Export des Landes ausgehen, dem der Exporteur angehört,

- daß die Regierungen sich verpflichten, sich gegenseitig nicht an Exporten zu hindern, und
- daß den Regierungen im Ausnahmefall das Recht eingeräumt ist, Komponentenzulieferungen an den exportwilligen Partner nach Maßgabe ihrer jeweiligen Gesetze und Vorschriften zu verweigern, jedoch vor einer solchen Verweigerung eingehende Regierungskonsultationen vorgesehen sind[142].

---

[137] BT Drs. 12/1071 v. 19.8.1991, S. 2; in der Drucksache findet sich auch eine Übersicht, mit welchen Partnerländern die Bundesrepublik Deutschland bei welchen laufenden Waffen- und Führungsinformationssystemen/Systemanteilen kooperiert.

[138] BT Drs. 13/4225 vom 26.3.1996, S. 4.

[139] BT Drs. 12/1071 v. 19.8.1991, S. 3.

[140] BT Drs. 11/6879 vom 3.4.1990, S. 5ff; Presse- und Informationsamt der Bundesregierung, Referat Außen-, Sicherheits- und Europapolitik, "Rüstungsgüter - Zivil und militärische verwendbare Güter, Stand September 1996, S. 6.

[141] BT Drs. 11/6879 vom 3.4.1990; S. 6.

[142] BT Drs. 11/4928 vom 07.07.89, S. 5; 11/6879 vom 03.04.1990, S. 7ff; 12/1071 vom 19.08.91, S. 3f; 12/4241 vom 01.02.93, S. 10, S. 13f; Epping, DWiR 1991, 276 (282f); Sprögel in: Bebermeyer, Deutsche Ausfuhrkontrolle 1992, 21 (27f).

Bezeichnenderweise wurde von dem Verweigerungsrecht bisher wohl nicht Gebrauch gemacht[143].

6.1.1. Einfachgesetzliche Rechtfertigung

6.1.1.1. § 27 KWKG

Die Praxis der Bundesregierung könnte sich rechtlich aus § 27 KWKG rechtfertigen. Danach bleiben Verpflichtungen der Bundesrepublik aufgrund zwischenstaatlicher Verträge unberührt (Satz 1). Insoweit gelten die nach Artikel 26 Abs. 2 des Grundgesetzes und die nach diesem Gesetz erforderlichen Genehmigungen als erteilt (Satz 2).

Fraglich ist, ob es sich bei den regierungsamtlichen Kooperationen um völkerrechtliche Verpflichtungen aufgrund zwischenstaatlicher Verträge handelt. Dann müßten die Rüstungskooperationsvereinbarungen zwischenstaatliche Verträge sein.

Der Sache nach handelt es sich bei den Kooperationsvereinbarungen um sogenannte Exekutivverträge, die auch als Regierungs-, Ressort-, Verwaltungsabkommen oder executive agreements bezeichnet werden. Sie unterscheiden sich von den sog. Staatsverträgen dadurch, daß sie nicht die politischen Beziehungen des Bundes regeln und sich nicht auf Gegenstände der Bundesgesetzgebung beziehen. Sie sind deshalb gemäß Art. 59 Abs. 2 GG nicht zustimmungsbedürftig. Dabei soll hier, da der Text der Vereinbarungen nicht zugänglich ist, davon ausgegangen werden, daß nach den vom Bundesverfassungsgericht aufgestellten Kriterien für das Vorliegen des Art. 59 Abs. 2 Satz 1 2. Alt. GG ein Bezug zur Bundesgesetzgebung nicht gegeben ist, weil zur Vollziehung der Kooperationsvereinbarungen kein Bundesgesetz erforderlich wird, da der Bund keine Verpflichtungen übernommen hat, deren Erfüllung allein durch Erlaß eines Bundesgesetzes möglich ist[144]. Das Kriterium des politischen Vertrages ist nicht gegeben, weil jede Kooperationsvereinbarung für sich weder die Existenz der Bundesrepublik, ihre territoriale Integrität, ihre Unabhängigkeit, ihre Stellung noch ihr maßgebliches Gewicht in der Staatengemeinschaft selbst berührt[145].

---

[143] BT Drs. 11/4928 vom 07.07.1989, S. 5; 1/6879 vom 03.04.1990, S. 9; Epping, DWiR 1991, 276 (283).

[144] BVerfGE 1, 372 (388f); v. Münch-Rojahn, Art. 59 RN 23.

[145] BVerfGE 1, 372 (381); Stern, Staatsrecht, Bd. I, S. 503.

Auch wenn die Exekuktivverträge keiner parlamentarischen Zustimmung bedürfen, ist allgemein anerkannt, daß auch sie völkerrechtliche Verträge sind, denn sie unterscheiden sich von den eben genannten Staatsverträgen nur dadurch, daß für sie ein vereinfachtes Verfahren des Zustandekommens gilt, da nur die beteiligten Regierungen oder Fachminister beteiligt sind[146].

Ist somit geklärt, daß es sich bei den Kooperationsvereinbarungen um völkerrechtliche Verträge handelt, stellt sich im Anschluß die Frage, ob es sich auch um zwischenstaatliche Verträge im Sinne des § 27 KWKG handelt. Aus den Materialien ergibt sich, daß man mit der Vorschrift das Verhältnis zwischen Art. 26 Abs. 2 GG und den Bestimmungen des KWKG einerseits sowie den völkerrechtlichen Verpflichtungen der Bundesrepublik andererseits regeln wollte[147]. Daraus folgt, daß der Gesetzgeber nicht zwischen Staatsverträgen und den übrigen völkerrechtlichen Verpflichtungen differenzieren wollte, sondern das Verhältnis zu sämtlichen völkerrechtlichen Verpflichtungen abschließend geregelt hat. Somit sind auch die regierungsamtlichen Rüstungskooperationen im NATO-Bereich Verpflichtungen der Bundesrepublik aufgrund zwischenstaatlicher Verträge im Sinne des § 27 KWKG.

Zu beantworten bleibt die Frage, ob sich aus den Kooperationsvereinbarungen Verpflichtungen der Bundesrepublik ergeben. Das läßt sich ohne die Auswertung der entsprechenden Texte nicht beantworten. Zwar liegt die Vermutung nahe, daß in den Vereinbarungen die Verpflichtung festgelegt ist, welche Komponenten von der Bundesrepublik oder Unternehmen aus der Bundesrepublik zu liefern sind. Denn ohne eine bindende Verpflichtung, auf die sich die NATO-Partner verlassen, gäbe es keinen Anlaß zum Abschluß der oben genannten Kostenregelungen für den Kündigungsfall. Letzte Gewißheit könnten jedoch nur die Vertragstexte verschaffen.

Für die Praxis bedeutet dies jedenfalls, daß, sofern eine entsprechende Verpflichtung besteht und die zuständige Behörde in diesen Fällen eine gesonderte Genehmigung erteilt, diese nur deklaratorische Bedeutung hat[148].

---

[146] BT Drs. 12/1071 vom 19.08.1991, S. 3; v. Münch, Art. 59 RN 53; Stern, Staatsrecht, Bd. I, S. 502.

[147] BT Drs. III/1589, S. 27.

[148] Vgl. Pottmeyer, Komm., § 27 RN 6.

6.1.1.2. Rechtsgedanke des § 16 KWKG

Ein weiterer Anhaltspunkt dafür, daß § 6 Abs. 3 Nr. 1 KWKG der exportpolitischen Praxis nicht entgegensteht, ergibt sich aus der durch § 16 KWKG getroffenen Wertung des Gesetzgebers. § 16 und § 17 KWKG wurden im Zuge der Novelle des Jahres 1990 in das Gesetz eingefügt. Diese verbot vor dem Hintergrund der Beteiligung deutscher Unternehmen an Giftgasfabriken im Irak und in Lybien noch einmal ausdrücklich den Umgang mit atomaren, biologischen und chemischen Waffen. Nach § 16 KWKG gelten die durch § 17 KWKG verbotenen Handlungen im Zusammenhang mit Atomwaffen, wie z. B. deren Ein- und Ausfuhr, nicht für Atomwaffen, die der Verfügungsgewalt von NATO-Mitgliedstaaten unterstehen oder die im Auftrag solcher Staaten entwickelt oder hergestellt werden. Für die in § 16 KWKG bezeichneten Atomwaffen gelten die allgemeinen Genehmigungsvorschriften des KWKG. § 16 Satz 2 des Gesetzesentwurfes[149] sah eine entsprechende Regelung noch ausdrücklich vor. Diese wurde jedoch nicht in das Gesetz übernommen, weil sich diese Schlußfolgerung von selbst ergibt[150] bzw. keine eigene rechtliche Bedeutung hat und nur Anlaß zu Mißverständnissen hätte geben können[151]. *Pottmeyer* hat zutreffend darauf hingewiesen, daß dann im Regelfall die erforderlichen Genehmigungen bei Handlungen im Rahmen von NATO-Projekten gemäß § 27 KWKG als erteilt gelten[152]. Da dies z. B. gemäß § 17 Abs. 2 Nr. 2 KWKG auch für Teile, Vorrichtungen, Baugruppen, und Substanzen, die eigens für eine in § 27 Abs. 2 Nr. 1 KWKG definierte Atomwaffe bestimmt sind, gilt, begibt sich die Bundesrepublik hier vollends der Möglichkeit, den Weiterexport von solchen Komponenten von einem NATO-Partner-Land in Drittstaaten zu verhindern. Wenn aber bereits der Umgang mit den als besonders gefährlich einzustufenden Atomwaffen wegen ihrer Einbindung als Abschreckungsmittel in eine entsprechende NATO-Strategie durch das KWKG privilegiert ist[153], dann muß diese Wertung erst recht für die weniger gefährlichen konventionellen Waffen gelten, wenn diese kooperativ im Bündnis und für das Bündnis entwickelt werden.

Somit hat sich gezeigt, daß eine Genehmigungserteilung für den Export von Kriegswaffen in NATO-Staaten aufgrund regierungsamtlicher Kooperationen trotz der Erwartung, daß die gelieferten Komponenten auch in Gebiete

---

[149] BT Drs. 11/4609, S. 4 und 9.
[150] Pottmeyer, Komm., § 27 RN 17.
[151] BT Drs. 10/7221, S. 11.
[152] Pottmeyer, Komm., § 27 RN 17.
[153] Vgl. BT Drs. 11/4609, S. 8.

geliefert werden, in die eine Direktlieferung nach § 6 Abs. 3 Nr. 1 KWKG zu versagen wäre, nach den Maßstäben des KWKG rechtmäßig ist.

Das darf aber nicht darüber hinwegtäuschen, daß letztendlich eine verfassungsrechtliche Rechtfertigung erforderlich ist, denn der Versagungsgrund des § 6 Abs. 3 Nr. 1 KWKG ergibt sich unmittelbar aus Art. 26 GG. Anders ausgedrückt bedeutet dies, daß die einfachgesetzliche Rechtfertigung nicht über das hinausgehen darf, was die Verfassung vorschreibt.

6.1.2. Verfassungsrechtliche Rechtfertigung durch Art. 24 GG

In Betracht kommt eine Rechtfertigung nach Art. 24 GG.

Eine Rechtfertigung nach Art. 24 Abs. 1 GG scheidet aus, weil der Bund bei den Rüstungskooperationen keine Hoheitsrechte auf eine zwischenstaatliche Einrichtung übertragen hat. Zwar haben die Bundesrepublik, Frankreich, Großbritannien und Italien[154] am 12. November 1996 eine gemeinsame Rüstungsagentur, die "Gemeinsame Organisation für die Rüstungszusammenarbeit" (OCCAR[155]) gegründet[156]. Die in einem Zusatz zum Maastrichter Vertrag festgelegte Gründung der Agentur beruht im wesentlichen auf einer deutsch-französichen Initiative[157]. Auf die OCCAR wurde jedoch nicht die Befugnis übertragen, Rüstungsvorhaben zu genehmigen. Aufgabe der Agentur mit Sitz in Bonn ist es vielmehr, durch ein gemeinsames Management bei Rüstungsprojekten Kosten zu sparen, Rationalisierungseffekte zu erzielen und Effizienzsteigerungen zu verwirklichen[158].

Fraglich ist, ob die exportpolitische Praxis der Bundesregierung nach Art. 24 Abs. 2 GG gerechtfertigt ist. Danach kann sich der Bund zur Wahrung des Friedens einem System gegenseitiger kollektiver Sicherheit einordnen (Art. 24 Abs. 2 1. Halbsatz GG). Hierbei wird er in die Beschränkungen seiner Hoheitsrechte einwilligen, die eine friedliche und dauerhafte Ordnung in Europa und zwischen den Völkern der Welt herbeiführen und sichern (Art. 24 Abs. 2 2. Halbsatz GG).

---

[154] Belgien und die Niederlande sind an einem Beitritt ebenfalls interessiert; Simon, WT 1997, Heft 2, S. 14.
[155] Organisme Conjoint de Coopération en matière d`Armement.
[156] FAZ v. 14.11.1996, S. 20; Pressemitteilung des BMVg vom 11.11.1996.
[157] Siehe dazu Simon, WT 1997, Heft 2, S. 13ff.
[158] FAZ v. 14.11.1996, S. 20; Simon, WT 1997, Heft 2, S. 13ff.

Geht man mit dem Bundesverfassungsgericht davon aus, daß es sich bei der NATO um ein System gegenseitiger kollektiver Sicherheit handelt[159], stellt sich im Anschluß die Frage, ob die Bundesrepublik bei den regierungsamtlichen Rüstungskooperationen in die "Beschränkung" ihrer Hoheitsrechte eingewilligt hat.

Der Begriff Hoheitsrechte umfaßt alle Aspekte rechtlich gestaltender öffentlicher Gewalt[160]. Dies betrifft sämtliche Handlungsformen der Staatsgewalt, unabhängig von der ausgeübten Funktion, also Normsetzung, Verwaltung oder Rechtsprechung[161]. Ebensowenig ist entscheidend, ob es sich um Gebiete der Leistungs- oder der Eingriffsverwaltung handelt[162]. Daraus ergibt sich, daß die Lenkung der wirtschaftlichen Betätigung der deutschen Kooperationsunternehmen durch Genehmigungserteilung oder ggf. -versagung als Ausübung von Hoheitsrechten anzusehen ist, die normativ auf Art. 26 Abs. 2 GG beruht.

Aus der Abgrenzung zum Begriff der Übertragung in Art. 24 Abs. 1 GG ergibt sich, daß die Beschränkung von Hoheitsrechten als ein Minus zu deren Übertragung auszulegen ist[163]. Über die Einzelheiten solcher Beschränkungen gibt Art. 24 Abs. 2 GG jedoch nichts her. Sein Wortlaut verweist allerdings darauf, daß mit Beschränkungen die Übernahme der Handlungs- und Unterlassungspflichten, die im Vertragswerk des Systems ausdrücklich enthalten oder "angelegt" sind, gemeint sind[164]. Dies kann sowohl aus den entsprechenden Gründungsverträgen direkt geschehen als auch aus sonstigen Verträgen zur Regelung des Funktionierens des Systems sowie schließlich aus Rechtsakten der Organe des Systems[165].

Daß die kooperative Waffenentwicklung und -herstellung Ausfluß des Sicherheitssystems der NATO ist, ergibt sich normativ aus Art. 3 des Nordatlantikvertrages. Dieser regelt, daß, "um die Ziele dieses Vertrages besser zu verwirklichen", die "Parteien einzeln und gemeinsam durch ständige und

---

[159] BVerfGE 90, 286 (347ff, 350ff); so auch die hM in der Literatur: Randelzhofer in: MD, Art. 24 II, RN 20f; Rojahn in: v. Münch/Kunig II, Art. 24 RN 88; Sachs-Streinz, Art. 24 RN 63; Schwarz, 40f; aA AK-Frank, Art. 24 Abs. 2 RN 11, Lutz NJ 1994, 505.
[160] Randelzhofer in: MD, Art. 24 I, RN 33; Rauser, Übertragung von Hoheitsrechten, S. 21.
[161] Randelzhofer in: MD, Art. 24 I, RN 33; Tomuschat in BK, Art. 24 RN 8.
[162] Randelzhofer in: MD, Art. 24 I, RN 33; Rauser, Übertragung von Hoheitsrechten, S. 80.
[163] BVerfGE 90, 286 (346); Sachs-Streinz, Art. 24 RN 65.
[164] Randelzhofer in: MD, Art. 24 II, RN 32; Rojahn in: v. Münch/Kunig, Art. 24 RN 89.
[165] Randelzhofer in: MD, Art. 24 II, RN 32.

wirksame Selbsthilfe und gegenseitige Unterstützung die eigene und die gemeinsame Widerstandskraft gegen bewaffnete Angriffe erhalten und fortentwickeln" werden. Dabei haben die NATO-Partner immer wieder betont, daß die Zusammenarbeit in der Rüstungsentwicklung auch Ausdruck des kollektiven Charakters des Verteidigungsbündnisses und der NATO-Strategie ist.

So heißt es etwa in der gemeinsamen Erklärung von Rom vom 8. November 1991, in der das neue strategische Konzept der NATO verabschiedet wurde, unter dem Abschnitt "Das neue strategische Konzept des Bündnisses", "Teil IV Verteidigungslinien/ Grundsätze der Bündnisstrategie":

> 38. Der kollektive Charakter der Bündnisverteidigung drückt sich in praktischen Vorkehrungen aus, die es den Bündnispartnern gestattet, die wesentlichen politischen, militärischen und materiellen Vorteile kollektiver Verteidigung zu nutzen. Zugleich verhindern diese Vorteile eine Renationalisierung der Verteidigungspolitik, ohne dabei die Bündnismitglieder ihrer Souveränität zu berauben. *Diese Vorkehrungen stützen sich auf eine integrierte militärische Struktur sowie auf Kooperations- und Koordinationsvereinbarungen.* Zu ihren *Hauptmerkmalen* gehören gemeinsame Streitkräfteplanung, gemeinsame Einsatzplanung, multinationale Verbände, die Stationierung von Streitkräften außerhalb des eigenen Hoheitsgebietes, soweit angebracht auf der Grundlage der Gegenseitigkeit, Krisenbewältigungs- und Verstärkungsvorkehrungen, Konsultationsverfahren, einheitliche Standards und Verfahren für Material, Ausbildung und Logistik sowie *Zusammenarbeit bei* Infrastruktur, *Rüstung* und Logistik.[166]

Darauf aufbauend bestätigten z. B. die NATO-Verteidigungsminister in einem Kommuniqué des Nordatlantikrates am 17. und 18. Dezember 1996 in Brüssel:

> Die Rüstungszusammenarbeit in der NATO bietet auch weiterhin zahlreiche praktische Beispiele, wie die Bündnispartner ihre Bemühungen und Ressourcen innerhalb Europas und über den Atlantik hinaus zusammenführen, *um die kollektive Verteidigung und die Fähigkeit des Bündnisses zur Bewältigung seiner neuen Aufgaben aufrechtzuerhalten.*[167]

---

[166] NATO-Gipfelkonferenz in Rom, Erklärung von Rom über Frieden und Zusammenarbeit vom 08.11.1991, zitiert nach Auswärtiges Amt (Hrsg.), Außenpolitik der Bundesrepublik Deutschland, Dokumente von 1949 bis 1994; wichtigstes Forum der transatlantischen Zusammenarbeit innerhalb der NATO ist die Konferenz der Rüstungsdirektoren (CNAD; Conference of National Armament Directors); vgl. dazu NATO-Handbuch, S. 159ff.

[167] Abgedruckt in: Bulletin Nr. 105/ S. 1138 des Presse- und Informationsamtes der Bundes-regierung vom 20.12.1996.

Ist somit gezeigt, daß bi- und multilaterale Rüstungskooperationen auf NATO-Ebene, um bei der Ausdrucksweise *Randelzhofers*[168] zu bleiben, in dem System kollektiver Sicherheit "angelegt" sind, erweist sich als problematisch, daß die Bundesrepublik die Ausübung ihrer Hoheitsrechte in den Reexportfällen nicht unmittelbar zugunsten des Systems kollektiver Sicherheit sondern im Einzelfall nur zugunsten eines einzelnen NATO-Partners beschränkt. Anders als bei den Reexportfällen stellte sich der vom Bundesverfassungsgericht als durch Art. 24 Abs. 2 GG gerechtfertigte Fall des Auslandseinsatzes der Bundeswehr als unmittelbare Maßnahme des Bündnisses dar.

Art. 24 Abs. 2 GG deckt jedoch nicht nur Handlungs- und Unterlassungspflichten, die im Vertragswerk des jeweiligen Systems kollektiver Sicherheit angelegt sind, sondern auch solche Beschränkungen, die typischerweise mit der Zugehörigkeit zu einem solchen System verbunden sind[169]. Zu fragen ist deshalb, ob Beschränkung bzw. die Unterlassung der Pflichten aus Art. 26 GG typischerweise mit der Mitgliedschaft in der NATO verbunden ist.

Die Betonung der Souveränität der Mitglieder in den oben zitierten Erklärungen deutet daraufhin, daß die unterschiedlichen Exportpraktiken der Kooperationspartner[170] bekannt sind und als zwingender Bestandteil der gemeinsamen Rüstungszusammenarbeit betrachtet werden. Dies deutet auch die Tatsache an, daß Vorschläge, die NATO-Mitgliedstaaten sollten wenigstens ihre Verkaufspolitik von Waffen gegenüber Drittländern koordinieren, keine Zustimmung fanden[171]. Im übrigen ist die Exportpraxis bei Rüstungskooperationen seit Jahrzehnten gängige Praxis. Die deutsch-französische Rüstungszusammenarbeit geht z. B. auf die 60er Jahre zurück[172]. Angesichts dessen hätte es seitens der jeweils nicht beteiligten NATO-Mitglieder nahegelegen, eine Erklärung abzugeben, daß derartige Exportpolitiken ihrer Auffassung einer gemeinsamen Verteidigungstrategie widersprechen. Äußerungen der Bundesregierung weisen vielmehr in die Richtung, daß der Versuch der Durchsetzung deutscher Vorbehalte wohl zum Ende der Waffenkooperation innerhalb der NATO führen würde[173].

---

[168] MD-Randelzhofer, Art. 24 II, RN 32.

[169] BVerfGE 90, 286 (345); Rojahn in: v. Münch/Kunig, Art. 24 RN 92.

[170] Vgl. dazu die Studie von Eavis, Paul (Hrsg.), Arms and dual-use exports from the EC.

[171] SZ v. 27/28.10.1990, S. 8.

[172] Vgl. dazu Simon, WT 1997, Heft 2, S. 13ff.

[173] PStS Grüner Sten. Prot. 8/138 v. 15.02.79, S. 10931; so auch Epping, DWiR 1991, 276 (283); ders. in: FS Bock, 73 (137).

Da die Respektierung der souveränen Exportentscheidung der einzelnen NATO-Mitgliedstaaten bei in Zusammenarbeit entwickelten oder hergestellten Waffen somit ein integraler Bestandteil der NATO-Rüstungszusammenarbeit ist, ist die exportpolitische Praxis der Bundesregierung durch Art. 24 Abs. 2 GG gerechtfertigt.

Abschließend stellt sich die Frage, welches der betroffenen Rechtsgüter im Wege der Abwägung das andere überwiegt. Ist der klare Wortlaut des Art. 26 GG unddas sich daraus unmittelbar ergebende Verbot des § 6 Abs. 3 Nr. 1 KWKG ausschlaggebend, oder hat das sich aus Art. 24 Abs. 2 GG ergebende Bündnisinteresse Übergewicht?

Die Beantwortung muß aber letztendlich der Bundesregierung überlassen bleiben, denn nach dem Grundgesetz obliegen ihr Einschätzungen und Wertungen außen- und verteidigungspolitischer Art[174]. Verfassungsrechtlich sind ihr nur die Grenzen offensichtlicher Willkür gesetzt, die hier nicht überschritten sind. Die Bundesregierung hat ihre Praxis somit politisch und nicht rechtlich zu verantworten.

Die exportpolitische Genehmigungspraxis der Bundesregierung bei regierungsamtlichen Kooperationen im NATO-Bereich erweist sich somit als rechtmäßig.

6.2. Die Rechtmäßigkeit der Prognose bei Zulieferungen im WEU-Bereich aufgrund regierungsamtlicher Kooperationen

Die Argumente, die Exporte in den NATO-Bereich rechtfertigen, obwohl die Bundesregierung weiß, daß der betreffende NATO-Partner die Kriegswaffen in Gebiete liefert, in die eine Direktlieferung gemäß Art. 26 GG in Verbindung mit § 6 Abs. 3 Nr. 1 KWKG zwingend zu versagen wäre, sind auf Exporte im WEU-Bereich übertragbar.

Die WEU, deren Ziel es ist, das Gewicht der europäischen Mitglieder der NATO zu erhöhen, ist ebenfalls ein System kollektiver Sicherheit im Sinne des Art. 24 Abs. 2 GG[175].

---

[174] BVerfGE 68, 1 (97).

[175] BVerfGE 90, 286 (345ff); Schmidt/Bleibtreu-Klein, Art. 24 RN 4 mwNachw; vgl. auch Art. V WEU-Vertrag.

Ebenso ist auch in der WEU Zusammenarbeit im Rüstungsbereich Teil der Verteidigungsstrategie. Hier ist man sogar schon so weit, daß diese Zusammenarbeit in einem institutionalisierten Rahmen stattfindet, wie sich aus der "Petersberger-Erklärung" vom 19. Juni 1992 und der "Erklärung von Ostende" vom 19. November 1996 ergibt.

In der "Petersberger Erklärung" heißt es:

> Die WEU-Minister begrüßten den von den Verteidigungsministern der IEPG[176] auf ihrer Osloer Tagung am 6. März 1992 gefaßten Beschluß, die künftige Rolle der IEPG in der europäischen Sicherheitsarchitektur zu analysieren. Dies ist eine positive Entwicklung, *die uneingeschränkt mit dem von den WEU-Mitgliedstaaten in Maastricht beschlossenen Ziel im Einklang steht, eine verstärkte Zusammenarbeit im Rüstungsbereich* im Hinblick auf die Gründung einer europäischen Rüstungsbehörde der WEU näher zu untersuchen. Die WEU-Minister schlagen vor, daß Experten sowohl der WEU als auch der IEPG diese Frage eingehend prüfen, eine erste Untersuchung der Rolle und der Aufgaben einer möglichen europäischen Rüstungsbehörde vornehmen sowie einen Bericht zur Prüfung vorlegen.[177]

In der "Erklärung von Ostende"[178] wurde als Ergebnis dieser Untersuchungen unter Abschnitt "VI. Rüstungszusammenarbeit" Punkt "31. Tätigkeit der Westeuropäischen Rüstungsgruppe (WEAG) und 32. Schaffung der Westeuropäischen Rüstungsorganisation (WEAO)" durch den Ministerrat bereits der Entwurf der Vereinbarung über eine Westeuropäische Rüstungsorganisation (WEAO) sowie deren Charta beschlossen. Diese Organisation soll insbesondere bei der Rationalisierung des europäischen Marktes für Verteidigungsausrüstung als Forum der Zusammenarbeit dienen.

Im übrigen ist nur schwer vorstellbar, daß Rüstungsvorhaben die im Bündnisinteresse liegen, nicht auch zugleich im Interesse der WEU liegen.

---

[176] Independent European Programme Group (Unabhängige Europäische Programmgruppe); Die Aufgaben des für Rüstungsfragen zuständigen Gremiums innerhalb der WEU hat die Westeuropäische Rüstungsgruppe (WEAG; West European Armaments Group) übernommen; vgl. Presse und Informationsamt der Bundesregierung, Referat Außen-, Sicherheits- und Europapolitik, "Rüstungsgüter - Zivil und Militärisch verwendbare Güter", Stand September 1996, S. 8; Presse und Informationsamt der Bundesregierung, Referat Außen-, Sicherheits- und Europapolitik, "Die Westeuropäische Union", Stand Januar 1997, S. 11.

[177] Petersberger Erklärung der Außen- und Verteidigungsminister der WEU-Mitgliedstaaten vom 19.06.1992 in Königswinter zitiert nach Auswärtiges Amt (Hrsg.), Außenpolitik der Bundesrepublik Deutschland, Dokumente von 1949 bis 1994, S. 862.

[178] Abgedruckt in Bulletin des Presse- und Informationsamtes der Bundesregierung Nr. 104/S. 1121 vom 17.12.1996.

6.3. Die Rechtmäßigkeit der Prognose bei Zulieferungen im NATO-Bereich aufgrund privater Kooperationen

Für Zulieferungen in privaten Rüstungskooperationen hat die Bundesregierung für die in Nr. 7 der exportpolitischen Grundsätze festgelegten Maßstäbe in jüngerer Zeit einige Änderungen ihrer Genehmigungspraxis vorgenommen.

Nach Nr. 7 der exportpolitischen Grundsätze sind Zulieferungen für private Kooperationen, entsprechend der Direktlieferung in diese Länder, grundsätzlich nicht zu beschränken (Satz 1). Die Bundesregierung wird jedoch in gleicher Weise wie bei regierungsamtlichen Kooperationen auf Exporte aus industriellen Kooperationen Einfluß nehmen (Satz 2). Dazu wird sie darauf hinwirken, daß sich der deutsche Kooperationspartner bei der Zulieferung von Teilen, die nach Umfang oder Bedeutung für eine Kriegswaffe wesentlich sind, vertraglich in die Lage versetzt, der Bundesregierung rechtzeitig die nötigen Informationen über Exportabsichten seiner Partner geben zu können (Satz 3).

Nach einem Beschluß des Bundessicherheitsrates von Mai 1994 gelten Zulieferungen darüber hinaus als erlaubt, wenn die Entwicklung oder Herstellung des Produktes im Interesse des Bündnissses liegt, der deutsche Anteil am Endprodukt bemessen am Gerätegesamtwert nicht mehr als 20 Prozent beträgt[179], eine wesentliche Weiterverarbeitung im Partnerland vorgenommen wird und die finanziellen Lasten geteilt werden[180]. Außerdem sollen sich die Partnerfirmen über die "belieferungsfähigen bzw. nicht-belieferungsfähigen Länder" einigen[181]. Zwar hält die Regierung danach daran fest, daß jeder Export einzeln genehmigt werden sollte. Von der Möglichkeit, die Genehmigung zu versagen, sollte aber nicht mehr vorwiegend nach außenpolitischen Überlegungen Gebrauch gemacht werden[182].

Am 23. April 1996 hat der Bundessicherheitsrat diese Grundsätze wie folgt weiter präzisiert und auch modifiziert: Die von den Unternehmen der Rüstungsindustrie als realitätsfern bezeichnete Regelung, sich mit dem Kooperationspartner über die belieferungsfähigen bzw. nicht-belieferungsfähigen Länder zu einigen, wurde wieder abgeschafft. Es wurde wiederholt, daß die Regierung des Staates über den Export entscheidet, in dem der Hauptauf-

---

[179] Tagesspiegel v. 06.06.1994, S. 18.
[180] FAZ vom 10.07.1996, S. 13.
[181] SZ vom 03.06.1994, S. 2.
[182] Tagesspiegel v. 06.06.1994, S. 18.

tragnehmer seinen Sitz hat. Es gilt eine Genehmigungsvermutung für deutsche Zulieferungen mit Firmen in NATO-Staaten. Das deutsche Unternehmen ist verpflichtet, Informationen über das Empfängerland des Fertigproduktes zu einem ausreichend frühen Zeitpunkt beizubringen, um es der Bundesregierung zu ermöglichen, in Konsultationen bestimmten Exportplänen des Kooperationspartners entgegentreten zu können.

Die Bundesregierung hat ihre Entscheidung über eine Information des Bundesverbandes der Deutschen Industrie sowie in einer Veröffentlichung des Presse- und Informationsamtes der Bundesregierung[183] bekanntgemacht und ist damit nach den Grundsätzen der Selbstbindung der Verwaltung an diese gebunden.

Die Unternehmen können sich allerdings nur auf die Grundsätze berufen, wenn diese ihrerseits rechtmäßig sind[184].

Zwar scheidet eine einfachgesetzliche Rechtfertigung nach § 27 KWKG schon deshalb aus, weil privatrechtliche und nicht völkerrechtliche Vereinbarungen Grundlage der Kooperationen sind. Die aus §§ 16, 17 KWKG abgeleiteten Argumente sowie die verfassungsrechtliche Rechtfertigung nach Art. 24 Abs. 2 GG gelten jedoch auch hier. Aus dem oben Gesagten ergibt sich jedoch zugleich, daß die Feststellung, die Entwicklung oder Herstellung der betreffenden Waffen liege im Bündnisinteresse, unabdingbare Voraussetzung der verfassungsrechtlichen Rechtfertigung ist. Soweit dies nicht festgestellt werden kann, greift Art. 24 Abs. 2 GG nicht. Dann wird allein Art. 26 GG in Verbindung mit § 6 Abs. 3 Nr. 1 KWKG maßgeblich, dessen klarer Wortlaut Exporte in die dort genannten Gebiete verbietet. Dann kann die Entscheidung auch nicht vom Wert oder vom Anteil der Zulieferung an der Gesamtwaffe abhängen, denn ausschlaggebend ist nach dem KWKG allein, ob es sich bei der Zulieferkomponente um eine Kriegswaffe im Sinne des § 1 KWKG in Verbindung mit der Kriegswaffenliste (KWL) handelt.

Diese Grundsätze sind aus den oben genannten Gründen auch auf Exporte in den WEU-Bereich übertragbar.

---

[183] Presse und Informationsamt der Bundesregierung, Referat Außen-, Sicherheits- und Europa-politik, "Rüstungsgüter - Zivil und Militärisch verwendbare Güter", Stand September 1996, S. 9.

[184] Vgl. Kopp, VwVfG, § 40 RN 95.

Aus den im Zweiten Teil A.5.1. gemachten Feststellungen folgt jedoch zugleich, daß die Maßgabe, von der Möglichkeit der Genehmigungsversagung in diesen Fällen nicht mehr *vorwiegend* nach außenpolitischen Überlegungen Gebrauch zu machen, mit dem Sinn und Zweck § 6 KWKG nicht vereinbar ist.

6. 4. Die Rechtmäßigkeit der Prognose bei Zulieferungen außerhalb des NATO-Bereichs

Aus den oben genannten Entscheidungen des Bundessicherheitsrates ergibt sich, daß die Genehmigungsvermutung auch auf Kooperationen innerhalb der EU, der OECD und der ASEAN-Staaten ohne Vietnam ausgedehnt wurde in den Fällen, in denen ein Anteil von 20 Prozent am Gerätegesamtwert nicht überschritten wird.

Darüber hinaus soll sogar gelten, daß auch Zulieferungen im Wert von bis zu 10 Prozent des Gesamtwertes des Fertigproduktes an Empfänger außerhalb des Bündnisses nicht beschränkt werden. Davon sind nur Panzermotoren und -getriebe ausgenommen.

Außerdem gelten die Genehmigungserleichterungen nicht für komplette, funktionsfähige Kriegswaffen, ABC-Waffen sowie für trägertechnologisch relevante Lieferungen. Nicht begünstigt sind zudem Fälle, in denen das fertige Rüstungsgut in Staaten der Länderliste K der Außenwirtschaftsverordnung in ihrer jeweils gültigen Fassung ausgeführt werden soll.[185]

Nach der oben dargestellten verfassungsrechtlichen Lage ist dazu wie folgt Stellung zu nehmen:

- Angesichts des klaren Verbots des Art. 26 GG in Verbindung mit § 6 Abs. 3 Nr. 1 KWKG bedürfen diese Exporte einer besonderen verfassungsrechtlichen Rechtfertigung, wenn bekannt ist, daß die Zulieferungen in "kritische" Gebiete erfolgen sollen.

- Eine derartige Rechtfertigung ist für die OECD-Staaten, soweit sie nicht Mitglied der NATO oder der WEU sind, nicht erkennbar. Denn die OECD ist ein wirtschaftlicher und kein sicherheits- und verteidigungs-

---

[185] FAZ vom 10.07.1996, S. 13; Presse und Informationsamt der Bundesregierung, Referat Außen-, Sicherheits- und Europapolitik, "Rüstungsgüter - Zivil und Militärisch verwendbare Güter", Stand September 1996, S. 9.

politischer Zusammenschluß. Für die ASEAN-Staaten gilt entsprechendes. Die Genehmigungspraxis ist somit, soweit es sich um Kriegswaffen handelt, rechtswidrig.

- Bei den Mitgliedstaaten der EU, die nicht Mitglied der NATO oder WEU sind, liegt sicherlich ein Grenzfall vor. Zu entscheiden, ob sich hier eine Rechtfertigung aus Art. 23 GG oder europarechtlichen Gesichtspunkten ergeben könnte - über das Einfallstor "gemeinsamer Aktionen" gemäß Art. J. 3 Unionsvertrag ist sicher auch eine Zusammenarbeit im Rüstungsbereich denkbar[186] -, würde den Umfang dieser Arbeit jedoch sprengen, zumal die Ausgestaltung der gemeinsamen Außen- und Sicherheitspolitik derzeit noch weitgehend offen ist[187].

- Maßgeblich für die Genehmigungsentscheidung ist nicht der Wert der Zulieferung, bemessen am Gesamtwert der Waffe, sondern die Kriegswaffeneigenschaft der Zulieferungskomponente.

---

[186] Bleckmann, Europarecht, S. 72.
[187] Bleckmann, Europarecht, S. 72.

B. § 6 Abs. 3 Nr. 2 KWKG

Gemäß § 6 Abs. 3 Nr. 2 KWKG ist die Genehmigung zu versagen, wenn Grund zu der Annahme besteht, daß die Erteilung der Genehmigung völkerrechtliche Verpflichtungen der Bundesrepublik verletzen oder deren Erfüllung gefährden würde.

Der Vollständigkeit halber ist eingangs darauf hinzuweisen, daß § 6 Abs. 3 Nr. 2 KWKG grundsätzlich nur die Fälle meint, in denen es der Bundesrepublik durch völkerrechtliche Verpflichtungen *versagt* ist, Kriegswaffen zu genehmigen. Die umgekehrten Fälle, in denen die Bundesrepublik völkerrechtlich verpflichtet ist, Kriegswaffen zu genehmigen bzw. zu dulden, werden durch § 27 KWKG geregelt. Für völkerrechtliche Verpflichtungen der ehemaligen DDR ist dabei die Sonderregelung des § 26b Abs. 2 KWKG zu beachten[188].

Zunächst soll untersucht werden, was das Gesetz mit völkerrechtlichen Verpflichtungen meint. Im Anschluß geht es um die Frage, wann Grund zu der Annahme besteht, daß die Genehmigungserteilung diese Pflichten verletzen oder deren Erfüllung gefährden würde. Schließlich wird untersucht, inwieweit der Bundesregierung dabei ein Beurteilungsspielraum zusteht.

Da nicht jede einzelne in Betracht kommende völkerrechtliche Maßgabe durchleuchtet werden kann, gilt das Bemühen einer Strukturierung des Tatbestandes und des Herausarbeitens von Leitlinien.

1. Völkerrechtliche Verpflichtungen

Pflichten im Sinne des Völkerrechts können sich unmittelbar oder mittelbar aus Verträgen, aus den allgemein anerkannten Rechtsgrundsätzen des Völkerrechts, aus einseitigen staatlichen Verpflichtungen oder aus Gewohnheitsrecht ergeben[189].

Fraglich ist, ob § 6 Abs. 3 Nr. 2 KWKG mit völkerrechtlichen Verpflichtungen nur solche meint, die sich aus Verträgen ergeben oder auch solche

---

[188] Zu den Einzelheiten Pottmeyer, Komm., § 26b RN 1ff.

[189] Vgl. Art. 38 Abs.1 des Status des IGH vom 26.06.1945; Schweitzer, Staatsrecht III, S. 28ff; Seidl-Hohenveldern, S. 51ff.

einschließt, die sich aus den anderen Rechtsquellen des Völkerrechts ergeben.

Die Entstehungsgeschichte des KWKG deutet zunächst darauf hin, daß der Gesetzgeber als völkerrechtliche Verpflichtungen i. S. d. § 6 Abs. 3 Nr. 2 KWKG nur solche ansah, die sich unmittelbar aus oder aufgrund von Verträgen ergaben, denn neben dem Gesetzesauftrag des Art. 26 Abs. 2 GG wollte der Gesetzgeber durch das KWKG vorrangig die Rüstungskontrollvereinbarungen des WEU-Vertrages erfüllen[190]. Als einziges Beispiel für den Regelungsbereich des § 6 Abs. 3 Nr. 2 KWKG werden in den Materialien deshalb "insbesondere" die Vorschriften des Pariser Protokolls Nr. III über die Rüstungskontrolle genannt[191].

Abgesehen vom Wortlaut, der eben von Verpflichtungen und nicht von Verträgen spricht, ergibt sich aus dem systematischen Zusammenhang zu § 27 KWKG, daß der Anwendungsbereich des § 6 Abs. 3 Nr. 2 KWKG dennoch nicht auf völkerrechtliche Verträge beschränkt ist. § 27 KWKG regelt das Verhältnis zwischen Artikel 26 Abs. 2 GG und den Bestimmungen des KWKG einerseits sowie den völkerrechtlichen Verpflichtungen der Bundesrepublik andererseits. Er bestimmt, daß "*Verpflichtungen* der Bundesrepublik aufgrund zwischenstaatlicher Verträge"[192] durch das KWKG "unberührt bleiben". Die nach Art. 26 Abs. 2 GG und nach dem KWKG erforderlichen Genehmigungen gelten als erteilt. Der Sprachgebrauch des Gesetzes unterscheidet somit den Begriff der Verpflichtungen und den Begriff der Verträge. Daraus folgt, daß § 6 Abs. 3 Nr. 2 KWKG, der nur von völkerrechtlichen Verpflichtungen spricht, alle völkerrechtlichen Verpflichtungen umfaßt.

Zuerst soll im folgenden beantwortet werden, welche völkerrechtlichen Verpflichtungen sich aus Verträgen ergeben können, dann folgt eine Betrachtung der übrigen Verpflichtungsmöglichkeiten.

1.1. Völkerrechtliche Verpflichtungen aus Verträgen

Aus dem systematischen Zusammenhang zu § 27 KWKG folgt, daß das Gesetz zwischen unmittelbaren völkerrechtlichen Verpflichtungen und solchen

[190] BT-Drs. III/1589, S. 12.
[191] BT-Drs. III/1589, S. 17.
[192] Hervorhebung des Verfassers.

aufgrund von Verträgen unterscheidet. Dieser Unterscheidung soll im folgenden gefolgt werden.

1.1.1. Unmittelbare Verpflichtungen

Völkerrechtliche Verpflichtungen aus völkerrechtlichen Verträgen ergeben sich zunächst aus den Verträgen, die unmittelbar Regelungen über Kriegswaffen treffen. Mangels eines fachsprachlichen Begriffskataloges[193] sollen diese Vereinbarungen hier terminologisch in zwei Kategorien eingeteilt werden:

Als Rüstungskontrollvereinbarungen werden solche Verträge bezeichnet, durch die der Bundesrepublik Obergrenzen für bestimmte Waffensysteme vorgeschrieben werden, sie diese aber de facto nicht erreicht hat[194]. Vereinbarungen, die Besitz und Herstellung bestimmter Waffentypen generell verbieten, fallen auch unter diese Gruppe. Sie haben lediglich die Besonderheit, daß ihre Obergrenze "Null" ist.

Als Abrüstungsverträge werden solche Verträge bezeichnet, nach denen die Bundesrepublik nach bestimmten Regeln zur Reduzierung ihrer Waffenbestände verpflichtet ist[195].

Die Bundesrepublik hat insbesondere folgende Rüstungskontrollvereinbarungen abgeschlossen[196]:

1. Konvention über Verbot und Vernichtung biologischer Waffen von 1972 (Biologische Waffen Verbot)[197]. Diese verbietet Entwicklung, Produktion und Lagerung von bakteriologischen (biologischen) und Toxin-Waffen. Außerdem ist festgelegt, daß diese Waffen an niemanden unmittelbar oder mittelbar weitergegeben werden dürfen.

2. Vertrag über die Nichtverbreitung von Kernwaffen (Nichtverbreitungsvertrag) vom 1. Juli 1968[198], der am 11. Mai 1995 in New York unbefristet verlängert wurde. Danach verpflichten sich z. B. die sog.

---

[193] Högel, 32.
[194] Weiter der Begriff bei Högel, 33f.
[195] So auch Högel, 33.
[196] Vgl. auch die Aufstellung in Anhang 1 bei Högel, 267ff.
[197] BGBl. 1983 II S. 132ff.
[198] BGBl. II 1968 S. 785ff; II 1974 S. 785ff.

"Nichtkernwaffenstaaten", zu denen auch die Bundesrepublik zählt, Kernwaffen und sonstige Kernsprengkörper oder die Verfügungsgewalt darüber von niemandem unmittelbar oder mittelbar anzunehmen, Kernwaffen oder sonstige Kernsprengkörper weder herzustellen noch sonstwie zu erwerben.

3. Übereinkommen zwischen dem Königreich Belgien, dem Königreich Dänemark, der Bundesrepublik Deutschland, Irland, der italienischen Republik, dem Großherzogtum Luxemburg, dem Königreich der Niederlande, der Europäischen Atomgemeinschaft und der Internationalen Atomenergie-Organisation in Ausführung von Artikel III Absätze 1 und 4 des Vertrages vom 1. Juli 1968 über die Nichtverbreitung von Kernwaffen vom 5. April 1973 mit Protokoll (Verifikationsabkommen)[199].

4. Vertrag über die abschließende Regelung in bezug auf Deutschland vom 12. September 1990 (2+4 Vertrag)[200]. Darin bestätigten die Regierungen der Bundesrepublik Deutschland und der DDR in Art. 3 ihren Verzicht auf Herstellung und Besitz von und auf Verfügungsgewalt über atomare, biologische und chemische Waffen und erklärten, daß auch das vereinte Deutschland sich an diese Verpflichtungen halten wird[201].

5. Übereinkommen über das Verbot der Entwicklung, Herstellung, Lagerung und des Einsatzes chemischer Waffen und über die Vernichtung solcher Waffen (Chemie Waffen Verbot) vom 13. Januar 1993 (CWÜ)[202]. Darin verpflichten sich die Vertragsstaaten, auf Entwicklung, Herstellung, Lagerung, Weitergabe und Einsatz chemischer Waffen zu verzichten. Staaten, die im Besitz chemischer Waffen sind, müssen diese innerhalb von zehn Jahren vernichten[203].

Von den Abrüstungsverträgen sind hervorzuheben:

6. Vertrag zwischen Belgien, Frankreich, Luxemburg, den Niederlanden und dem Vereinigten Königreich von Großbritannien und Nordirland (WEU-Vertrag; ehemals Brüsseler Vertrag) und insbesondere die Be-

---

[199] BGBl. 1974 II, S. 795ff.

[200] BGBl. 1990 II S. 1317f.

[201] Vgl. dazu allgemein Badelt, Chemische Kriegführung - Chemische Abrüstung; Marauhn, Der deutsche Chemiewaffenverzicht, Rechtsentwicklungen seit 1945.

[202] Abgedruckt in Bulletin des Presse- und Informationsamtes der Bundesregierung Nr. 44 v. 26.05.1993 S. 417ff.

[203] Vgl. zu den Konsequenzen für die chemische Industrie Bundscherer, AwPrax, 1996, 7ff.

stimmungen der Protokolle Nr. II u. III (Rüstungskontrolle) zu diesem Vertrag[204].

7. Vertrag über konventionelle Streitkräfte in Europa (KSE)[205], der insbesondere im Bereich der konventionellen Rüstung zahlreiche Regelungen trifft.

Durch die unter den Ziffern 1 bis 6 genannten Verträge hat sich die Bundesrepublik z. T. gleich mehrfach verpflichtet, atomare, chemische und biologische Waffen weder herzustellen, zu besitzen noch weiterzugeben. Zwar sind diese Waffengattungen seit der Gesetzesnovelle vom 5. November 1990[206] nun auch durch die §§ 16 bis 18 KWKG verboten. Eine Genehmigung war aber auch schon vorher aufgrund der geschlossenen Verträge gemäß § 6 Abs. 3 Nr. 2 KWKG nicht möglich[207].

Für die konventionellen Waffengattungen sind der WEU-Vertrag und der KSE-Vertrag maßgeblich. Letzterer ist als Vertragswerk jüngerer Zeit und insbesondere als das umfassendste Abrüstungs- und Rüstungskontrollabkommen hervorzuheben[208]. Der KSE-Vertrag balanciert die militärischen Potentiale der 22 Länder von NATO und ehemaligen Warschauer Pakt Staaten gegeneinander aus, um auf diese Weise zu gleichen Gesamtobergrenzen bei den verhandelten Waffenkategorien zu kommen. Das Vertragswerk besteht jedoch nicht nur aus Gesamtobergrenzen. Darüber hinaus wurden auch einzelstaatliche Höchstbegrenzungen, regionale Zwischenobergrenzen sowie eine Begrenzung von Waffensystemen in aktiven Einheiten geregelt und abschließend festgelegt, welches Land welche Waffen in welcher Zahl abzurüsten hat[209].

Der KSE-Vertrag begrenzt in Europa fünf konventionelle Waffensysteme. Begrenzt und reduziert werden Kampfpanzer (vgl. KWL Nr. 24), gepanzerte Kampffahrzeuge (vgl. KWL Nr. 25), Artilleriewaffen, Kampfflugzeuge (vgl. KWL Nr. 13) und Angriffshubschrauber (vgl. KWL Nr. 14). Für

---

[204] BGBl. 1955 II, S. 256ff, 283ff.

[205] BGBl. 1991 II, 1154ff.

[206] BGBl. I S. 2428.

[207] Pottmeyer, Komm., § 16 - 17, RN 2.

[208] Zur Entstehung, vgl. Meyer-Landrut, Die Entstehung des Vertrages über konventionelle Streitkräfte in Europa und die Herstellung der deutschen Einheit; vgl. zu den jüngsten Entwicklungen FAZ vom 25.07.97, S. 5.

[209] Vgl. zum Vertragswerk, Verhandlungsgeschichte, Dokumentation und Dokumentierung des Vertrages Hartmann/Heydrich/Meyer-Landrut, Der Vertrag über konventionelle Streitkräfte in Europa.

diese im einzelnen genau definierten Waffensysteme[210] werden für die sechs östlichen und die 16 westlichen Vertragsstaaten gleiche Obergrenzen festgelegt, die wiederum in regional differenzierte Zwischenobergrenzen unterteilt sind. Die sich aus den kollektiven Obergrenzen ergebenden Höchststärken wurden ihrerseits durch Vereinbarung innerhalb der beiden Staatengruppen auf die einzelnen Länder aufgeteilt und stellen nationale "Anteilshöchstgrenzen" dar, die grundsätzlich nicht überschritten werden dürfen. Für die ehemalige Sowjetunion haben die acht Staaten, die im Anwendungsgebiet des KSE-Vertrages auf dem Territorium der früheren UdSSR neu entstanden sind[211], die Verpflichtungen aus dem Vertrag inzwischen uneingeschränkt übernommen[212].

Für die Bundesrepublik sind als Höchstgrenzen 4.166 Kampfpanzer, 3.446 gepanzerte Kampffahrzeuge, 2.705 Artilleriewaffen, 900 Kampfflugzeuge und 306 Kampfhubschrauber festgelegt[213].

Ausgenommen von den "zahlenmäßigen Begrenzungen" und den übrigen Reduzierungsverpflichtungen sind gem. Art. III KSE-Vertrag, "in Übereinstimmung mit den Gepflogenheiten der Vertragsstaaten", nur folgende Waffen: sich im Prozeß der Herstellung befindliche, einschließlich der Erprobung im Zusammenhang mit der Herstellung befindliche Waffen; Waffen, die ausschließlich für Forschungs- und Entwicklungszwecke benutzt werden; Waffen, die historischen Sammlungen gehören; Waffen, die zur weiteren Verwertung anstehen, nachdem sie vertragsgemäß außer Dienst gestellt wurden; für die Ausfuhr oder Wiederausfuhr bereitstehende Waffen; überholt werdende und sich vorübergehend im Anwendungsgebiet des Vertrages befindende Waffen; Waffen, die zu Gliederungen gehören, welche ihrer Aufgabe und Struktur nach in Friedenszeiten Funktionen der inneren Sicherheit wahrnehmen, falls es sich um gepanzerte Mannschaftstransportwagen, Schützenpanzer, Kampffahrzeuge mit schwerer Bewaffnung oder Mehrzweck-Angriffshubschrauber handelt; schließlich Waffen, die von einem Ort außerhalb des Anwendungsgebiets des Vertrages zu einem endgültigen Zielort außerhalb des Anwendungsgebiets durch das

---

[210] BGBl. II 1991, 1158ff.

[211] Das sind Armenien, Aserbaidschan, Georgien, Kasachstan, Moldau, Rußland, Ukraine und Weißrußland.

[212] Bericht der Bundesregierung zur Rüstungskontrolle und Abrüstung 1992, BT-Drs. III/4846, S. 10.

[213] Bericht der Bundesregierung zur Rüstungskontrolle und Abrüstung 1990/91, Tabelle 1. Dem Deutschen Bundestag zugeleitet mit Schreiben des Bundesministers des Auswärtigen vom 08.04.1992 gemäß Beschlüssen des Bundestages vom 14.01.1982, 25.03.1982 und 10.12.1986 - Drs. 9/1251, 9/1464 und 10/6681.

Anwendungsgebiet hindurch befördert werden und sich nicht länger als sieben Tage im Anwendungsgebiet befinden.

Die Bestände der Bundesrepublik lagen anfangs über den notifizierten Höchstgrenzen. So hat sie z. B. bei Vertragsschluß einen Bestand von 7.000 Kampfpanzern gemeldet. Die Bundesrepublik begann am 3. August 1992 mit der Zerstörung der vertragsbegrenzten Waffensysteme. Die Vertragsauflage, spätestens bis November 1994 mindestens 60 Prozent und bis zum November 1995 die gesamte Reduzierungsverpflichtung erfüllt zu haben, wurde durch die Bundesrepublik - wie durch alle anderen Vertragsstaaten außer Aserbaidschan, die Ukraine und Weißrußland - angabegemäß erfüllt[214].

1.1.2. Mittelbare Verpflichtungen

Zu den Verpflichtungen *aufgrund* völkerrechtlicher Verträge gehören insbesondere die Fälle, in denen die Vereinten Nationen[215] oder die Europäische Union Waffenembargos[216] beschließen[217].

1.1.2.1. Europäische Union

Die Rechtsgrundlage solcher Maßnahmen der EU war bis zum Inkrafttreten des Unionsvertrages umstritten. Während der wohl überwiegende Teil der Literatur die Verhängung von Waffenembargos wegen des Einsatzes wirtschaftlicher Mittel als einen Teil der Handelspolitik ansah und deshalb eine Zuständigkeit der EG gemäß Art. 113 EGV annahm[218], sahen andere Auto-

---

[214] Bericht der Bundesregierung zu Stand und Problemen der Implementierung des KSE-Vertrages, über die Ergebnisse der KSE-Überprüfungskonferenz und zu den weiteren Vorstellungen der Bundesregierung über neue Impulse für konventionelle Abrüstung und Rüstungskontrolle in Europa BT-Drs. 13/5488 v. 04.09.1996, insbesondere Anlage 4.

[215] Die Pflicht zur Durchführung ergibt sich aus Art. 25, 48 SVN; vgl. Stenger, 52f.

[216] Zum Begriff des Embargos vgl. Ebert, 30; Lindemeyer, RIW 1981, 10ff.

[217] Eine Aufstellung internationaler Embargomaßnahmen (Stand September 1994) findet sich bei Reuter, Anhang 15.

[218] Beschorner, ZVglRWiss 1991, 262ff (273); von Bogdandy, VerwArch 1992, 53 (63); Fürsten-werth, Außenwirtschaftsrecht, 109; Kampf, RIW 1989, 792 (795f); Meng, ZaöRV 1982, 780ff (792ff); Rosiny, RIW 1990, 702ff (703); LG Bonn DWiR 1992, 215ff Anm. Graf von Westphalen 217 alle mwNachw; vgl. Müller, 167ff.

ren solche Maßnahmen als Teil der Außen- und Sicherheitspolitik an, die gemäß Art. 224 EGV nicht in die Zuständigkeit der EG fiel[219].

Im Rahmen dieser Arbeit reicht es jedoch aus, festzuhalten, daß sich in der Praxis die Verbindlichkeit der Embargobeschlüsse daraus ergibt, daß sie, nach erfolgter sicherheitspolitischer Abstimmung im Rahmen der sogenannten Europäischen Politischen Zusammenarbeit (EPZ), in Form von Verordnungen durchgesetzt wurden und werden[220]. Damit waren sie nach Art. 189 Abs. 2 EGV unmittelbar geltendes Recht mit Vorrang vor dem einzelstaatlichen Recht, ohne daß sie einer Transformation durch Bundesgesetz in nationales Recht bedurften[221].

Diese Vorgehensweise hat mittlerweile durch Art. 228a EGV in den Vertrag Eingang gefunden. Dort heißt es:

> Ist in gemeinsamen Standpunkten oder gemeinsamen Aktionen, die nach den Bestimmungen des Vertrages über die Europäische Union betreffend die Gemeinsame Außen- und Sicherheitspolitik[222] angenommen worden sind, ein Tätigwerden der Gemeinschaft vorgesehen, um die Wirtschaftsbeziehungen zu einem oder mehreren dritten Ländern auszusetzen, einzuschränken, oder vollständig einzustellen, so trifft der Rat die erforderlichen Sofortmaßnahmen; der Rat beschließt auf Vorschlag der Kommission mit qualifizierter Mehrheit.

Nur für den Fall wesentlicher mitgliedstaatlicher Sicherheitsinteressen gestattet Art. 223 Abs. 1 lit b) EGV einem Mitgliedstaat bezüglich der Erzeugung und des Handels von Waffen, Munition und Kriegsmaterial ein Abweichen vom Gemeinschaftsrecht[223].

Nur wenn die Bundesrepublik von dieser Möglichkeit Gebrauch macht, liegt kein zwingender Versagungsgrund gem. § 6 Abs. 3 Nr. 2 KWKG vor. Meldet sie keine Vorbehalte gegen ein Embargo der EU an, so ist jede Genehmigung, die gegen das Embargo verstoßen würde, zwingend zu versagen.

---

[219] Hornung, 236ff; Stenger, 54ff mwNachw; vgl. Putzier, 61.
[220] Vgl. Epping, FS Bock, 125 (141); Reuter, RN 157; Stenger, 60ff.
[221] BVerfGE 73, 339ff, 366ff; EuGH Rs 43/70 Politi/Italien Slg. 1971, 1039, 1049; LG Bonn DWiR 1992, 215ff (216).
[222] Vgl. dazu Schweitzer/Hummer, RN 1806ff.
[223] Reuter, RN 156.

1.1.2.2. Vereinte Nationen

Bei Beschlüssen der Vereinten Nationen gilt es zu beachten, daß nicht alle Beschlüsse für die Mitglieder verbindlich und somit auch nicht verpflichtend im Sinne des § 6 Abs. 3 Nr. 2 KWKG sind.

Nicht verbindlich sind die Resolutionen der Generalversammlung[224] und ausdrücklich als solche bezeichnete Empfehlungen des Sicherheitsrates[225] der Vereinten Nationen (Art. 39 Abs. 1 2.Hs. SVN).

Stellt der Sicherheitsrat jedoch gem. Art. 39 SVN fest, daß eine Bedrohung oder ein Bruch des Friedens oder eine Angriffshandlung vorliegt, kann er nach Art. 41 SVN auch beschließen, ein Waffenembargo gegen den oder die betroffenen Staaten zu verhängen[226]. Umstritten war bisweilen die Verbindlichkeit dieser Embargos. Kein Zweifel an ihrer Verbindlichkeit bestand in den Fällen, in denen sich die Resolution eindeutig auf Chapter VII oder Art. 41 SVN stützte. Oft beriefen sich die Resolutionen jedoch nicht auf eine eindeutige Rechtsgrundlage. Begründet war dies in den widerstrebenden Interessen der fünf ständigen Mitglieder des Sicherheitsrates zu Zeiten des Kalten Krieges[227]. Das Problem braucht im Rahmen dieser Arbeit jedoch nicht weiter vertieft zu werden, da es mit dem Wegfall des Kalten Krieges an Bedeutung verloren hat. Resolutionen neueren Datums stützen sich auf eindeutige Rechtsgrundlagen, wie etwa die Resolutionen zum Irak[228] oder zu Haiti[229]. Hinzu kommt, daß die Embargos in der Praxis meist durch EU-Verordnungen oder administrativ durchgesetzt werden, so daß sich ihre Verbindlichkeit im ersten Fall schon aus den zur Europäischen Union gemachten Ausführungen, im zweiten Fall aus Grundsätzen der Selbstbindung der Verwaltung ergibt.

---

[224] Lindemeyer, RIW 1981, 10ff (15); Dies ist auch die Auffassung der Bundesregierung, siehe Bericht zur Rüstungskontrolle und Abrüstung 1990/1991, S. 84 (Presse- und Informationsamt der Bundesregierung).
[225] Vgl. dazu Lindemeyer, RIW 1981, 10ff (15).
[226] Roeser, 174.
[227] Roeser, 176; vgl. Petersmann, ZVglRWiss 1981, 1ff (18).
[228] Res. 661 (1990), abgedruckt in: ILM 1990, 1325.
[229] Res. 841 (1993).

1.1.3. Mittelbare Verpflichtungen aufgrund von völkerrechtlichen Verträgen, die keine unmittelbaren Regelungen zu Kriegswaffen treffen

In Betracht kommt schließlich noch die Möglichkeit, daß die Bundesregierung eine Genehmigung gem. § 6 Abs. 3 Nr. 2 KWKG zu versagen hat, weil sie dadurch gegen einen völkerrechtlichen Vertrag verstößt, der zwar keine unmittelbare Regelung über Kriegswaffen trifft, aber dessen Vertragszweck durch eine Genehmigung gefährdet ist. Zu denken wäre etwa an die Situation, daß die Bundesrepublik aufgrund eines Freundschaftsvertrages mit dem Staat A verpflichtet ist, dessen territoriale Integrität und politische Unabhängigkeit zu achten[230]. Beantragt wird nun vom Unternehmen X, die Lieferung von Kriegswaffen an den Staat B zu genehmigen, der den Staat A nicht anerkennt und ihm feindlich gegenüber steht[231].

Es stellt sich damit generell die Frage, ob in § 6 Abs. 3 Nr. 2 KWKG alle völkerrechtlichen Verpflichtungen angesprochen sind oder nur diejenigen, die von ihrem unmittelbaren Regelungsgegenstand her Kriegswaffen betreffen.

Der Wortlaut der Vorschrift ist offen. Zu berücksichtigen ist jedoch, daß der Gesetzgeber seinerzeit durch das KWKG zumindest teilweise der völkerrechtlich vereinbarten Rüstungskontrolle durch das Rüstungskontrollamt der WEU Rechnung tragen und insbesondere die Durchführung der Bestimmungen der betreffenden Protokolle erleichtern wollte[232]. Dies spricht dafür, daß der Gesetzgeber nur solche völkerrechtlichen Verpflichtungen erfassen wollte, deren *unmittelbarer* Regelungsgegenstand Kriegswaffen, Kriegswaffenkontingente o. ä. sind. Denn Ausgangspunkt seiner Regelungsmotive war die Erfüllung eines klassischen Abrüstungsvertrages[233]. Schließlich folgt aus dem systematischen Zusammenhang von § 6 Abs. 3 Nr. 2 KWKG zu Art. 26 Abs. 2 GG, daß nur unmittelbare Verpflichtungen über Kriegswaffen gemeint sind. Da Art. 26 Abs. 2 GG nur für Kriegswaffen eine Spezialregelung des nach Art. 26 Abs. 1 GG generell unerwünschten Verhaltens trifft, können auch in § 6 Abs. 3 Nr. 2 KWKG nur solche Verpflichtungen gemeint sein, die sich unmittelbar auf Kriegswaffen beziehen.

---

[230] Vgl. etwa Art. 1 des Vertrages über gute Nachbarschaft, Partnerschaft und Zusammenarbeit zwischen der Bundesrepublik Deutschland und der Union der Sozialistischen Sowjetrepubliken in Bulletin der BReg. Nr. 133 1990, S. 1379.

[231] Eine derartige Fallkonstellation wäre etwa im Nahen Osten in Bezug auf Israel denkbar.

[232] BT-Drs. III/1589, S. 1.

[233] S. Dritter Teil Kapitel B.1.1.1.

Mittelbare Konsequenzen aufgrund völkerrechtlicher Verträge, die keine unmittelbaren Regelungen über Kriegswaffen treffen, sind somit von § 6 Abs. 3 Nr. 2 KWKG nicht erfaßt.

1.2. Einseitige völkerrechtliche Verpflichtungen

Als einseitige Verpflichtungen[234] der Bundesrepublik in Bezug auf Kriegswaffen sind insbesondere die bereits oben genannten Verzichtserklärungen der Bundesrepublik Deutschland, atomare, chemische und biologische Waffen weder herzustellen noch zu besitzen etc., zu nennen.

An diese Stelle gehört auch das im Hinblick auf Anti-Personen-Minen erklärte Exportmoratorium[235].

1.3. Formlose Exportkontrollregime

Embargo- und Boykottmaßnahmen können auch in Gremien beschlossen werden, die ihrer Form nach nicht durch völkerrechtliche Verträge zustande gekommen sind. Herausragendstes Beispiel eines solchen Gremiums war das CoCom (Cordinating Committee for East-West Trade Policy), das z. T. sogar als einziger "wirklich funktionierender Kontrollmechanismus" bezeichnet wurde[236]. Es wurde von den Westmächten zu Beginn des Kalten Krieges ins Leben gerufen. Mitgliedstaaten waren die NATO-Mitglieder (ohne Island) sowie Japan und Australien[237].

Man geht mangels entgegenstehender Hinweise davon aus, daß Gründung, Zusammensetzung und Arbeitsweise der Gremien des CoCom ohne einen förmlichen, schriftlichen Vertrag durchgeführt wurden[238]. Ziel des stets geheim tagenden Gremiums in Paris war eine Kontrolle der Ausfuhr strategischer Güter unter dem Eindruck des Ost-West-Konflikts. Die Beratungen und Beschlüsse des CoCom hatten das Ziel, die Sicherheitsinteressen der Mitgliedstaaten zu wahren und den technologischen Vorsprung des Westens gegenüber den Warschauer-Pakt-Staaten sichern zu helfen. Im Koordinierungsausschuß des CoCom wurden nach dem Einstimmigkeitsprinzip

[234] Vgl. dazu allgemein Schweitzer, Staatsrecht III, S. 95ff.
[235] Vgl. Zweiter Teil Kap. D.2.
[236] Epping, FS Bock, 125 (161).
[237] Ebert, 121; FAZ v. 03.02.90, S.11.
[238] Oeter, RabelsZ 55 (1991), 436 (440); Stenger, 16.

Waren und Technologien in Kontrollisten erfaßt, deren Export einen bedeutenden Beitrag zum militärischen Potential der Empfängerstaaten leisten konnte. Das CoCom erfüllte seine Aufgabe durch die Koordinierung der Ausfuhrpolitik seiner Mitgliedsländer. Die Umsetzung der Beschlüsse erfolgte in der Bundesrepublik durch das AWG. Die Kriegsmaterial-Liste des CoCom überschnitt sich dabei zum Teil mit der Kriegswaffenliste des KWKG[239].

Das CoCom hat seine Arbeit als Konsequenz der Auflösung des Ost-West Konfliktes am 31. März 1994 beendet[240]. Doch beschlossen die beteiligten Regierungen, einschließlich der ehemaligen CoCom Zielländer Rußland, Ungarn, Polen, Tschechische und Slowakische Republik an seiner Stelle ein umfassendes Kontrollsystem zu errichten, das sich auf alle Staaten erstreckt, deren ungehemmte Aufrüstung, insbesondere bei Massenvernichtungswaffen, als Gefahr für den Völkerfrieden eingestuft wird (sogenanntes "Neues Forum" oder "Wassenaer Regime")[241]. Zwar ist in diesem Zusammenhang noch eine Fülle von Fragen offen[242]. Eine Untersuchung der rechtlichen Auswirkungen der Beschlüsse eines solchen Gremiums auf die Genehmigungspraxis nach dem KWKG bleibt jedoch von Bedeutung, da eine Einigung auf diesem Gebiet zu erwarten ist[243]. Im übrigen haben sich die 17 CoCom-Länder entschlossen, die bisherigen CoCom-Regeln als nationale Standards beizubehalten, solange die Regeln des Neuen Forums noch nicht endgültig verabschiedet sind[244].

Hier interessiert die Frage, ob die Beschlüsse des CoCom oder zukünftig des Neuen Forums/Wassenaer Regimes als völkerrechtliche Verpflichtungen im Sinne des § 6 Abs. 3 Nr. 2 KWKG anzusehen sind.

Das CoCom beruhte, wie gesagt, auf keiner völkerrechtlichen Vereinbarung seiner Mitgliedstaaten. Einige Autoren konzedierten aufgrund der jahrzehntelang geübten Embargopraxis und aufgrund der Tatsache, daß die Mitglieder die Beschlüsse des CoCom durchweg eingehalten haben[245], eine

---

[239] Großfeld/ Junker, 2ff.

[240] SZ v. 04.01.94 S. 19; Reuter, FN 536.

[241] Reuter, RN 536; Werner, AwPrax 1996, 49 (50).

[242] FAZ vom 29.03.1994, S. 15.

[243] Vgl. Veröffentlichung des Presse- und Informationsamtes der Bundesregierung, Referat Außen-, Sicherheits- und Europapolitik, Stand September 1996, S. 13ff.

[244] Reuter, RN 537; vgl. Hölscher, AwPrax 1996, 148; und die Mitteilungen in AwPrax 1996, 5 u. 295.

[245] Stenger, 16.

Art gewohnheitsrechtliche Bindung[246], während die weit überwiegende Zahl der Autoren in der CoCom-Zusammenarbeit der Mitgliedstaaten ein "gentleman's agreement" ohne völkerrechtliche Bindung[247] sah. Die Annahme einer völkerrechtlichen Verpflichtung durch Gewohnheitsrecht scheidet für eine Nachfolgeorganisation aber von vornherein aus, da sich eine dementsprechende Übung erst noch herausstellen muß. Die Verfestigung der Beschlüsse zu allgemeinen Rechtsgrundsätzen i. S. d. Völkerrechts kann ebensowenig angenommen werden. *Reuter*[248] hat nüchtern und zutreffend festgestellt, daß Völkergewohnheitsrecht bis heute den Handel mit Kriegswaffen nicht verbietet. Eine sich am klaren Wortlaut der Vorschrift orientierende Auslegung kommt folglich nicht daran vorbei, daß Beschlüsse informeller Gremien keinen zwingenden Versagungsgrund i. S. d. § 6 Abs. 3 Nr. 2 KWKG darstellen.

Es stand und steht also im außenpolitischen Ermessen der Bundesregierung, ob sie sich durch die Zustimmung zu Beschlüssen derartiger Gremien letztendlich binden will. Sie ist nicht gezwungen, in solchen Fällen eine Genehmigung gem. § 6 Abs. 3 Nr. 2 KWKG zwingend zu versagen. Ihre Entscheidung wird allerdings durch die übrigen Vorschriften des § 6 KWKG bestimmt und kann nach den Grundsätzen der Selbstbindung der Verwaltung zum Versagungsgrund erstarken, wenn sie mitteilt, daß sie sich an derartige Beschlüsse gebunden fühlt.

1.4. Kein Beurteilungsspielraum der Bundesregierung

Nachdem nunmehr festgestellt ist, welche völkerrechtlichen Verpflichtungen von § 6 Abs. 3 Nr. 2 KWKG erfaßt sind, stellt sich abschließend die Frage, ob der Bundesregierung bei der Beurteilung, ob diese Voraussetzungen erfüllt sind, ein Beurteilungsspielraum einzuräumen ist. Dies ist zu verneinen, denn die oben genannten funktionell-rechtlichen Argumente greifen hier nicht. Die Auslegung von Völkerrecht bzw. die Frage, was Regeln des Völkerrechts und völkerrechtliche Verpflichtungen sind, gehört vielmehr auch zur genuinen Aufgabe der Rechtsprechung[249].

---

[246] Vollbrecht, 90.

[247] Ebert, 122 (FN 186); Fürstenwerth, Außenwirtschaftsrecht, 115; Großfeld/Junker, 3 und 18 mwNachw; Kuss, Die Verwaltung 1989, 65 (74); Roeser, RabelzZ 55 (1991), 436 (440, 445f); Rosiny, RIW 1990, 702ff (703); offen Müller, 164.

[248] Reuter, RN 530, so auch Roeser, 163f mwNachw; Delbrück, International Traffic in Arms in German Year Book of International Law 24 (1981), S. 114 (129).

[249] Vgl. Bernhardt, Rudolf in: Bundesverfassungsgericht und Grundgesetz, 154 (184f); Geck in: Bundesverfassungsgericht und Grundgesetz, 125ff.

2. Die Verletzung oder Gefährdung der Erfüllung der völkerrechtlichen Verpflichtungen

Im folgenden soll untersucht werden, wann die völkerrechtlichen Verpflichtungen "verletzt" sind oder wann ihre Erfüllung "gefährdet" ist. Die oben gemachte Unterscheidung zwischen Rüstungskontrollvereinbarungen und Abrüstungsverträgen wird dabei beibehalten.

2.1. Rüstungskontrollvereinbarungen

Wird die Bundesrepublik durch eine Rüstungskontrollvereinbarung verpflichtet, ist eine derartige Vereinbarung dann *verletzt*, wenn die Waffenbestände die vorgeschriebene Obergrenze überschreiten.

Fraglich ist allerdings, ob in diesen Fällen die Genehmigung weiterer Kriegswaffen für die Verletzung der Vereinbarung noch kausal ist. "Verletzt würde" ein solcher Vertrag ja bereits dadurch, daß seine Obergrenze nicht eingehalten wird. Sinn und Zweck des KWKG und die Bedeutung der von ihm geschützten Rechtsgüter verbieten jedoch eine derartige Interpretation. Denn wenn eine Genehmigung schon dann zu versagen ist, wenn sie eine Rüstungskontrollvereinbarung verletzt, ist sie erst Recht zu versagen, wenn die Vereinbarung bereits verletzt ist[250].

Zu prüfen bleibt, wann die Erfüllung von Rüstungskontrollvereinbarungen *gefährdet* ist. In Übertragung des oben herausgearbeiteten Gefahrbegriffs[251] wäre es denkbar, von einem derartigen Tatbestand dann auszugehen, wenn der Kriegswaffenbestand die Obergrenze einer Rüstungskontrollvereinbarung nahezu erreicht hat und bei ungehinderter weiterer Genehmigungspraxis die Obergrenze durchbrechen würde[252]. Dieser Ansatz wäre insbesondere in Fortführung der Überlegungen zu einem positiven Friedensbegriff im Grundgesetz denkbar. In der Literatur wird insbesondere von *Frank* die Auffassung vertreten, daß gerade Art. 26 Abs. 1 GG zu einer aktiven Friedenspolitik verpflichte. Art. 26 Abs. 1 GG habe eine derartige Eigenständigkeit, daß die innerstaatliche Friedenssicherung *weitergehen* muß als die unter Nationalstaaten in völkerrechtlichen Verträgen ausgehandelten Kom-

---

[250] Vgl. zur gleichen Argumentation im Polizeirecht; Würtenberger in: Achterberg/Püttner, Bes. VwR, Bd. II, S. 392f.

[251] Dritter Teil Kapitel A.4.

[252] Vgl. Potrykus, Komm., § 6 Anm. 12.b).

promisse[253]. Dieser dynamische Friedensbegriff bedürfe im Einzelfall der Konkretisierung[254]. Konsequenz einer solchen Konkretisierung könnte sein, daß die Bundesrepublik sich durch § 6 Abs. 3 Nr. 2 KWKG dazu verpflichtet hätte, für sie geltende Obergrenzen von Rüstungskontrollvereinbarungen stets zu unterschreiten.

Während ein derartiger Ansatz in den "pazifistischen" Manifestationen[255] im Parlamentarischen Rat noch seine Unterstützung finden könnte[256], ist er schon der Entstehungsgeschichte des KWKG an keiner Stelle zu entnehmen. Man wollte den Vorgaben des WEU-Vertrages "Rechnung tragen"[257] und sie nicht etwa übererfüllen. Auch der Zusammenhang des KWKG zum GG führt zu keinem anderen Ergebnis. Das GG sieht die militärische Verteidigungsbereitschaft der Bundesrepublik als festen Bestandteil des Verfassungssystems der Bundesrepublik an[258]. Im Rahmen der ihr nach dem Gewaltenteilungsgrundsatz zugewiesenen Verteidigungspolitik obliegt es der Bundesregierung zu entscheiden, ob sie die Obergrenzen von Rüstungskontrollvereinbarungen ausschöpft oder unterschreitet[259]. § 6 Abs. 3 Nr. 2 KWKG verbietet ihr dies nicht.

Im übrigen ist Art. 26 Abs. 1 GG als Verbot formuliert. Ein Verbot beinhaltet aber nur die Pflicht, etwas zu unterlassen, nicht die Pflicht, bestimmte Handlungen vorzunehmen. Außerdem ist ein ungehinderter Geschehensablauf, der eine Gefahr für die Erfüllung von Rüstungskontrollvereinbarungen darstellt, praktisch nur schwer vorstellbar. Es liegt in der Natur der Sache von Rüstungskontrollvereinbarungen, daß Genehmigungen für die betreffenden Waffen bis zum exakten Erreichen der Obergrenze erteilt werden können und daß der Geschehensablauf schlicht dadurch gestoppt wird, daß bei Erreichen der Obergrenze weitere Genehmigungen versagt werden.

---

253 AK-Frank, Art. 26 RN 8.
254 Frank, Abwehr, 62.
255 Vgl. Süsterhenn in: "Der Kampf um den Wehrbeitrag", Bd. 2, 1. Hlbbd., 260ff (266).
256 Siehe Erster Teil Kapitel A.2.3.
257 BT-Drs. III/1589, S. 12.
258 Vgl. Weber in: Der Kampf um den Wehrbeitrag, Bd. 2, 2. Hlbbd., 177ff (181).
259 Vgl. BVerfG NJW 1985, 603 (605, 607).

2.2. Abrüstungsverträge

Abrüstungsverträge sind *verletzt*, wenn nach dem festgesetzten Stichtagsdatum die Obergrenzen noch überschritten werden. Es gilt im übrigen das zu 2.1. Gesagte entsprechend.

Für die Frage nach der Gefährdung ihrer Erfüllung soll im folgenden beispielhaft auf den KSE-Vertrag zurückgegriffen werden. Die Ausführungen gelten entsprechend für andere und künftige Abrüstungsverträge.

Da die Bundesrepublik bei Unterzeichnung des KSE-Vertrages - wie gezeigt - ihre Obergrenze an Kampfpanzern um 2.834 Stück überschritt, wäre denkbar, daß bis zum November 1995, dem vorgeschriebenen Zeitpunkt der Vertragserfüllung, insbesondere keine Herstellungsgenehmigungen mehr für die betroffenen Waffensysteme hätten erteilt werden dürfen.

Dem steht entgegen, daß sich die Verpflichtungen des KSE-Vertrages jedoch auf Zielvorgaben beschränken. Eine Bestimmung, daß ein Staat bis zum Zeitpunkt der vorgeschriebenen Vertragserfüllung keine Waffen genehmigen darf, ist dem Vertrag an keiner Stelle zu entnehmen. Ausschlaggebend war nur, daß "40 Monate nach Inkrafttreten dieses Vertrages und danach" die festgesetzten Obergrenzen eingehalten wurden[260]. Nur am Rande sei bemerkt, daß die Bundesrepublik die Obergrenzen des KSE-Vertrages angabegemäß in jeder Waffenkategorie zum Stichtag ohnehin um mindestens 20% unterschritten hat.[261]

§ 6 Abs. 3 Nr. 2 KWKG verlangt bei Abrüstungsverträgen von der Bundesregierung allerdings eine Prognose, ob sie die Reduzierungsverpflichtungen zu dem vorgeschriebenen Zeitpunkt einhält, wenn sie zusätzliche Waffen genehmigen will. Da dabei, anders als im Rahmen des § 6 Abs. 3 Nr. 1 KWKG, Gesichtspunkte politisch-wertender Art nicht einbezogen werden müssen, unterliegt diese Prognose nicht ihrem Beurteilungsspielraum. Die Frage, ob Abrüstungsverträge zum vorgeschriebenen Zeitpunkt erfüllt werden können, ist eine Frage militärisch-technischer Realisierbarkeit und so-

---

[260] Art. IV - VII KSEV. Zu beachten ist für den KSE-Vertrag außerdem, daß sobald ein Vertragsstaat eine ungewöhnlich hohe Anzahl der erfaßten Waffensysteme im Rahmen des Informationsaustausches in mehr als zwei aufeinanderfolgenden Jahren mitteilt ("notifiziert"), er die Gründe dafür auf Ersuchen zu erläutern hat (Art. III Abs. 2 KSEV).

[261] Bericht der Bundesregierung zu Stand und Problemen der Implementierung des KSE-Vertrages, über die Ergebnisse der KSE-Überprüfungskonferenz und zu den weiteren Vorstellungen der Bundesregierung über neue Impulse für konventionelle Abrüstung und Rüstungskontrolle in Europa BT-Drs. 13/5488 v. 04.09.1996, Anlage 4.

mit ein faktisch diagnostisches Wahrscheinlichkeitsurteil mit einem sehr geringen Anteil wertender Elemente[262]. Dies ist auch keine Frage einer Risikobewertung, die insbesondere im Umwelt- und Technikrecht einen Beurteilungsspielraum rechtfertigt[263]. Auch die Komplexität des zu beurteilenden Sachverhaltes und dessen Würdigung rechtfertigt nicht die Einräumung eines Beurteilungsspielraumes, denn ein Gericht könnte sich ohne weiteres auf das Urteil eines Sachverständigen berufen[264].

Für die Prognose ist die Bundesregierung aufgefordert, alle für die Entscheidung maßgeblichen Gesichtspunkte in ihren Entscheidungsprozeß einzubeziehen[265]. Einzubeziehen sind beispielsweise die Erfahrungen, die mit anderen Abrüstungsverträgen gemacht wurden und der neueste technische Kenntnisstand über die Zerstörung von Waffensystemen. Im übrigen bedarf es der Beantwortung der Frage, ob die personellen, finanziellen und technischen Kapazitäten ausreichen, die Reduzierungsverpflichtungen zu erfüllen. Angesichts der Bedeutung des durch das KWKG geschützten Rechtsguts und der Bedeutung von Abrüstungsvereinbarungen für das friedliche Zusammenleben der Völker ist bei der Auswahl der einzubeziehenden Erfahrungssätze und Kenntnisse mit besonderer Sorgfalt zu verfahren.

Derartige Fälle sind in der Praxis allerdings wohl nur selten zu erwarten, denn realistischerweise ist die Gefährdung von einzuhaltenden Obergrenzen durch die Bundesregierung nicht zu erwarten. Eine Begrenzung nach § 6 Abs. 3 Nr. 2 KWKG stellt sich ernsthaft nur bei der Genehmigung sehr großer Kontingente, nicht aber bei einzelnen Genehmigungsanträgen.

2.3. Waffenembargos und einseitige völkerrechtliche Verpflichtungen

Waffenembargos sind dann *verletzt*, wenn die von ihnen erfaßten Kriegswaffen vereinbarungswidrig in den boykottierten Staat geliefert werden oder vereinbarungswidrig aus diesem eingeführt werden. Dies muß angesichts des klaren Wortlauts von § 6 Abs. 3 Nr. 2 KWKG auch dann gelten, wenn erwartet wird, daß Kriegswaffen, die in einen anderen Staat geliefert werden, von diesem an den Embargo-behafteten Staat weiterexportiert werden[266].

---

[262] Vgl. von Bogdandy, VerwArch 1992, 53 (78); Nierhaus, DVBl. 1977, 19ff (24f).
[263] Vgl. BVerwGE 79, 208 (213ff); 82, 295 (299ff).
[264] Vgl. BVerwG DVBl. 1972, 895f (895).
[265] Potrykus, Komm., § 6 Anm. 12.b).
[266] Vgl. BGH NStZ 1985, 367f (367).

Hier kann selbst für Exporte in die NATO-Staaten nichts anderes gelten. Denn das Bündnisinteresse geht nicht soweit, daß einzelne Mitglieder durch Reexporte gegen Embargomaßnahmen der internationalen Gemeinschaft verstoßen dürfen. Dies ergibt sich bereits aus Art. 7 des Nordatlantikvertrages, der bestimmt, daß der Vertrag weder die Rechte und die Pflichten, welche sich für die Parteien, die Mitglieder der Vereinten Nationen sind, aus deren Satzung ergeben, oder die in erster Linie bestehende Verantwortlichkeit des Sicherheitsrates für die Erhaltung des internationalen Friedens und der internationalen Sicherheit berührt, noch daß der Vertrag in solcher Weise ausgelegt werden kann.

Eine Gefährdung der Erfüllung von Waffenembargos ist praktisch nicht vorstellbar, denn wenn das Embargo durch Ein- oder Ausfuhrgenehmigung der betroffenen Kriegswaffen durchbrochen wird, so ist es damit schon verletzt. Die Erfüllung eines Embargos wird auch nicht dadurch gefährdet, daß die Waffe auf Umwegen in das betreffende Land gelangen könnte. In diesem Fall liegt bereits eine Verletzung des Embargos vor. Gleiches gilt entsprechend für Einfuhrembargos.

Die Ausführungen sind auf einseitige völkerrechtliche Verpflichtungen übertragbar.

3. "Grund zu der Annahme besteht"

Schließlich ist durch die Bundesregierung zu prüfen, ob "*Grund zu der Annahme*" besteht, daß die Erteilung der Genehmigung zu versagen ist.

Aus der grammatikalischen Stellung des Tatbestandsmerkmals ist zu schließen, daß es sich auf den gesamten ihm nachfolgenden Halbsatz bezieht. Das bedeutet, daß für § 6 Abs. 3 Nr. 2 2. Alt. KWKG nicht erst eine konkrete Gefährdung der Erfüllung der völkerrechtlichen Verpflichtungen für die Versagung erforderlich ist, sondern bereits die begründete Annahme einer solchen konkreten Gefährdung ausreicht. Somit sind die Genehmigungsbehörden zu einer zweiten Prognose innerhalb desselben Tatbestandes aufgefordert.

Dem kann nicht entgegengehalten werden, daß eine eigenständige Bedeutung des Tatbestandsmerkmals "Grund zu der Annahme besteht" den Anwendungsbereich des Versagungsgrundes überspannt. Dies ergibt sich aus einem Vergleich der Vorschrift zu § 6 Abs. 2 Nr. 1 KWKG. Denn dort hat der Gesetzgeber - anders als § 6 Abs. 3 Nr. 2 KWKG - nur *eine* Prognoseentscheidung vorgesehen. Er hätte aber auch formulieren können, daß die Genehmigung versagt werden kann, wenn Grund zu der Annahme besteht, daß ihre Erteilung das Interesse der Bundesrepublik an der Aufrechterhaltung guter Beziehungen zu anderen Ländern "gefährden" würde.

Das Gesetz legt somit fest, welcher Wahrscheinlichkeitsgrad für die Gefahrenprognose ausreicht[267], in dem es den Maßstab für die Wahrscheinlichkeit verringert. Das bedeutet zwar, daß an die Prognose der Genehmigungsbehörden besonders strenge Maßstäbe anzulegen sind. Für die Anwendungspraxis von § 6 Abs. 3 Nr. 2 2. Alt KWKG ist damit jedoch wenig gewonnen, denn wie oben gezeigt ist ein derartiger Fall realistischerweise nur schwer vorstellbar und nur für Abrüstungsverträge denkbar.

Die Bedeutung des Tatbestandsmerkmals "Grund zu der Annahme besteht" liegt vielmehr in seinem Bezug zu § 6 Abs. 3 Nr. 2 1. Alt KWKG. Denn liest man nur diese Alternative, folgt aus dem Wortlaut, daß eine Genehmigung bereits dann zu versagen ist, wenn die begründete Annahme besteht, daß ihre Erteilung völkerrechtliche Verpflichtungen der Bundesrepublik verletzen würde. Da dies - wie oben gezeigt - nur denkbar ist, wenn bestimmte Obergrenzen aus Vereinbarungen überschritten, Embargos mißachtet oder Verbote hinsichtlich der Herstellung und des Handels etc. mit bestimmten Waffen mißachtet werden, ist für die 2. Alt. insbesondere dann Raum, wenn unklar ist, ob eine bestimmte Waffe oder eine bestimmte Waffengattung unter die betreffende Abrüstungsvereinbarung fällt[268]. Dies wird insbesondere bedeutsam, wenn nicht nur quantitative Vereinbarungen, die "nur" auf die zahlenmäßige Begrenzung von Waffen gerichtet sind, sondern auch qualitative Vereinbarungen, die Elemente des rüstungstechnischen Wandels, insbesondere Modernisierungs- und Entwicklungsprozesse berücksichtigen, getroffen werden[269]. *Högel* bezeichnet das Problem der präzisen und verifizierbaren Definition von Waffensystemen zutreffend als das juristische Kernproblem vertraglicher Rüstungskontrolle[270]

---

[267] Vgl. Potrykus, Komm., § 6 Anm. 12.

[268] Zu dem Problem der normativen Erfassung von Waffensystemen bei deren ständiger technischer Fortentwicklung lesenswert die Dissertation von Högel, Rüstungskontrolle und Völkerrecht: Zur Steuerung rüstungstechnischen Wandels durch völkerrechtliche Verträge, 1990.

[269] Högel, 89f.

[270] Högel, aaO.

Plastisch deutlich gemacht werden kann dies an dem in den 80er Jahren entbrannten Streit um die Kompatibilität amerikanischer SDI[271]-Forschungs-, Entwicklungs- und Erprobungsaktivitäten mit dem ABM (Anti-Ballistic-Missile) Vertrag[272]. Die inneramerikanische juristische Kontroverse konzentrierte sich auf die Frage, ob das Entwicklungs-, Erprobungs- und Dislozierungsverbot des Art. V (1) ABM-Vertrag auch zukünftige, auf anderen physikalischen Prinzipien beruhende mobile und weltraumgestützte ABM-Systeme betraf und damit nicht *alle* gegenwärtigen und zukünftigen Techniktypen erfaßte oder nicht. Die Beantwortung der Frage hing rechtlich davon ab, ob die ABM-Definition in Art. II (1) entsprechend der traditionellen Lesart weit oder nach der neuen Interpretation der Reagan-Administration eng auszulegen war[273].

Überträgt man auf einen solchen Fall den Wortlaut des § 6 Abs. 3 Nr. 2 2. Alt. KWKG, so läge es nahe, z. B. eine Herstellungsgenehmigung zu versagen, da die begründete Annahme besteht, daß dadurch gegen den ABM-Vertrag verstoßen würde. Dem Einwand, über dieses Einfallstor einer ideologisch geprägten Verhinderung der Herstellung neuer Waffensysteme Vorschub zu leisten, kann dadurch begegnet werden, daß das Gesetz eine "begründete" Annahme verlangt. Diese liegt nicht bereits dann vor, wenn allein ideologisch gefärbte Argumente aufgeführt werden. Bezeichnenderweise hat die Sowjetunion in dem oben genannten Beispiel juristische Argumente, die im Rahmen der US-internen Auslegungskontroverse vorgetragen wurden, nicht vorgebracht[274].

Angesichts der Verankerung solcher Interpretationen im verteidigungspolitisch-militärischen Bereich wäre es mit dem Gewaltenteilungsgrundsatz jedoch nicht vereinbar, den Genehmigungsbehörden hier keinen Beurteilungsspielraum einzuräumen[275]. Angesichts des systematischen Zusammenhanges zu Art. 26 GG gibt § 6 Abs. 3 Nr. 2 KWKG jedoch die Richtung vor, an der sich die Genehmigungsbehörden in solchen Fällen zu orientieren haben.

---

[271] SDI sieht u. a. die Entwicklung von im Weltraum stationierten Sensoren zur Entdekkung, Identifizierung und Verfolgung angreifender Raketen sowie von kinetischen Waffen (Raketen und mechanischen Geschossen), elektromagnetischen Strahlenwaffen und Partikelstrahlwaffen zu ihrer Bekämpfung vor, die ebenfalls im Weltraum eingesetzt werden sollen.

[272] Vgl. Högel, 227ff.

[273] Högel, 227ff mit zahlreichen Nachweisen aus der amerikanischen und deutschen Literatur.

[274] Högel, 235.

[275] So im Ergebnis wohl auch Högel, 237.

Ein Beurteilungsspielraum ist jedoch dann nicht gegeben, wenn die Waffendefinitionen in dem Vertrag, dem Embargo oder der Vereinbarung so konkret sind, daß ihre Anwendung nur eine Frage rein militärisch-technischer Natur ist[276]. So sind z. B. im KSE-Vertrag die betroffenen Waffengattungen so genau definiert, daß für einen Interpretationsspielraum wenig Platz bleibt. Gemäß Artikel II (C) bezeichnet z. B. der Begriff "Kampfpanzer" ein

> gepanzertes Kampffahrzeug mit Eigenantrieb und hoher Feuerkraft - in erster Linie aus einer zur Bekämpfung von gepanzerten und anderen Zielen erforderlichen Panzerkanone mit hoher Mündungsgeschwindigkeit zum Schießen im direkten Richten -, das über eine große Geländegängigkeit und einen hohen Grad an Selbstschutz verfügt und das nicht in erster Linie für den Transport von Kampftruppen konstruiert und ausgerüstet ist. Solche gepanzerten Fahrzeuge dienen als Hauptwaffensysteme von Panzer- und sonstigen gepanzerten Truppen der Landstreitkräfte. Kampfpanzer sind gepanzerte Kettenkampffahrzeuge, deren Leergewicht mindestens 16,5 metrische Tonnen beträgt und die mit einer um 360 Grad seitlich schwenkbaren Kanone mit einem Mindestkaliber von 75 Millimetern ausgerüstet sind. Außerdem gelten alle gepanzerten Radkampffahrzeuge, die in Dienst gestellt werden und alle anderen oben genannten Kriterien erfüllen, ebenfalls als Kampfpanzer.

---

[276] Von Bogdandy, VerwArch 1992, 53 (78).

C. § 6 Abs. 3 Nr. 3 KWKG

Den dritten zwingenden Versagungsgrund für eine Genehmigung formuliert § 6 Abs. 3 Nr. 3 KWKG. Danach ist die Genehmigung zu versagen, wenn Grund zu der Annahme besteht, daß eine der in Absatz 2 Nr. 2 genannten Personen die für die beabsichtigte Handlung erforderliche Zuverlässigkeit nicht besitzt.

Die Bundesregierung hat in diesem Zusammenhang Grundsätze zur Prüfung der Zuverlässigkeit von Kriegswaffenexporteuren erlassen. Bevor untersucht wird, ob diese mit § 6 Abs. 3 Nr. 3 KWKG vereinbar sind, ist zu klären, wie § 6 Abs. 3 Nr. 3 KWKG auszulegen ist, insbesondere ob die Grundsätze des allgemeinen Gewerberechts, in denen die Prüfung der Zuverlässigkeit durch eine kaum zu überblickende Judikatur hinreichend konkretisiert ist, auf das KWKG übertragbar sind.

1. Der relevante Personenkreis

§ 6 Abs. 3 Nr. 3 KWKG schränkt das Zuverlässigkeitserfordernis zunächst personell dahingehend ein, daß nur die in § 6 Abs. 2 Nr. 2 KWKG genannten Personen erfaßt sind. Zuverlässig sein müssen demnach

a) der Antragsteller,
b) sein gesetzlicher Vertreter,
c) bei juristischen Personen das vertretungsberechtigte Organ oder ein Mitglied eines solchen Organs,
d) bei Personenhandelsgesellschaften ein vertretungsberechtigter Gesellschafter, sowie
e) der Leiter eines Betriebes oder eines Betriebsteiles des Antragstellers,
f) der Beförderer und
g) derjenige, der die tatsächliche Gewalt über Kriegswaffen dem Beförderer überläßt oder von ihm erwirbt.

Legt man die zu § 6 Abs. 2 Nr. 2 KWKG erarbeiteten Inhalte zu Grunde, kommt es nach dem Wortlaut der Vorschrift mit Ausnahme des Falles g) und der Variante, daß im Falle f) der Beförderer ein Einzelkaufmann ist, nicht direkt auf die Zuverlässigkeit der unmittelbar handelnden Personen an. Ebensowenig ist unmittelbar maßgeblich die Zuverlässigkeit von Personen unterhalb der Ebene des Teilbetriebsleiters im Unternehmen des Antragstellers[277]. Angesprochen sind vielmehr die Mitglieder der Führungsebene.

Zunächst stellt sich dabei die Frage, ob - für den Fall, daß auf der Ebene der Personen a) bis f) mehrere Mitglieder vorhanden sind, z. B. bei einem Vorstand einer AG - alle, nur einzelne Mitglieder oder sogar nur ein bestimmtes Mitglied zuverlässig sein muß.

Geht man dabei mit dem Wortlaut der Vorschrift von einem handlungsbezogenen Zuverlässigkeitserfordernis aus, so liegt es nahe, daß nur dasjenige Mitglied in Betracht kommt, das zu der entsprechenden Handlung eine Verknüpfung aufweist[278], sei es dadurch, daß es

- die Handlung selbst vornimmt,
- für sie verantwortlich ist oder es
- die Macht hat, diese vornehmen zu lassen, also eine Weisungsbefugnis besitzt.

Da das Gesetz - wie gesagt - in § 6 Abs. 2 Nr. 2 KWKG nur im Fall f) und g) auf die unmittelbar handelnden Personen abstellt, bleibt für den in den Fällen a) bis e) genannten Personenkreis folglich als Anknüpfungspunkt nur noch die Verantwortlichkeit für die vorgenommenen Handlungen und die Weisungsbefugnis.

Verantwortung und Weisungsbefugnis für eine Handlung besitzt dasjenige Organmitglied, das nach dem Geschäftsverteilungsplan bzw. der internen Unternehmensorganisation den Bereich leitet, in dem die zu genehmigende Handlung anfällt, beispielsweise bei der Produktion eines Panzers das zuständige Vorstands- bzw. Geschäftsführungsmitglied für Produktion[279]. Auf seine Zuverlässigkeit kommt es somit vorrangig an.

Darüber hinaus stellt der Wortlaut des § 6 Abs. Nr. 2 KWKG lit a) aber auch auf das vertretungsberechtigte Organ an sich ab ("... bei juristischen Personen das vertretungsberechtigte Organ ..."). Daraus folgt, daß neben ("... oder ...") dem verantwortlichen Organmitglied auch das gesamte Organ für die beabsichtigte Handlung zuverlässig sein muß.

---

[277] So auch zutreffend Pottmeyer, Komm., § 6 RN 80.

[278] Pottmeyer, Komm., § 6 RN 83f.

[279] In der Praxis ist häufig das für den Vertrieb zuständige Vorstands- bzw. Geschäftsführungsmitglied verantwortlich.

Aufgrund des angesprochenen Zusammenhangs zwischen Handlung und Zuverlässigkeitserfordernis ist jedoch eine gewisse Abstufung bei den Anforderungen an die Zuverlässigkeit der einzelnen Organmitglieder vorzunehmen. Der Grad der geforderten Zuverlässigkeit des einzelnen Mitglieds ist abhängig von der Intensität der Verbindung zu der beantragten Handlung. Je geringer die Verbindung zu der zu genehmigenden Handlung für das einzelne Organmitglied ist, desto geringer sind die Anforderungen an seine Zuverlässigkeit. Die genauen Anforderungen können dabei nur im Einzelfall beantwortet werden.

Erweist sich etwa nur das zuständige Gremiumsmitglied für Personal als unzuverlässig, so wird dies i. d. R. für eine Versagung nicht ausreichen[280]. Eine Zuverlässigkeit i. S. d. § 6 Abs. 3 Nr. 3 KWKG ist aber z. B. dann nicht gegeben, wenn zwar das verantwortliche Gremiumsmitglied zuverlässig ist, das übrige Gremium aber in seinem Gesamteindruck für die beantragte Handlung als so unzuverlässig angesehen werden muß, daß nicht gewährleistet ist, daß dies keine Auswirkungen auf das verantwortliche Gremiumsmitglied hat. Ein Beispiel soll dies illustrieren:

In einer im Export tätigen AG sind die Verantwortlichkeiten im Vorstand produktorientiert nach Warenarten verteilt. A ist für Panzer (KWL Nr. 24) zuständig. Die übrigen Waren, fast sämtlich durch das AWG erfaßt, sind unter den übrigen Vorstandsmitgliedern verteilt. Außer in der Person des A sind wiederholt erhebliche Verstöße gegen Bestimmungen des AWG vorgekommen. Die AG, vertreten durch A, beantragt nun eine Genehmigung für die Ausfuhr von Kriegswaffen.

In einem solchen Fall könnte es nach Prüfung der genauen Umstände gerechtfertigt sein, anzunehmen, daß das Gremium in seiner Gesamtheit für die beantragte Handlung nicht zuverlässig ist. Es ist in solchen Fällen lebensnah anzunehmen, daß durch die Unternehmenspolitik auf das verantwortliche Mitglied ein so erheblicher Druck ausgeübt werden kann, daß es seinen Widerstand im Gremium gegen illegale Praktiken aufgibt.

Diese Grundsätze sind auf die Ebene von Betriebs- oder Teilbetriebsleitern entsprechend übertragbar. Sind auch auf dieser Ebene mehrere Personen vorhanden, gilt auch für diese die für die vertretungsberechtigten Organe vorgenommene Abstufung.

---

280 vgl. Pottmeyer, Komm., § 6 RN 84.

2. Der Zuverlässigkeitsbegriff

Ist somit geklärt, welcher Personenkreis die für die beabsichtigte Handlung erforderliche Zuverlässigkeit besitzen muß, stellt sich im Anschluß die Frage, welcher Zuverlässigkeitsbegriff dem KWKG zugrunde liegt. Dazu wird zuerst der allgemeine gewerberechtliche Zuverlässigkeitsbegriff sowie der Zuverlässigkeitsbegriff artverwandter Gewerbe oder Gebiete wie etwa des AWG, des Waffen- und des Sprengstoffgesetzes dargestellt. Anschließend wird geklärt, ob und inwieweit diese auf das KWKG übertragbar sind.

2.1. Der gewerberechtliche Zuverlässigkeitsbegriff

Im Sinne des Gewerberechts gilt als unzuverlässig, wer keine Gewähr dafür bietet, daß er sein Gewerbe in Zukunft ordnungsgemäß ausüben wird[281]. Nicht ordnungsgemäß ist die Gewerbeausübung durch eine Person, die nicht willens oder nicht in der Lage ist, die im öffentlichen Interesse zu fordernde einwandfreie Führung ihres Gewerbes zu gewährleisten[282].

Es besteht heute Einigkeit darüber, daß die Gewerbeuntersagung wegen Unzuverlässigkeit keinen Strafcharakter hat, sondern Gefahren für die Allgemeinheit abwehren soll. Daher kommt es auf ein Verschulden des Gewerbetreibenden nicht an. Ebensowenig braucht die Feststellung auf Charakterschwäche des Gewerbetreibenden zu beruhen[283].

Die Zuverlässigkeit ist allerdings nicht absolut, sondern stets im Hinblick auf das ausgeübte Gewerbe, also gewerbebezogen zu beurteilen[284].

Die Entscheidung über die Zuverlässigkeit des Gewerbetreibenden muß auf einer auf Tatsachen begründeten Prognose beruhen. Als unzuverlässig darf er nur qualifiziert werden, wenn in der Vergangenheit Tatsachen sichtbar geworden sind, die in Zukunft weitere Verstöße wahrscheinlich, d. h. zu befürchten erscheinen lassen[285]. Die Tatsachen, die auf die Unzuverlässig-

---

[281] Ständige Rechtsprechung seit BVerwG GewArch 1971, 200 (201); Landmann/Rohmer, § 35 GewO RN 29 mwNachw.

[282] Landmann/Rohmer, § 35 GewO RN 29 mwNachw.

[283] BVerwGE 65, 1, 4; Landmann/Rohmer, § 35 GewO RN 30 m.w.Nachw.

[284] BVerwG GewArch 1970, 10; Friauf-Heß, § 35 GewO RN 49f.

[285] BVerwGE 24, 38, 40; Landmann/Rohmer, § 35 GewO RN 31 m.w.Nachw; vgl. Hinze, DVBl. 1987, 1190f.

keit schließen lassen, brauchen allerdings nicht im Rahmen des Gewerbebetriebes aufgetreten zu sein[286].

Dem Sprengstoffgesetz (§ 8 Abs. 1 Nr.1 SprengG), dem Waffengesetz (§ 5 WaffG) und dem Außenwirtschaftsgesetz (§ 3 Abs. 2 AWG) wird gemeinhin ebenfalls der gewerberechtliche Zuverlässigkeitsbegriff zugrunde gelegt[287]. Dabei geht man davon aus, daß der Begriff stets gewerbebezogen zu füllen ist[288]. Der Begriff erhält jeweils ein der Rechtsmaterie[289] und den Besonderheiten des jeweiligen Gewerbes[290] entsprechendes Gepräge. Für das Waffengesetz folgt dies ausdrücklich aus dem Gesetzestext selbst; denn in § 5 Abs. 2 WaffG werden die spezifisch waffenrechtlichen Gründe, die eine Unzuverlässigkeitsprognose ergeben können, aufgezählt[291]. Die spezifisch außenwirtschaftliche Zuverlässigkeit nach dem AWG besagt, daß die Genehmigungsbehörde darauf vertrauen können muß, daß der Antragsteller die beantragte Genehmigung nicht mißbraucht[292].

2.2. Der Zuverlässigkeitsbegriff des KWKG

Die Genehmigungsbehörde nach dem KWKG trifft ihre Entscheidung ebenfalls im Rahmen einer auf Tatsachen zu stützenden Prognose. Sie muß dabei von der Zuverlässigkeit der zu überprüfenden Person ausgehen[293]. Der Antragsteller muß seine Zuverlässigkeit nicht beweisen[294]. Dies ergibt sich schon aus der Formulierung in § 6 Abs. 3 Nr. 3 KWKG "Grund zu der Annahme besteht"[295].

Fraglich ist, ob sich der allgemeine Zuverlässigkeitsbegriff auf das KWKG übertragen läßt.

---

286 BVerwG GewArch 1965, 7 (8); Friauf-Heß, § 35 GewO, RN 53.

287 BVerwG GewArch 1995, 72; GewArch 1995, 73; Apel/Keusgen, SprengG, Kommentar, § 8 Anm. 2.; Hocke/Berwald/Maurer, AWG, Komm., § 3 Anm. 4.; Steindorf, Waffenrecht, § 5 RN 3f.

288 Apel/Keusgen, SprengG, Kommentar, § 8 Anm. 2.; Hocke/Berwald/ Maurer, AWG, Komm., § 3 Anm. 4.

289 BVerwG NJW 1961, 1834 (1834).

290 BVerwG GewArch 1970, 10.

291 Steindorf, § 5 RN 3.

292 Hocke/Berwald/ Maurer, AWG, Komm., § 3 Anm. 4.

293 Pottmeyer, Komm., § 6 RN 95.

294 § 15 Reichswaffengesetz verlangte vom Antragsteller noch, daß er seine Zuverlässigkeit beweisen müsse; vgl. dazu Hinze, DVBl. 1987, 1190ff (1190).

295 Pottmeyer, Komm. § 6 RN 95.

Der Gesetzgeber sah keinen Grund, im KWKG einen grundsätzlich anderen Zuverlässigkeitsbegriff einzuführen. Denn wenn es in der amtlichen Begründung zu § 6 KWKG heißt, "daß Kriegswaffengenehmigungen nicht an Personen erteilt werden dürfen, die nicht die erforderliche Zuverlässigkeit besitzen, bedarf keiner näheren Darlegung"[296], dann ist damit nicht nur manifestiert, daß man diesen Versagungsgrund als selbstverständlich betrachtete, sondern auch angedeutet, daß der verwendete Begriff keiner näheren Darlegung bedurfte. Daraus ergibt sich, daß auch dem KWKG der allgemeine Zuverlässigkeitsbegriff zugrunde liegt[297].

Bereits oben wurde gezeigt, daß aus dem Wortlaut des § 6 Abs. 3 Nr. 3 KWKG folgt, daß das Spezifische der kriegswaffenrechtlichen Zuverlässigkeit darin besteht, daß sie nur handlungsbezogen gefordert wird.

Das kann, worauf *Pottmeyer* zutreffend hinweist[298], im Einzelfall dazu führen, daß sich ein und dieselbe Person für eine Handlung als unzuverlässig, für die nächste als zuverlässig erweist.

Das Erfordernis einer lediglich handlungsbezogenen Zuverlässigkeit bestreitet allerdings *Potrykus*[299]. Er begründet dies mit den in den Materialien zu § 6 Abs. 3 Nr. 3 KWKG genannten Beispielen für fehlende Zuverlässigkeit. Diese ist demnach nicht gegeben, "wenn Grund zu der Annahme besteht, daß der Antragsteller Kriegswaffen, die er aufgrund einer Genehmigung erlangen würde, zu staats- oder verfassungsfeindlichen Zwecken mißbrauchen könnte, oder wenn er in seinem Unternehmen trotz Abmahnung Arbeiter beschäftigt, deren Unzuverlässigkeit ihm bekannt ist. Der Antragsteller kann aber auch wegen seiner Vorstrafen unzuverlässig sein."[300] Durch die Aufzählung solcher Beispiele stelle die Begründung doch auf die generelle persönliche Zuverlässigkeit und nicht auf die spezielle Zuverlässigkeit im Umgang mit Kriegswaffen ab, behauptet *Potrykus*.

Diese Auffassung ist jedoch nicht haltbar. Sie widerspricht zum einen dem klaren Wortlaut des § 6 Abs. 3 Nr. 3 KWKG. Zum anderen fehlinterpretiert sie die Materialien. Denn dort heißt es ausdrücklich kurz vor den eben zitierten Beispielen: "Es wird also *keine generelle*, sondern nur eine *spezielle* Zuverlässigkeit dieser Personen *für den Umgang* mit Kriegswaffen gefor-

---

[296] BT-Drs. III/1589, S. 17.
[297] So auch Pottmeyer, Komm., § 6 RN 94.
[298] Pottmeyer, Komm., § 6 RN 96.
[299] Potrykus, Komm., § 6, Anm. 13. (S. 73f).
[300] BT-Drs. III/1589, S. 18.

dert"[301]. Schließlich übersieht *Potrykus*, daß sich - wie die folgenden Ausführungen noch zeigen werden - die Prognose, der Antragsteller sei für den Umgang mit Kriegswaffen unzuverlässig, auch auf Tatsachen stützen kann, die unmittelbar zunächst nur die generelle persönliche Zuverlässigkeit betreffen und mit Kriegswaffen an sich nichts zu tun haben[302], wie z. B. das Bestehen einer Geisteskrankheit.

In Übertragung der o. g. gewerberechtlichen Grundsätze ist demnach derjenige als unzuverlässig anzusehen, der keine Gewähr dafür bietet, daß er die beabsichtigte Handlung ordnungsgemäß ausführen wird. Nicht ordnungsgemäß ist die Ausführung der Handlung durch eine Person, die nicht willens oder in der Lage ist, die im öffentlichen Interesse zu fordernde einwandfreie Durchführung der konkreten Handlung zu gewährleisten[303].

Die gewerbebezogene Anwendung des Zuverlässigkeitsbegriffs bedeutet außerdem, daß der Schutzzweck des KWKG zu beachten ist[304]. Dies ergibt sich aus dem Wortlaut des § 6 Abs. 3 Nr. 3 KWKG, der die für die beabsichtigte Handlung "erforderliche" Zuverlässigkeit verlangt.

Die durch das KWKG geschützten Rechtsgüter wie Friedenssicherung, Kriegsverhütung, Schutz des deutschen Ansehens im Ausland, Rüstungskontrolle und Schutz der inneren Sicherheit verlangen für den Umgang mit Kriegswaffen ein hohes Maß an Verantwortungsbewußtsein und Sensibilität des Antragstellers für die sicherheitspolitische Bedeutung der zu genehmigenden Handlungen. Denn es besteht z. B. beim Abhandenkommen der Kriegswaffen die Gefahr, daß diese in Kriegsgebiete verbracht werden und somit das deutsche Ansehen im Ausland beeinträchtigen. Wie im Außenwirtschaftsrecht ist auch hier zu gewährleisten, daß der Antragsteller die Genehmigung nicht mißbraucht. Zum anderen verlangen die von Kriegswaffen ausgehenden Gefahren ein hohes Maß an technischem know how; außerdem sind an das rechtliche Wissen des Antragstellers hohe Anforderungen zu stellen. So ist zu verlangen, daß der Antragsteller über genehmigungspflichtige Waren und Tatbestände sowie die dabei zu beachtenden Form- und Verfahrensvorschriften im Bilde ist. Gerade bei der komplizierten Materie des KWKG und angesichts der außenpolitischen Konsequenzen von Verstößen können schon Schäden dadurch entstehen, daß der Antrag-

---

[301] BT-Drs. III/1589, S. 18; Hervorhebung des Verfassers.
[302] Wie hier auch Pottmeyer, Komm., § 6 RN 97ff.
[303] Pottmeyer, Komm., § 6 RN 94.
[304] Vgl. BVerwG NJW 1961, 1834 (1834).

steller sich über die Genehmigungspflicht seiner Ware nicht bewußt ist oder etwa so schwierige Tatbestände wie den § 4a KWKG nicht richtig erfaßt.

In der Regel sind die genannten Gesichtspunkte miteinander verknüpft, denn ein unsachgemäßer oder unrechtmäßiger Umgang mit Kriegswaffen gefährdet nicht nur die Sicherheit der Beteiligten, sondern auch das politische Erscheinungsbild des Staates als ganzes, in Extremfällen sogar dessen militärische Sicherheit. Angesichts dessen können schon begründete Zweifel an der Zuverlässigkeit des Antragstellers ausreichen, um die Genehmigung zu versagen.

Die Genehmigungsbehörde bewegt sich bei ihrer Abwägung somit in einem Spannungsverhältnis. Einerseits muß sie beachten, daß das Zuverlässigkeitserfordernis jeweils nur für die beabsichtigte Handlung erforderlich ist, andererseits sind wegen der Bedeutung der durch das KWKG geschützten Rechtsgüter besonders strenge Maßstäbe an die Zuverlässigkeit der in § 6 Abs. 2 Nr. 2 KWKG genannten Personen zu stellen.

Wie sich dieses Spannungsverhältnis konkretisiert, soll im folgenden anhand von Fallgruppen dargestellt werden. Die Bildung der Fallgruppen orientiert sich dabei an der für den Zuverlässigkeitsbegriff üblichen Systematik[305].

3. Einzelne Versagungsgründe

3.1. Straftaten

Die Unzuverlässigkeit einer Person in bezug auf die zu genehmigende Handlung kann im Einzelfall begründet sein, wenn sie in der Vergangenheit Straftaten begangen hat. Die Genehmigungsbehörde muß dabei eine umfassende Gesamtwürdigung der Persönlichkeit der betreffenden Person vornehmen. Schon eine einzige Straftat kann im Einzelfall die Unzuverlässigkeit begründen, soweit es sich dabei um eine erhebliche, schwere Verfehlung handelt. Aber auch eine Vielzahl geringfügiger Gesetzesverletzungen kann zur Prognose der Unzuverlässigkeit führen. Dies gilt insbesondere in den Fällen, in denen die Verletzungen jeweils für sich allein betrachtet nicht

[305] Statt aller Friauf-Heß, GewO, § 35 RN 54ff; Apel/Keusgen, SprengstoffG, Komm. Loseblattsammlung, § 8 RN 2e ff.

ausreichen würden, ihre Häufung jedoch einen Hang zur Nichtbeachtung gesetzlicher Vorschriften erkennen läßt[306].

Für eine Unzuverlässigkeitsprognose nach dem KWKG besteht insbesondere dann Anlaß, wenn der Antragsteller bereits Straftaten nach dem KWKG oder ihm artverwandter Rechtsmaterien begangen hat. Zu nennen sind in diesem Zusammenhang das AWG, das WaffG, das SprengG und des BJagdG[307]. Die für die Handlungen des KWKG erforderliche Zuverlässigkeit besitzt in der Regel auch nicht, wer Rechtsgüter strafrechtlich verletzt hat, die auch durch das KWKG geschützt sind, wie etwa beim Friedensverrat, Hochverrat, der Gefährdung des demokratischen Rechtsstaates, Landesverrat, Gefährdung der äußeren Sicherheit, Sabotage und vorsätzlicher Angriff auf das Leben oder die Gesundheit anderer Personen.

Nicht einzubeziehen sind allerdings Straftaten, die im Zeitpunkt der Zuverlässigkeitsprognose bereits aus dem Bundeszentralregister gestrichen worden sind. Denn nach § 51 Abs. 1 Bundeszentralregistergesetz (BZRG) dürfen dann, wenn die Eintragung im Bundeszentralregister über eine strafgerichtliche Verurteilung getilgt worden oder zu tilgen ist, die Tat und die Verurteilung nicht zum Nachteil des Betroffenen im Rechtsverkehr verwertet werden. Das strikte Verwertungsverbot des § 51 BZRG gilt auch im Zusammenhang mit der verwaltungsrechtlichen Frage der Zuverlässigkeit[308]. Der Verurteilte darf sich mit der Tilgung als nicht vorbestraft bezeichnen. Seine Straftat kann ihm deshalb auch im Rahmen der Zuverlässigkeitsprüfung nicht mehr entgegengehalten werden[309]. Eine Ausnahme gilt nur in den Fällen des § 52 BZRG. Von besonderem Interesse ist darin § 52 Abs. 1 Nr. 1 BZRG. Danach darf die frühere Tat abweichend von § 51 Abs. 1 BZRG berücksichtigt werden, wenn die Sicherheit der Bundesrepublik oder eines ihrer Länder eine Ausnahme zwingend gebietet[310]. Denkbar wäre dies z. B. bei der Überprüfung von Spediteuren, die mit dem Transport einer streng geheimen, auf neuen Produktionstechniken beruhenden Kriegswaffe beauftragt werden sollen.

---

[306] Pottmeyer, Komm., § 6 RN 102; vgl. BVerwG GewArch 1965, 36f; Landmann/Rohmer, § 35 GewO RN 38.
[307] Vgl. Pottmeyer, Komm., § 6 RN 103.
[308] Rebmann/Uhlig, § 51 RN 26, die allerdings nur allgemein davon sprechen, daß "alle Rechtsverhältnisse und Rechtsbeziehungen im privaten und im öffentlichen Recht" erfaßt sind.
[309] Vgl. BVerwG NJW 1997, 336 (336f); vgl. auch Landmann/Rohmer, § 35 GewO, RN 41 und für das Sprengstoffrecht, Apel/Keusgen, SprengstoffG, Komm. Loseblattsammlung, § 8 Anm. 2.f.
[310] Vgl. zu § 52 Abs. 1 Nr. 1 BZRG Rebmann/Uhlig, § 52 RN 5ff.

Wurden Ermittlungsverfahren eingestellt, greift das Verwertungsverbot des § 51 Abs. 1 BZRG zwar nicht ein, weil es im Bundeszentralregister getilgte oder tilgungsfreie Eintragungen von Verurteilungen voraussetzt. Für die Verwertung solcher Verfehlungen ist es dennoch nicht bedeutungslos, ob bereits Tilgungsreife eingetreten wäre, wenn eine ihretwegen erfolgte Verurteilung in das Bundeszentralregister hätte eingetragen werden können. Denn es entspricht dem Schutzzweck des § 51 Abs. 1 BZRG, die Resozialisierung des Betroffenen nicht unnötig zu gefährden, auch eine "Straftat", die nicht zur Verurteilung geführt hat und nicht mehr zur Verurteilung führen kann, grundsätzlich außer acht zu lassen, wenn die Verfehlung länger zurückliegt und im Falle einer Verurteilung aller Voraussicht nach bereits Tilgungsreife eingetreten wäre[311].

Im Gewerberecht war hinsichtlich strafrechtlicher Feststellungen bis zur 4. Novelle der Gewerbeordnung vom Februar 1960[312] allgemein anerkannt, daß eine Gewerbeuntersagung im Verwaltungsrechtsweg entsprechend dem Grundsatz der Gewaltenteilung von einer strafrechtlichen Untersuchung gegen den Gewerbetreibenden und deren Ausgang nicht abhängig war[313]. Dieser als "unbefriedigend"[314] bezeichnete Zustand wurde von diesem Zeitpunkt an durch § 35 Abs. 3 GewO so geregelt, daß, wenn die Verwaltungsbehörde im Untersuchungsverfahren zur Zuverlässigkeitsprüfung einen Sachverhalt berücksichtigen will, der bereits Gegenstand der Urteilsfindung in einem Strafverfahren gegen den Gewerbetreibenden war, zum Nachteil des Gewerbetreibenden von dem Inhalt des Urteils insoweit nicht abweichen kann, als es sich auf die Feststellung des Sachverhalts und die Beurteilung der Schuldfrage bezieht oder auf die Beurteilung der Frage, ob der Gewerbetreibende bei weiterer Ausübung erhebliche rechtswidrige Taten im Sinne des § 70 StGB begehen wird und ob zur Abwehr dieser Gefahren die Untersagung des Gewerbes angebracht ist. Die Entscheidung über ein vorläufiges Berufsverbot, der Strafbefehl und die gerichtliche Entscheidung, durch welche die Eröffnung des Hauptverfahrens abgelehnt wird, steht einem Urteil gleich[315].

Für eine entsprechende Anwendung dieser Grundsätze auf das KWKG gilt folgendes: Der Beurteilung der Schuldfrage kommt ohnehin keine Bedeutung zu, da der Begriff der Unzuverlässigkeit rein final- und zweckorientiert

---

311 BVerwG NJW 1997, 336 (337f).

312 Änderung der GewO v. 05.02.1960, BGBl. I S. 160.

313 Landmann/Rohmer, 11. Auflage 1956, § 35 GewO, Anm. 4.d).

314 Landmann/Rohmer, § 35 GewO, RN 125.

315 Vgl. zu den Einzelheiten, Landmann/Rohmer § 35 RN 137ff.

ist und kein Verschulden voraussetzt[316]. Die Fälle der Gewerbeuntersagung scheiden schon deshalb aus, weil das KWKG diese Rechtsfolge nicht vorsieht.

Die Grundsätze sind aber auch im übrigen auf die Entscheidung nach dem KWKG nicht übertragbar. Das BVerwG hat in einer die Zuverlässigkeitsprognose nach § 5 Abs. 2 Nr. 2 WaffG betreffenden Entscheidung zutreffend ausgeführt, daß z. B. aus dem Umstand, daß das Strafverfahren eingestellt worden ist, sich kein Hindernis für eine behördliche Prüfung, welche Verfehlung der Betroffene begangen hat, ergibt. Denn das Waffengesetz - dies gilt auch für das KWKG - sehe keine Bindung an die strafgerichtliche Entscheidung vor. "Zwar mag auch die strafgerichtliche Beurteilung anläßlich einer Verfahrenseinstellung nach den jeweiligen Gegebenheiten des Einzelfalls von tatsächlichem Gewicht sein. Sie kann aber keine rechtliche Bindung ... entfalten."[317] Denn die strafrechtlichen Maßstäbe, die z. B. für eine geringe Schuld des Angeklagten sprechen, sind mit den ordnungsrechtlichen Maßstäben, die eine Zuverlässigkeitsprognose erfordert, nicht identisch. Maßgeblich ist für die Anwendung des § 6 Abs. 3 Nr. 3 KWKG allein das Ziel, die mit Kriegswaffen für die durch das KWKG geschützten Rechtsgüter verbundenen Risiken möglichst gering zu halten[318].

3.2. Ordnungswidrigkeiten

Für Ordnungswidrigkeiten gelten ähnliche Grundsätze wie für Straftaten. Auch bei ihnen kann die Häufung kleinerer Vorkommnisse einen Hang zur Nichtbeachtung gesetzlicher Vorschriften erkennen lassen und damit die Unzuverlässigkeit begründen[319]. Besondere Bedeutung kommt auch hier dem Begehen von Ordnungswidrigkeiten im Zusammenhang mit Kriegswaffen oder artverwandten Rechtsmaterien zu. In welcher Schwere, mit welcher Häufigkeit die jeweiligen Ordnungswidrigkeiten begangen sein müssen, läßt sich letztendlich jeweils nur anhand des konkreten Einzelfalles beurteilen. Zu beachten ist, daß auch im Recht der Ordnungswidrigkeiten ein Verwertungsverbot existiert. Bußgeldentscheidungen, die im Gewerbezentralregister eingetragen waren und gelöscht wurden, dürfen nicht mehr gegen den Betroffenen verwandt werden[320]

---

[316] Vgl. Landmann/Rohmer, § 35 RN 146.
[317] BVerwG NJW 1997, 336 (338).
[318] So für § 5 WaffG ausdrücklich BVerwG NJW 1997, 336 (338).
[319] Pottmeyer, Komm., § 6 RN 107.
[320] Pottmeyer, Komm., § 6 RN 109.

3.3. Geisteskrankheit u. a.

Unzuverlässig im Sinne des § 6 Abs. 3 Nr. 3 KWKG sind Personen, die geschäftsunfähig oder in ihrer Geschäftsfähigkeit beschränkt oder die trunksüchtig, rauschmittelsüchtig, geisteskrank oder geistesschwach sind. Diese Personen sind generell, d. h. für die Ausübung jedes Gewerbes unzuverlässig. Folglich fehlt ihnen auch die Zuverlässigkeit für jede der nach dem KWKG zu genehmigenden Handlungen[321].

3.4. Mangelnde Sach- und Fachkunde

Ferner kann mangelnde Sach- und Fachkunde der betreffenden Person im Umgang mit Kriegswaffen den Schluß rechtfertigen, daß der Antragsteller in Bezug auf die beantragte Handlung unzuverlässig ist[322]. Die mangelnde Sachkunde kann sowohl im Mangel an theoretischer als auch an praktischer Vorbildung und Wissen bestehen. An den Antragsteller sind hier - wie gesagt - in technischer und rechtlicher Sicht hohe Anforderungen zu stellen.

3.5. Beschäftigung unzuverlässiger Arbeitnehmer

Weiterhin kommt die Unzuverlässigkeit desjenigen in Betracht, der Arbeitnehmer beschäftigt, die die nach § 6 Abs. 3 Nr. 3 KWKG erforderliche Zuverlässigkeit nicht besitzen. An die Annahme solcher Fälle sind jedoch besondere Anforderungen zu stellen, da das KWKG die unmittelbare Zuverlässigkeit nur von den in § 6 Abs. 2 Nr. 2 KWKG genannten Personen fordert und das Zuverlässigkeitserfordernis auf die konkret zu genehmigende Handlung einschränkt. Es muß demnach eine Konstellation vorliegen, bei der von der Unzuverlässigkeit des beschäftigten Arbeitnehmers auf die Unzuverlässigkeit des entsprechenden Antragstellers für die konkrete Handlung geschlossen werden kann. Deshalb wird, wie *Pottmeyer* zutreffend feststellt[323], eine solche Situation nur anzunehmen sein, wenn der entsprechende Arbeitnehmer in der Vergangenheit bereits Verstöße von Gewicht gegen das KWKG, das WaffG, das SprengG oder das AWG begangen hat. Der Antragsteller wird in der Regel auch nur dann als unzuverlässig im Sinne des § 6 Abs. 3 Nr. 3 KWKG gelten können, wenn er - wie sich aus

---

[321] Pottmeyer, Komm., § 6 RN 110 mwNachw aus der gewerberechtlichen Literatur.
[322] Vgl. im Gewerberecht Friauf-Heß, § 35 GewO RN 74f.
[323] Pottmeyer, Komm., § 6 RN 112.

dem in den Materialien erwähnten Beispiel ergibt - solche Arbeitnehmer *trotz* entsprechender behördlicher Abmahnung weiter beschäftigt[324].

3.6. Sonstige mögliche Unzuverlässigkeitsgründe

Im Gewerberecht wird diskutiert, ob und unter welchen Voraussetzungen mangelnde wirtschaftliche Leistungsfähigkeit, Steuerschulden und die Nichtabführung von Sozialversicherungsbeiträgen die Unzuverlässigkeit einer Person begründen können[325].

Mangelnde wirtschaftliche Leistungsfähigkeit begründet nur in denjenigen Gewerbezweigen Unzuverlässigkeit, die ein besonderes Vertrauen geldgebender Kunden voraussetzen (z. B. Vermögensverwaltung). Im Rahmen der nach dem KWKG zu genehmigenden Handlungen hat dieser Umstand daher keine Bedeutung.

Steuerschulden und die Nichtabführung von Sozialversicherungsbeiträgen können im Einzelfall erkennen lassen, daß die entsprechende Person ihre öffentlich-rechtlichen Pflichten nicht ernst zu nehmen scheint bzw. generell zur Nichtbeachtung gesetzlicher Vorschriften neigt. Insbesondere wenn wiederholt Sozialversicherungsbeiträge für Arbeitnehmer nicht abgeführt werden, liegt in der Regel ein erheblicher Mangel an sozialem Verantwortungsbewußtsein vor. Obwohl der Umgang mit Kriegswaffen zwar kein spezifisch soziales Verantwortungsbewußtsein erfordert, kann daraus im Einzelfall aber auf ein fehlendes generelles Verantwortungsbewußtsein gegenüber anderen und der Rechtsordnung geschlossen werden. Eine derartige Einstellung ist aber gerade im Umgang mit Kriegswaffen zu fordern.

Für derartige Schlüsse ist allerdings Zurückhaltung geboten, da zwischen Steuerschulden und Nichtabführung von Sozialversicherungsbeiträgen einerseits und dem Umgang mit Kriegswaffen andererseits kein unmittelbarer Sachzusammenhang besteht[326]. Für die Annahme einer Unzuverlässigkeit im Sinne des § 6 Abs. 3 Nr. 3 KWKG müssen daher entsprechende erhebliche und wiederholte Verstöße vorliegen.

---

[324] BT-Drs. III/1589, S. 18.
[325] Vgl. hierzu BVerwG NVwZ 1988, 432; Friauf-Heß, § 35 GewO RN 61ff.
[326] Pottmeyer, Komm., § 6 RN 115.

4. "Grund zu der Annahme besteht"

Wie sich aus den Darstellungen zu diesem Tatbestandsmerkmal in § 6 Abs. 3 Nr. 1 KWKG ergibt, trifft das Gesetz durch die Formulierung "Grund zu der Annahme besteht" eine Aussage darüber, welcher Wahrscheinlichkeitsgrad bei der Zuverlässigkeitsprognose vorliegen muß. Denn aus der grammatikalischen Stellung des Tatbestandsmerkmals ist zu schließen, daß es sich auf den gesamten ihm nachfolgenden Halbsatz bezieht.

Im Unterschied zum gewerberechtlichen Zuverlässigkeitstatbestand ist eine Genehmigung nach dem Wortlaut des § 6 Abs. 3 Nr. 3 KWKG also nicht erst dann zu versagen, wenn Tatsachen *vorliegen*, die einen nicht ordnungsgemäßen Umgang mit Kriegswaffen erwarten lassen, sondern schon dann, wenn *Grund zu der Annahme besteht*, daß solche Tatsachen vorliegen. Es ist also nicht erforderlich, daß die betreffenden Tatsachen feststehen bzw. bewiesen sind, sondern es reicht aus, daß ihr Vorliegen zu vermuten ist. Man mag einwenden, daß diese Auslegung zu weit geht und der Formulierung "Grund zu der Annahme besteht" nur deklaratorische Bedeutung zukommt. Eine solche, dem Wortlaut entgegenstehende Interpretation, bedürfte allerdings besonderer Begründung. Genau diese ist aber nicht erkennbar, denn gerade die Bedeutung der durch das KWKG geschützten Rechtsgüter rechtfertigt die Versagung einer Genehmigung schon im "Vorfeld" feststehender Tatsachen. Freilich ergibt sich aus der Grundrechtsrelevanz der behördlichen Entscheidung (Art. 12, 14 GG), daß es sich nicht um bloße Spekulationen handeln darf. Es müssen vielmehr zureichende tatsächliche Anhaltspunkte vorliegen, die die Annahme begründen, daß Tatsachen vorliegen, die auf die Unzuverlässigkeit des betroffenen Personenkreises schließen lassen.

Die Frage nach tatsächlichen Anhaltspunkten für das Vorliegen z. B. einer Straftat ist auch Gegenstand des staatsanwaltschaftlichen Ermittlungsverfahrens. Die anzustellenden Überlegungen der Genehmigungsbehörden sind hier somit mit denen der Staatsanwaltschaft vergleichbar. Denn gemäß § 152 StPO beruht das Ermittlungsverfahren auf einem bestehenden Anfangsverdacht[327].

Fraglich ist, ob die Genehmigungsbehörden auch für den Fall, daß der Sachverhalt bereits Gegenstand eines Ermittlungsverfahrens war und dieses eingestellt wurde, an den Einstellungsbeschluß gebunden sind. Entsprechend den oben gemachten Feststellungen muß jedoch gelten, daß die Ein-

---

[327] Kleinknecht/Meyer-Goßner, § 152 RN 4.

stellung des Ermittlungsverfahrens durch die Staatsanwaltschaft ein Hindernis für eine behördliche Prüfung, welche Verfehlungen der Betroffene begangen hat, nicht darstellt. Denn eine entsprechende Bindung sieht das Gesetz nicht vor. Die Genehmigungsbehörden haben deshalb eigenständig festzustellen, welchen Gesetzesverstoß der betroffene Personenkreis begangen hat, und rechtlich zu beurteilen, ob dieser Verstoß im Sinne des § 6 Abs. 3 Nr. 3 KWKG bedeutsam ist. Dabei mag auch die strafgerichtliche Beurteilung anläßlich einer Verfahrenseinstellung nach den jeweiligen Gegebenheiten des Einzelfalls von Gewicht sein. Sie kann aber keine rechtliche Bindung bei der Anwendung des § 6 Abs. 3 Nr. 3 KWKG auslösen[328].

5. Beurteilungsspielraum der Bundesregierung?

Schließlich stellt sich die Frage, ob den Genehmigungsbehörden ein Beurteilungsspielraum bei der Entscheidung nach § 6 Abs. 3 Nr. 3 KWKG zusteht.

Hinze ist zumindest für die *waffenrechtliche* Zuverlässigkeitsentscheidung der Ansicht, daß es sich um eine "freie", d. h. nach pflichtgemäßem Ermessen zu treffende Entscheidung handele. Dies ergebe sich daraus, daß bei der Zuverlässigkeitsprüfung die von der Entscheidung betroffenen unterschiedlichen Interessen gegeneinander abgewogen werden müßten. Eine derartige Entscheidung sei aber keinesfalls eine Unterordnung eines Sachverhalts unter einen unbestimmten Rechtsbegriff, sondern eben eine Ermessensentscheidung[329].

Hinze übersieht, daß gerade auch bei unbestimmten Rechtsbegriffen wie dem der Zuverlässigkeit[330] Wertungen in die Subsumtion mit einfließen. So verlangt die Beurteilung der Zuverlässigkeit des von § 6 Abs. 3 Nr. 3 KWKG betroffenen Personenkreises z. B. im Falle kleinerer ordnungsrechtlicher Verstöße eine Bewertung bzw. Beurteilung des Geschehenen im Hinblick auf seine Bedeutung für zukünftiges Verhalten. Auch die gebotene Abwägung zwischen Handlungsbezogenheit und Schutzzweck des Zuverlässigkeitsbegriffs in § 6 Abs. 3 Nr. 3 KWKG ist dafür ein geradezu plastisches Beispiel. Die Einbeziehung wertender Aspekte in die Auslegung ändert aber nichts an der Tatsache der vollen gerichtlichen Nachprüfbarkeit

[328] So für § 5 WaffG ausdrücklich BVerwG NJW 1997, 336 (338).
[329] Hinze, DVBl. 1987, 1190 (1191); aA er selbst allerdings für das KWKG in: Hinze, Komm., § 6 Anm. 6., wo er sich mit der Thematik nicht weiter auseinandersetzt.
[330] Friauf-Heß, § 35 GewO, RN 49.

unbestimmter Rechtsbegriffe[331]. Die Auslegung unbestimmter Rechtsbegriffe ist wie jede Auslegung eine Rechtsfrage, die von den Gerichten unter eigener Verantwortung zu beantworten ist[332]. Sie ist gerade bei unbestimmten Rechtsbegriffen besonders dringlich, wenn es - wie hier - um die Einschränkung von Grundrechten geht[333].

Ausnahmen sind - wie gezeigt - z. B. nur dort zulässig, wo im Blick auf die besondere Entscheidungssituation eine gerichtliche Überprüfung nicht in vollem Umfang möglich ist[334]. Dazu ist zunächst festzuhalten, daß die bei anderen Tatbeständen des § 6 KWKG die Einräumung eines Beurteilungsspielraumes rechtfertigenden Argumente der größeren Sachnähe der Bundesregierung bzw. der mangelnden Nachvollziehbarkeit einer komplexen (außen)politischen Prognose hier nicht greifen. Es liegt zudem keine der im Zweiten Teil im Kapitel A.3.2. genannten Fallgruppen vor, für die eine beschränkte gerichtliche Überprüfbarkeit anerkannt ist. Zwar besteht eine gewisse Nähe zu den Fallgruppen der Prüfungsentscheidungen und der beamtenrechtlichen Beurteilungen, weil es auch dort um die individuelle Bewertung menschlicher Eignungen und Qualitäten geht. Die Beurteilung der Zuverlässigkeit ist jedoch weder so einmalig wie eine Prüfungssituation[335] noch in dem Maße vom persönlichen Eindruck, von charakterlichen Eigenschaften, von der Befähigung, der Gewandtheit o. ä. abhängig wie beamtenrechtliche Beurteilungen[336]. Schließlich lassen sich auch dem Gesetz oder den Materialien keine Anhaltspunkte für eine beschränkte gerichtliche Überprüfbarkeit entnehmen[337]. Diese könnten sich aber daraus ergeben, daß es sich bei der Frage nach der Zuverlässigkeit um eine Prognoseentscheidung handelt, da von einem Verhalten in der Vergangenheit auf Verhalten in der Zukunft geschlossen wird. Ähnlich der Begründung bei den komplexen außenpolitischen Prognosen wird hier für das Gewerberecht vereinzelt argumentiert, daß "die größere Erfahrung in der Beurteilung solcher Geschehensabläufe bei den für die Gewerbeuntersagung zuständigen Behörden liegt; diese kennen auch die örtlichen Verhältnisse und die Verhältnisse in der Branche regelmäßig besser als die Gerichte"[338]. Weder bei der Auswahl der erheblichen Tatsachen noch bei ihrer Bewertung handelt es sich jedoch um Umstände, die ein besonderes, den Gerichten nicht zugängliches Erfah-

---

[331] Vgl. OVG München BayVBl 1984, 750 (753).
[332] Wolf/Bachof/Stober, Verwaltungsrecht, S. 363.
[333] Vgl. BVerwGE 45, 309 (324); BVerfGE 83, 130 (148).; Maurer, S. 144.
[334] Maurer, S. 145.
[335] Schaeffer, WiVerw. 1982, 100 (101).
[336] Vgl. Wolf/ Bachof/Stober, Verwaltungsrecht, S. 369.
[337] Vgl. BVerwG DVBl. 1991, 46 (47).
[338] Kienzle, GewArch. 1974, 253 (255).

rungswissen voraussetzen[339]. Denn es läßt sich ernsthaft nicht behaupten, daß die Verwaltungsbehörden bei der Beurteilung von zukünftigem menschlichen Verhalten über einen größeren Erfahrungsschatz als die Gerichte verfügen. Da im übrigen der Wortlaut des § 6 Abs. 3 Satz 3 KWKG schon begründete Zweifel an der Zuverlässigkeit für eine negative Entscheidung ausreichen läßt, werden auch keine derart besonderen Schwierigkeiten an die Sachverhaltsbeurteilung gestellt, daß sie nicht von einem Gericht beurteilt werden könnten. Bei § 6 Abs. 3 Nr. 3 KWKG handelt es sich somit um eine klassische "gewerberechtliche" Entscheidung. Die Bundesregierung bzw. das entsprechende Ministerium wird hier nicht als politischer Entscheidungsträger sondern als Verwaltungsbehörde tätig. Die Genehmigungsbehörde hat im Rahmen der zu überprüfenden Zuverlässigkeit keinerlei Beurteilungsspielraum oder Ermessen. Ihre Entscheidung unterliegt vielmehr voller gerichtlicher Kontrolle.[340]

6. Die Grundsätze der Bundesregierung zur Prüfung der Zuverlässigkeit von Exporteuren von Kriegswaffen und rüstungsrelevanten Gütern vom 29. November 1990

Am 28. November 1990 beschloß das Bundeskabinett die Grundsätze der Bundesregierung zur Prüfung der Zuverlässigkeit von Exporteuren von Kriegswaffen und rüstungsrelevanten Gütern (nachfolgend kurz "Zuverlässigkeitsgrundsätze"), die am 29. November im Bundesanzeiger bekannt gemacht wurden[341]. In der Vergangenheit war es häufig vorgekommen, daß sich die Leitungsebene eines Unternehmens in einfacher Weise entlasten konnte, wenn es zu Verstößen gegen ausfuhrrechtliche Bestimmungen gekommen war. Vorstände und Geschäftsführer hatten sich in Ermittlungsverfahren dahingehend eingelassen, von Mängeln bzw. Mißständen in ihren Unternehmen im Exportbereich nichts gewußt zu haben und demgemäß für Verstöße gegen außenwirtschaftsrechtliche Vorschriften nicht verantwortlich zu sein. Diese Praxis hatte dazu geführt, daß in den allermeisten Fällen nur hierarchisch niedriger angesiedelte Mitarbeiter strafrechtlich zur Verantwortung gezogen werden konnten[342]. Der dem Urteil des LG Rottweil

---

339 Schaeffer, WiVerw. 1982, 100 (101).

340 Pottmeyer, Komm., § 6 RN 89; Potrykus, Komm., § 6 Anm. 13. (S. 74); für den gewerberechtlichen Zuverlässigkeitsbegriff Landmann/Rohmer, § 35 GewO, RN 29 mw Nachw; vgl. Apel/Keusgen, SprengstoffG, Komm. Loseblattsammlung, § 8 RN 2.a).

341 Vgl. Tagespresse FAZ vom 29.11.1990, S. 17. BAnz Nr. 225 vom 05.12.1990, S. 6406f, abgedruckt in: Hucko, S. 239 ff.

342 Pottmeyer, Der Ausfuhrverantwortliche, 17.

vom 20. Juni 1994[343], das sich auf Vorgänge in dem Zeitraum 1986 - 1989 bezieht, zugrundeliegende Sachverhalt verdeutlicht dies. Angeklagt war hier der Geschäftsführer eines Unternehmens der Rüstungsindustrie. Ihm wurde die ungenehmigte Ausfuhr von Kriegswaffen zur Last gelegt. Das Verfahren endete im wesentlichen deswegen mit einem Freispruch, weil der Angeklagte darlegen konnte, daß die Verantwortlichkeit für den Export nicht seinem, sondern dem Geschäftsführungsressort seines Kollegen zugewiesen war. Dieser Geschäftsführer konnte nach Abschluß des Strafverfahrens nicht mehr belangt werden, weil zwischenzeitlich für ihn Verfolgungsverjährung eingetreten war.[344] Derartige Exkulpationen wollte die Bundesregierung mit den Zuverlässigkeitsgrundsätzen einen Riegel vorschieben.[345]

Diese wurden durch die Bekanntmachungen "Bekanntmachung des Bundesamtes für Wirtschaft über die Benennung des Ausfuhrverantwortlichen und die Beantragung von Ausfuhrgenehmigungen nach den Bestimmungen des Außenwirtschaftsgesetzes (AWG) gemäß den Grundsätzen der Bundesregierung zur Prüfung der Zuverlässigkeit von Exporteuren von Kriegswaffen und rüstungsrelevanten Gütern" vom 30. Januar 1991[346] und durch die Bekanntmachung zu den "Grundsätzen der Bundesregierung zur Prüfung der Zuverlässigkeit von Exporteuren von Kriegswaffen und rüstungsrelevanten Gütern" vom 13. Juni 1995[347] ergänzt. Im übrigen sind zahlreiche Unterlagen veröffentlicht worden, die Empfehlungen für die betriebliche Behandlung genehmigungspflichtiger Exporte beinhalten[348].

Die folgende Darstellung beschränkt sich auf die kriegswaffenrechtlich relevanten Inhalte. Danach beschränkt sich die unmittelbare Anwendung der Zuverlässigkeitsgrundsätze nach dem Wortlaut zwar auf den Export von Kriegswaffen (Nr. 1 der Grundsätze), also auf die Genehmigung der Beförderung zum Zwecke der Ausfuhr (§ 3 Abs. 3 KWKG)[349]. Aus dem Merkblatt des BMWi zu den Zuverlässigkeitsgrundsätzen der Bundesregierung

[343] KLs 2/93 nv.; vgl. hierzu Pottmeyer, AwPrax 1995, 174ff.
[344] Vgl. auch Pottmeyer, Der Ausfuhrverantwortliche, 17.
[345] Pottmeyer; Komm., Einl. RN 239.
[346] Bundesanzeiger 1991 Nr. 23, S. 653.
[347] Bundesanzeiger 1995 Nr. 122.
[348] Abgedruckt in: Reuter, Anhang 13.
[349] Außenwirtschaftsrechtlich sind die Zuverlässigkeitsgrundsätze für die Anwendung des § 3 Abs. 2 AWG maßgeblich. Die außenwirtschaftsrechtlichen Konsequenzen der Zuverlässigkeitsgrundsätze bleiben im Rahmen dieser Arbeit ohne Beachtung. Der für das AWG relevante Teil der Zuverlässigkeitsgrundsätze wird hier deshalb auch inhaltlich nicht erwähnt.

IV C6 - 10 17 02 vom 17.12.1990 Nr. 1 Satz 2 geht allerdings hervor, daß die Nummern 3 - 6 der Zuverlässigkeitsgrundsätze auch auf alle übrigen Genehmigungstatbestände nach dem KWKG anwendbar sein sollen[350].

6.1. Rechtsnatur

Zunächst stellt sich die Frage nach der Rechtsnatur der Zuverlässigkeitsgrundsätze. Wie sich zeigen wird, ist diese nicht so einfach zu beantworten wie die Frage nach der Rechtsnatur der exportpolitischen Grundsätze[351].

Für den Rechtsschutz des Einzelnen ist von Bedeutung, ob den Zuverlässigkeitsgrundsätzen Außenwirkung zukommt. Kommt den Zuverlässigkeitsgrundsätzen nämlich Außenwirkung zu, kann sich der Einzelne auf dem Klagewege entweder auf sie berufen oder sich gegen sie wehren[352].

Als von der Exekutive erlassene Vorschrift sind die Zuverlässigkeitsgrundsätze entweder als Rechtsverordnung oder als Verwaltungsvorschrift zu erlassen.

Liegt eine Rechtsverordnung vor, so ist zunächst erforderlich, daß eine Ermächtigungsgrundlage vorhanden ist (Art. 80 Abs.1 GG). In Betracht kommt dafür lediglich § 11 Abs. 4 KWKG. Danach wird die Bundesregierung ermächtigt, "durch Rechtsverordnung mit Zustimmung des Bundesrates die erforderlichen Vorschriften zur näheren Regelung des Genehmigungsverfahrens zu erlassen". Nach dem Willen des Gesetzgebers sollte die Bundesregierung durch § 11 Abs. 4 KWKG ermächtigt werden, insbesondere zu bestimmen, "in welcher Art und Weise die Genehmigungsanträge anzubringen sind, welche Angaben dabei erforderlich sind und welche Behörde bei der Entscheidung über den Antrag mitzuwirken hat"[353]. Die Zuverlässigkeitsgrundsätze regeln jedoch nicht das Verfahren sondern die materielle Anwendung von § 6 Abs. 3 Nr. 3 KWKG. Ihr Erlaß ist also von der Ermächtigungsgrundlage des § 11 Abs. 4 KWKG nicht gedeckt[354]. Im übrigen spricht gegen die Annahme einer Rechtsver-

---

[350] Entnommen Pottmeyer/Sinnwell, DWiR 1991, 133ff FN 11.

[351] Siehe Zweiter Teil Kapitel A.5.2.1.1.

[352] Zum Streit um die Begründung der Außenwirkung von Verwaltungsvorschriften Maurer, 588ff.

[353] BT-Drs. III/1589, S. 20.

[354] Auf § 11 Abs. 4 KWKG beruht die Zweite Verordnung zur Durchführung des Gesetzes über die Kontrolle von Kriegswaffen vom 01.06.1961.

ordnung, daß eine Ermächtigungsgrundlage in den Zuverlässigkeitsgrundsätzen erst gar nicht genannt ist.

Sind die Zuverlässigkeitsgrundsätze Verwaltungsvorschriften, so müssen sie generell-abstrakte Anordnungen einer Verwaltungsorganisation an nachgeordnete Verwaltungsträger[355] sein.

Zuständig für die Entscheidung, ob die Voraussetzungen des § 6 Abs. 3 Nr. 3 KWKG vorliegen, ist gem. Art. 26 Abs. 2 GG die Bundesregierung. Die Bundesregierung hat diese Befugnis gem. § 11 Abs. 2 und 3 KWKG auf verschiedene Ministerien übertragen. Daraus ergibt sich, daß die Zuverlässigkeitsgrundsätze in erster Linie interne Bindungswirkung entfalten, denn ihr Adressat sind die Ministerien. Diesen wird vorgeschrieben, in welcher Weise sie den § 6 Abs. 3 Nr. 3 KWKG anwenden sollen. Ihrem Rechtscharakter nach handelt es sich bei den Zuverlässigkeitsgrundsätzen also um Verwaltungsvorschriften.

Man unterscheidet dabei u. a. nach gesetzesauslegenden bzw. norminterpretierenden Verwaltungsvorschriften einerseits und nach ermessenslenkenden Verwaltungsvorschriften andererseits. Erstere bestimmen die Auslegung und Anwendung von Rechtsnormen, insbesondere bei Vorliegen unbestimmter Rechtsbegriffe. Letztere bestimmen, in welcher Weise von dem der Verwaltung eingeräumten Ermessen Gebrauch gemacht werden soll[356], wie z. B. die exportpolitischen Grundsätze bei der Anwendung des § 6 Abs. 2 Nr. 1 KWKG.

Die Literatur behauptet, daß es sich bei den Zuverlässigkeitsgrundsätzen um verhaltenslenkende Verwaltungsvorschriften in der Form einer Ermessensrichtlinie handelt[357]. Voraussetzung für das Vorliegen einer ermessenslenkenden Verwaltungsvorschrift ist jedoch, daß es sich bei der angewandten Vorschrift um eine Ermessensnorm handelt. Dies ist bei § 6 Abs. 3 Nr. 3 KWKG aber gerade nicht der Fall, denn im Rechtsfolgenteil der Norm wird klar gesagt, daß bei Vorliegen des zu prüfenden Tatbestandes die Genehmigung zu versagen *ist*.
Es handelt sich bei den Zuverlässigkeitsgrundsätzen vielmehr um gesetzesauslegende bzw. norminterpretierende Verwaltungsvorschriften. Durch sie werden der Genehmigungsbehörde Interpretationshilfen für die Anwendung

---

[355] Bull, Allg. Verwaltungsrecht, RN 304ff; Maurer, 588; Wolf/Bachof, 251ff.
[356] Vgl. zum ganzen Maurer, 591f.
[357] Pottmeyer, Der Ausfuhrverantwortliche, 18; Pottmeyer/Sinnwell, DWiR 1991, 133ff; Sinnwell, in: Bebermeyer, Ausfuhrkontrolle, 121.

des Zuverlässigkeitsbegriffs und die Frage, wann Grund zu der Annahme besteht, daß die betreffende Person die für die beabsichtigte Handlung erforderliche Zuverlässigkeit nicht besitzt, gegeben. Sie gewährleisten eine einheitliche Anwendung des Gesetzes.

Eine Außenwirkung von Verwaltungsvorschriften entsteht nur dann, wenn zum einen eine tatsächliche Wirkung nach außen vorhanden ist und zum anderen die Verwaltung noch Raum für eigene Gestaltung hat, mit anderen Worten die nachfolgenden Behörden noch materiell an sich binden kann. Bei norminterpretierenden Verwaltungsvorschriften fehlt es jedoch von vornherein an einem eigenen Gestaltungsspielraum. Entweder die Behörde entscheidet ohnehin etwas, was rechtens ist oder sie legt eine Norm unzutreffend aus. Etwas anderes kann nur dann gelten, wenn und soweit der Genehmigungsbehörde bei der Auslegung unbestimmter Rechtsbegriffe ein Beurteilungsspielraum zukäme.

Da die Entscheidung der Genehmigungsbehörde - wie dargestellt - voll gerichtlich überprüfbar ist, bedeutet dies, daß der Behörde hier auch kein eigener Entscheidungsspielraum zusteht. Die Zuverlässigkeitsgrundsätze besitzen folglich auch keine Außenwirkung. Sie sind im Klagewege deshalb auch nicht gesondert angreifbar[358].

6.2. Vereinbarkeit mit § 6 Abs. 3 Nr. 3 KWKG

Nichtsdestotrotz stellt sich die Frage, ob der Inhalt der Zuverlässigkeitsgrundsätze mit § 6 Abs. 3 Nr. 3 KWKG vereinbar ist. Unabhängig von ihrer mangelnden materiellen Bindungskraft sind die Zuverlässigkeitsgrundsätze formell von Bedeutung. Denn sie binden die Genehmigungsbehörden formell an die Auslegung der Bundesregierung und spiegeln deren Rechtspraxis wider.

6.2.1. Präambel

Die Zuverlässigkeitsgrundsätze sind laut "Präambel" von der Bundesregierung "in dem Bestreben,

- unzuverlässige Personen und Unternehmen vom Umgang mit Kriegswaffen und der Ausfuhr rüstungsrelevanter Güter fernzuhalten,

---

[358] Anders insofern die exportpolitischen Grundsätze, wenn sie im Rahmen des § 6 Abs. 3 Nr. 1 KWKG angewendet werden.

- zu vermeiden, daß durch illegale Ausfuhren in diesem Bereich
  - die Sicherheit der Bundesrepublik Deutschland beeinträchtigt,
  - das friedliche Zusammenleben der Völker gestört oder
  - die auswärtigen Beziehungen der Bundesrepublik Deutschland belastet werden,

- die restriktive Rüstungsexportpolitik der Bundesregierung und die entsprechende Genehmigungspraxis in diesem sensitiven Bereich zu verdeutlichen"

beschlossen worden.

Die "Präambel" macht damit deutlich, daß die Zuverlässigkeitsgrundsätze in enger Bindung an Art. 26 GG und den Sinn und Zweck des KWKG erlassen wurden. Lediglich der Schutz der inneren Sicherheit bleibt unerwähnt. Diesem Gesichtspunkt kommt jedoch bei Ausfuhren naturgemäß nur eine untergeordnete Bedeutung zu. Seine Nichterwähnung ist deshalb nicht zu beanstanden.

6.2.2. Nr. 1 und 2 der Zuverlässigkeitsgrundsätze

Nr. 1 bestimmt den unmittelbaren Anwendungsbereich der Grundsätze. Danach gelten sie im hier interessierenden kriegswaffenrechtlichen Zusammenhang für Anträge auf Genehmigungen zum Zwecke der Ausfuhr nach dem KWKG, wenn das Bestimmungsland ein Land der Länderliste H ist[359]. Die Ergänzung vom 13. Juni 1995 korrigierte, daß sie auch für Ausfuhren in Drittstaaten sowie in andere Mitgliedstaaten der Europäischen Union gelten, obwohl die Bekanntmachung vom 30. Januar 1991 ohnehin nur noch allgemein von "Ausfuhren nach dem KWKG" sprach. Das oben genannte Schreiben hat ihre Anwendung auf alle Genehmigungsentscheidungen nach dem KWKG ausgeweitet.

Nach Nr. 2 der Zuverlässigkeitsgrundsätze muß in den Anträgen je nach der Rechtsform des Antragstellers ein für die Durchführung der Ausfuhr verantwortliches Mitglied des Vorstandes, ein Geschäftsführer oder ein ver-

---

[359] Die Länderliste H gibt es seit dem 01.07.1995 nicht mehr (vgl. hierzu: 36. Änderungsverordnung zur AWV vom 17.02.1995, BAnz Nr. 104 vom 3.6.1995, S. 6165ff, dort Nr. 29). Gleichwohl ist es der Sache nach bei der bisherigen Regelung verblieben. Die Bekanntmachung vom 13.06.1996 (BAnz Nr. 122 vom 04.07.1995, S. 7153f) führt nunmehr namentlich alle diejenigen Länder auf, die vormals in der Länderliste H enthalten waren.

tretungsberechtigter Gesellschafter als "Ausfuhrverantwortlicher" benannt werden (Nr. 2 Satz 1). Zeichnet der Ausfuhrverantwortliche ausnahmsweise den Antrag nicht selbst, muß eine schriftliche Bestätigung, mit der der Ausfuhrverantwortliche die Verantwortung für den Antrag übernimmt, beigefügt werden (Nr. 2 Satz 2).

Aus der Formulierung "ein für die Ausfuhr verantwortliches Mitglied" wird deutlich, daß ein Organmitglied, in dessen Geschäftsbereich keinerlei Exportaktivitäten fallen, nicht als Ausfuhrverantwortlicher benannt werden kann. Denn es ist für die Durchführung der Ausfuhr insofern nicht verantwortlich, als ihm die Sachnähe, insbesondere die unmittelbare Organisationsgewalt und Weisungsbefugnis fehlen[360]. Im übrigen spricht Nr. 3 S. 2 der Zuverlässigkeitsgrundsätze von "den ihm obliegenden kriegswaffen- oder außenwirtschaftsrechtlichen Verpflichtungen"[361]. Es wäre wenig einsichtig, wie ein nicht unmittelbar weisungsbefugtes Mitglied eines vertretungsberechtigten Organs innerbetrieblich die Einhaltung dieser Vorschriften durchsetzen kann[362]. Ausfuhrverantwortlicher kann mithin nur derjenige sein, in dessen Geschäftsbereich die Kriegswaffenexporte fallen.

Die Einführung der - international einzigartigen - Rechtsfigur des Ausfuhrverantwortlichen hat in der gesamten deutschen Exportwirtschaft über längere Zeit für erheblichen Diskussionsstoff gesorgt[363].

Die Bundesregierung hat mit der Schaffung dieser Rechtsfigur aber zunächst nichts anderes getan, als von den betroffenen Unternehmen zu verlangen, diejenige Person zu benennen, die nach dem oben Gesagten für die Prüfung der Voraussetzungen des § 6 Abs. 3 Nr. 3 KWKG ohnehin maßgeblich ist, nämlich das für die betreffende Handlung verantwortliche Mitglied der obersten Führungsebene des Unternehmens. Dieses Verlangen ist in jeder Hinsicht gerechtfertigt. Es erleichtert den Genehmigungsbehörden festzustellen, welches Organmitglied die engste Bindung zu der beabsichtigten Handlung aufweist und wen die Voraussetzungen des § 6 Abs. 3 Nr. 3 KWKG somit in erster Linie treffen. Es liegt auch im Interesse einer zügigen Bescheidung des Antrages und somit auch im Interesse des Antragstellers, der Genehmigungsbehörde diese Arbeit abzunehmen.

---

[360] Pottmeyer, Der Ausfuhrverantwortliche, 28.
[361] Pottmeyer/Sinnwell, DWiR 1991, 133 (135).
[362] Sinnwell, in: Bebermeyer, Ausfuhrkontrolle, 121 (122).
[363] Verfassungsrechtliche Bedenken äußern Pottmeyer/Sinnwell, DWiR 1991, 133ff (133).

6.2.3. Nr. 3 der Zuverlässigkeitsgrundsätze

Bestehen tatsächliche Anhaltspunkte dafür, daß der Ausfuhrverantwortliche oder eine der in § 6 Abs. 2 Nr. 2 KWKG genannten Personen gegen Vorschriften des KWKG, des AWG oder sonstige einschlägige Vorschriften z. B. des Gewerbe-, Waffen- oder Strafrechts verstoßen haben könnte, so ist grundsätzlich von der Entscheidung über den Antrag abzusehen, bis der Sachverhalt aufgeklärt ist (Nr. 3 Satz 1). Dies gilt jedoch nur dann, wenn die vermutete Rechtsverletzung im Falle ihrer Bestätigung die Annahme begründen würde, der Antragsteller sei nicht willens oder in der Lage, den ihm obliegenden kriegswaffenrechtlichen Verpflichtungen nachzukommen (Nr. 3 Satz 2). Von der Entscheidung ist unabhängig davon abzusehen, ob ein staatsanwaltschaftliches Ermittlungsverfahren eingeleitet ist oder nicht (Nr. 3 Satz 3).

Aufgrund des klaren Wortlautes von § 6 Abs. 3 Nr. 3 KWKG wird durch Nr. 3 Satz 1 2. Halbsatz zunächst richtigerweise klargestellt, daß nicht nur der Ausfuhrverantwortliche, sondern auch die übrigen in § 6 Abs. 2 Nr. 2 KWKG genannten Personen den Zuverlässigkeitsanforderungen des § 6 Abs. 3 Nr. 3 KWKG entsprechen müssen.

Gegen die Vereinbarkeit von Nr. 3 Satz 1 mit § 6 Abs. 3 Nr. 3 KWKG in seinen übrigen tatbestandlichen Voraussetzungen wenden sich *Pottmeyer* und *Sinnwell*[364]. Sie behaupten, die Annahme einer Unzuverlässigkeit erfordere eine auf Tatsachen gegründete Prognose. Es müßten in der Vergangenheit Tatsachen sichtbar geworden sein, die die Einschätzung zulassen, daß in der Zukunft weitere Verstöße zu beobachten sind. Tatsachen in diesem Sinne lägen nur vor, wenn ein bestimmter Sachverhalt beweisbar feststehe. Jedermann gelte solange als zuverlässig, bis aufgrund konkret beweisbarer Tatsachen das Gegenteil feststeht. Deshalb gelte auch derjenige als zuverlässig, gegen den der bloße Verdacht bestehe, er habe gegen gesetzliche Bestimmungen verstoßen, solange der einschlägige Sachverhalt nicht erwiesen sei.

Pottmeyer und *Sinnwell* übersehen, daß - wie oben gezeigt - nach dem Wortlaut des § 6 Abs. 3 Nr. 3 KWKG die Genehmigung bereits zu versagen ist, wenn lediglich "Grund zu der Annahme" besteht, daß Tatsachen vorliegen, die, so sie sich als wahr erweisen, eine Unzuverlässigkeitsprognose nach sich ziehen. Ihre Einwände gegen Nr. 3 sind insofern unzutreffend.

---

[364] Pottmeyer, Der Ausfuhrverantwortliche, 81ff; Pottmeyer/Sinnwell, DWiR 1991, 133 (138).

Eine Besonderheit weist Nr. 3 Satz 1 in seiner Rechtsfolge auf. Sind nämlich die Voraussetzungen des § 6 Abs. 3 Nr. 3 KWKG erfüllt, wird die Genehmigung nicht - wie vorgeschrieben - versagt, sondern die Bundesregierung ordnet an, von einer Entscheidung solange abzusehen, bis der Sachverhalt aufgeklärt ist.

Legt man Nr. 3 Satz 1 dahingehend aus, daß in allen Genehmigungsverfahren auf diese Weise vorzugehen ist, ist der Gehalt von Nr. 3 Satz 3 im Hinblick darauf, daß der Antragsteller - wie oben dargelegt[365] - einen Bescheidungsanspruch hat, rechtlich bedenklich.[366] Denn die gestellten Anträge sind innerhalb einer angemessenen Frist zu bearbeiten und nach Abschluß einer ordnungsgemäßen Prüfung ungesaumt zu bescheiden.[367] Er begegnet auch prozeßrechtlichen Bedenken im Hinblick auf § 75 VwGO[368]. Danach kann der Antragsteller Untätigkeitsklage erheben, wenn über einen Antrag auf Vornahme eines Verwaltungsaktes in angemessener Frist sachlich nicht entschieden worden ist und seit der Antragstellung mindestens drei Monate verstrichen sind. Es ist jedoch zu berücksichtigen, daß im Einzelfall die Frist des § 75 VwGO verlängert werden kann, wenn ein zureichender Grund für die Verzögerung gegeben ist (§ 75 S. 3 VwGO). Dieser kann sich bei kriegswaffenkontrollrechtlichen Genehmigungen daraus ergeben, daß ein besonderer Umfang und besondere Schwierigkeiten bei der Sachaufklärung gegeben sind[369].

Nr. 3 Satz 3 der Zuverlässigkeitsgrundsätze, der die Unabhängigkeit der behördlichen Ermittlungen manifestiert, steht, entsprechend den oben gemachten Ausführungen, ebenfalls mit § 6 Abs. 3 Nr. 3 KWKG in Einklang.

6.2.4. Nr. 4, 5 und 6 der Zuverlässigkeitsgrundsätze

Nr. 4 Satz 1, der besagt, daß wenn bei einem Antrag die Ermittlung des Sachverhalts ergibt, daß die gegen den Ausfuhrverantwortlichen oder eine andere der in § 6 Abs. 2 Nr. 2 KWKG genannten Personen erhobenen Vorwürfe tatsächlichen Grund zur Annahme der Unzuverlässigkeit bieten, der Antrag wegen mangelnder Zuverlässigkeit abzulehnen ist (Nr. 4 Satz 1),

---

[365] S. Erster Teil, Kapitel C.1.3.
[366] Vgl. Pottmeyer, Der Ausfuhrverantwortliche, 82.
[367] Vgl. Pottmeyer, Der Ausfuhrverantwortliche, 82 mwNachw.
[368] Pottmeyer/Sinnwell, DWiR 1991, 133 (138f); Pottmeyer, Komm., § 6 RN 27ff.
[369] Vgl. Kopp, VwGO § 75 RN 13; BFH JZ 1959, 570; BGH MDR 1964, 300.

drückt eine Selbstverständlichkeit aus und hat somit nur deklaratorischen Charakter.[370]

Nr. 5 Satz 1 besagt, daß von Maßnahmen nach Nr. 3 und 4 abgesehen werden kann, wenn das betroffene Unternehmen Schritte ergreift, durch die die zukünftige Einhaltung der ausfuhrrechtlichen Bestimmungen sichergestellt erscheint. Mit Maßnahmen im Sinne der Vorschrift können, wie sich aus Nr. 3 und Nr. 4 der Grundsätze ergibt, nur die Genehmigungsversagung oder die "Aussetzung" des Verfahrens gemeint sein.

Der Austausch des Ausfuhrverantwortlichen und der in § 6 KWKG genannten Personen reicht dafür nur aus, wenn

- gegen die neuverantwortlichen Personen keine Zuverlässigkeitsbedenken bestehen und
- durch organisatorische Maßnahmen sichergestellt ist, daß der ausgetauschte Personenkreis keinerlei Verbindungen zu Kriegswaffen bzw. genehmigungspflichtigen Ausfuhren im Sinne der Nr. 1 hat (Nr. 3 Satz 2).

Eine Umverteilung der Zuständigkeiten im Vorstand oder in der Geschäftsführung reicht in Anbetracht der Gesamtverantwortlichkeit der geschäftsführenden Organe für grundsätzliche Fragen der Unternehmenspolitik in der Regel nicht aus, Zweifel an der Zuverlässigkeit auszuräumen (Nr. 5 Satz 3).[371]

Gegen eine derartige Regelung bestehen keine Bedenken im Hinblick auf ihre Vereinbarkeit mit § 6 Abs. 3 Nr. 3 KWKG; sie stellt sich vielmehr als unmittelbare Ausprägung des handlungsbezogenen Zuverlässigkeitsbegriffs dar. Zuverlässigkeitsbedenken können danach nur dann ausgeräumt werden, wenn keine Verbindung der unzuverlässigen Person zu der beabsichtigten Handlung besteht. Dabei trägt Satz 3 zutreffend der Tatsache Rechnung, daß § 6 Abs. 3 Nr. 3 KWKG auch auf das gesamte vertretungsberechtigte Organ des betreffenden Unternehmens abstellt.

Durch Nr. 6 Satz 1 wird schließlich in Übereinstimmung mit dem Wortlaut von § 7 Abs. 2 KWKG klargestellt, daß in den Fällen, in denen Genehmigungen der Nummer 4 bereits erteilt sind, diese zu widerrufen sind.

---

[370] Für die Rechtmäßigkeit von Nr. 4 auch Pottmeyer, Der Ausfuhrverantwortliche, 81.
[371] Für die Rechtmäßigkeit von Nr. 5 auch Pottmeyer, Der Ausfuhrverantwortliche, 81.

Schlußwort und Ausblick

Die rechtlichen Grenzen der Letztentscheidungskompetenz der Verwaltung bei Genehmigungsentscheidungen nach dem KWKG sind abhängig von der Nähe des jeweiligen Genehmigungstatbestandes zum außen- und sicherheitspolitischen Bereich. Eng gesteckt sind die Grenzen immer dann, wenn die Genehmigungsvorbehalte quasi "klassisches" Gefahrenabwehr- oder Gewerberecht statuieren.[1] Weit gesteckt sind sie aus funktionell-rechtlichen Gründen in den Fällen, in denen die Entscheidungsparameter im außen- und sicherheitspolitischen Bereich angesiedelt sind.[2] Insbesondere auf der Rechtsfolgenseite der Genehmigungsvorbehalte, dem Ermessen, führt dies dazu, daß sich die gerichtliche Kontrolle von der Überprüfung der Einhaltung der Ermessengrenzen auf die Überprüfung der Einhaltung eines dem Rechtsgüterschutz angemessenen Prognoseverfahrens verschiebt. Differenziert werden muß beim Genehmigungstatbestand des § 6 Abs. 3 Nr. 2 KWKG. Die Frage, ob überhaupt völkerrechtliche Bindungen für die Genehmigungsentscheidung vorgegeben sind, unterliegt der vollen gerichtlichen Kontrolle. Bei der Frage, ob die betreffenden Verpflichtungen durch eine Genehmigung verletzt oder gefährdet sind, sind die Grenzen der Letztentscheidungskompetenz weit gesteckt, wenn diese eine Nähe zum politisch-militärischen Bereich aufweisen. Eng gesteckt sind sie, wenn es sich lediglich um Fragen militärisch-technischer Natur handelt.

Bei allen Entscheidungen hat die Verwaltung zu beachten, daß die Qualität des Genehmigungsvorbehaltes ihr eine restriktive Genehmigungspraxis vorgibt.

Die Genehmigungspraxis der Bundesregierung bzw. der zuständigen Ministerien bewegt sich - soweit sie bekannt ist - weitestgehend innerhalb der von § 6 KWKG festgelegten Grenzen. Als rechtswidrig erweist sich allerdings die Genehmigungspraxis bei Zulieferungen für Rüstungskooperationen außerhalb des NATO-Bereichs sowie die Vorgabe der Bundesregierung, bei Zulieferungen aufgrund privater Kooperationen im NATO-Bereich von der Möglichkeit, die Genehmigung zu versagen, nicht mehr vorwiegend nach außenpolitischen Überlegungen Gebrauch zu machen. Rechtswidrig ist auch die fehlende Begründung abschlägiger Exportentscheidungen. Außerdem hat sich gezeigt, daß bei der Ermessensausübung

[1] § 6 Abs. 2 Nr. 2 und § 6 Abs. 3 Nr. 3 KWKG.
[2] § 6 Abs. 2 Nr. 1 und § 6 Abs. 3 Nr. 1 KWKG.

nach § 6 Abs. 2 Nr. 2 KWKG nur eine "einschränkende" Anwendung rechtlichen Anforderungen genügt.

Die rechtlichen Rahmenbedingungen von Genehmigungen im Bereich der Rüstungsindustrie werden in Zukunft von einem wirtschaftlichen und einem politischen Prozeß nachhaltig beeinflußt werden: Zum einen werden sich die Stimmen, die eine verstärkte Orientierung an wirtschaftlichen Gesichtspunkten fordern, sicher verstärken. Denn die Konzentrationsprozesse, die derzeit in den USA stattfinden, bedrohen die Zukunft der europäischen Rüstungsindustrie. Dies bedingt den zweiten Prozeß: Es wird von EU-Seite zu verstärkten Bemühungen kommen, die nationalen Rüstungsmärkte zu einem gemeinsamen Binnenmarkt zu verschmelzen. Angesichts der hohen politischen Sensibilität dieses Sektors bleibt allerdings abzuwarten, ob die EU-Mitgliedsstaaten bereit sind, das bisher als Ausdruck ihrer sicherheitspolitischen Souveränität angesehene nationale Genehmigungsrecht einem "europäischen Kriegswaffenkontrollrecht" zu opfern. Man kann aber wohl davon ausgehen, daß diese Prozesse zumindest nicht ohne Auswirkungen auf die Genehmigungspraxis nach dem KWKG bleiben werden.

Literaturverzeichnis

Abraham, Hans Jürgen: Das Seerecht, Berlin / New York 1974.

Alexy, Robert: Ermessensfehler, in: JZ 1986, 701 ff.

Apel, Erich: Änderungen des Waffenrechts, in: GewArch 1979, 209ff.

Apel, Erich / *Keusgen*, Andreas: Sprengstoffgesetz, Kommentar, Loseblattsammlung, Band 1, Sprengstoffrechtliche Vorschriften (Stand: Januar 1996), Köln / Berlin / Bonn / München

Außenpolitik der Bundesrepublik Deutschland: Dokumente von 1945 bis 1994, herausgegeben aus Anlaß des 125sten Jubiläums des Auswärtigen Amts, Auswärtiges Amt (Hrsg.), Köln 1995

Bachof, Otto: Beurteilungsspielraum, Ermessen und unbestimmter Rechtsbegriff, in: JZ 1955, 97ff.

Badelt, Joachim: Chemische Kriegführung - Chemische Abrüstung, Die Bundesrepublik Deutschland und das Pariser Chemiewaffen-Übereinkommen, Berlin 1994

Badura, Peter: Wirtschaftsverwaltungsrecht, in: Besonderes Verwaltungsrecht, Eberhard Schmidt-Aßmann (Hrsg.), 10. Auflage, Berlin / New York 1995

Baumbach, Adolf / *Duden*, Konrad / *Hopt*, Klaus J.: Handelsgesetzbuch, Kommentar, 29. Auflage, München 1995

Benda, Ernst: Frieden und Verfassung, in: AöR 109 (1984), 1ff.

Berg, Wilfried: Berufsfreiheit und verbotene Berufe, in: GewArch 1977, 249ff.

Bernhardt, Rudolf: Bundesverfassungsgericht und völkerrechtliche Verträge, in: Christian Starck (Hrsg.), Bundesverfassungsgericht und Grundgesetz, Festgabe aus Anlaß des 25jährigen Bestehens des Bundesverfassungsgerichts, Tübingen 1976, S. 125ff.

Beschorner, Jürgen: Die Ausfuhrkontrolle von Rüstungsgütern, in: ZVglRWiss 90 (1991), 262 ff.

Bleckmann, Albert: Staatsrecht II - Die Grundrechte, 4. Auflage, Köln / Berlin / Bonn / München 1997

- Europarecht, 6. Auflage, Köln Berlin Bonn München 1997

Böckenförde, Ernst-Wolfgang: Staat, Verfassung, Demokratie: Studien zur Verfassungstheorie und zum Verfassungsrecht, Frankfurt am Main, 1991

Bogdandy, Armin von: Die außenwirtschaftliche Genehmigung: Rechtsnatur und Rechtsfolgen, in: VerwArch 83 (1992), 53 ff.

Böhme, Gernot: Schützt das Grundgesetz die Rüstungsforschung?, in: Die Freiheit und die Macht: Wissenschaft im Ernstfall, Festschrift für Adalbert Podlech, Baden-Baden 1994, S. 85 ff.

Bothe, Michael: Friedenssicherung und Kriegsrecht, in: Graf Vitzthum (Hrsg.), Völkerrecht, Berlin/New York 1997

Brauer, Jürgen: Die strafrechtliche Behandlung genehmigungsfähigen, aber nicht genehmigten Verhaltens, Berlin 1988

Brohm, Winfried: Wirtschaftsrecht - Anrecht und Aufgabe, in: DÖV 1979, 18ff.

- Die staatliche Verwaltung als eigenständige Gewalt und die Grenzen der Verwaltungsgerichtsbarkeit, in: DVBl. 1986, 321 ff.

Brzoska, Michael: Rüstungsexportpolitik in der Bundesrepublik - Die ungeliebte Sonderrolle, in: Aus Politik und Zeitgeschichte B 18/1984, 15 ff.

Bülck, Hartwig: Besprechung von Hans-Peter Ipsen, Außenwirtschaft und Außenpolitik. Rechtsgutachten zum Rodesien-Embargo, in: DÖV 1969, 221 ff.

Bull, Hans Peter: Allgemeines Verwaltungsrecht, 5. Auflage, Heidelberg 1997

Bullinger, Martin: Staatsaufsicht in der Wirtschaft, in: VVDStRL 22 (1965), 264 ff.

Bundscherer, Christoph: Rüstungskontrollmaßnahmen in der chemischen Industrie, in: AwPrax 1996, 7ff.

Burchard, Friedrich von: Das Umgehungsgeschäft beim Waffenexport in Drittländer aus strafrechtlicher Sicht, Frankfurt am Main / Bern / New York / Paris 1987

Bydlinski, Franz: Juristische Methodenlehre und Rechtsbegriff, 2. Auflage, Wien / New York 1991

Cheeseman, Graeme: Australia: An emerging Arms Supplier, in: Herbert Wulf (Hrsg.), Arms Industry Limited, Oxford 1993, S. 345 ff.

Czermak, Fritz: Zur Lehre vom gerichtsfreien Beurteilungsspielraum der Verwaltungsbehörden, in: JUS 1968, 399ff.

Dahlhoff, Günther: Der neue § 34 AWG, in: NJW 1991, 208 ff.

Dreier, Horst (Hrsg.): Grundgesetz, Kommentar, Tübingen 1996

Doemming, Klaus-Berto / *Füsslein*, Rudolf Werner von /*Matz*, Werner: Entstehungsgeschichte der Artikel des Grundgesetzes, in: JÖR 1 (1951), 1 ff.

Dolde, Klaus-Peter: Zur Gesetz- und Verfassungswidrigkeit der Exportbeschränkungen für dual-use-Waren und Dienstleistungen, in: RIW 1992, 518 ff.

Dolzer, Rudolf: Zum Begründungsgebot im geltenden Verwaltungsrecht, in: DÖV 1985, 9ff.

- Kommentar zum Bonner Grundgesetz, Loseblattsammlung (Stand: November 1996), Heidelberg
  zitiert: BK

Dreher, Eduard / *Tröndle*, Herbert: Strafgesetzbuch und Nebengesetze, Kommentar, 48. Auflage, München 1997

Duden: Bedeutungswörterbuch, 2. Auflage, Mannheim / Wien / Zürich 1985

Eavis, Paul (Hrsg.): Arms and Dual-Use-Exports from the EC: A Common Policy for Regulation and Control, Bristol 1992

Ebert, Klaus Wolfgang: Rechtliche Beschränkungen des Technologietransfers im Außenwirtschaftsverkehr, Baden-Baden 1986

Epping, Volker: Exportfreiheit und Exportkontrolle, Der staatliche Genehmigungsvorbehalt beim Export sensitiver Waren - Systematik und Problemfelder, in: DWiR 1991, 276 ff.

- Der Kriegsbegriff des Grundgesetzes, in: Der Staat 31 (1992), S. 39 ff.

- Rüstungsexportbeschränkungen als Mittel der Friedenssicherung, in: Beiträge zum humanitären Völkerrecht, zur völkerrechtlichen Friedenssicherung und zum völkerrechtlichen Individualschutz; Festgabe für Georg Bock zum 70. Geburtstag, Bochum 1993, S. 125ff.

- Grundgesetz und Kriegswaffenkontrolle, Berlin 1993

- Novelierungsbedarf im Bereich des Kriegswaffenexportrechts?, in: RiW 1996, 453ff.

Erbe, Jürgen: Nato-Rüstungshilfe, Wehrtechnik 1993, Heft 5, 50 ff.

Erbs, Georg / *Kohlhaas*, Max: Strafrechtliche Nebengesetze, Loseblattsammlung (Stand: Dezember 1996), München

Erichsen, Hans-Uwe: Die sog. unbestimmten Rechtsbegriffe als Steuerungs- und Kontrollmaßgaben im Verhältnis von Gesetzgebung, Verwaltung und Rechtsprechung, in: DVBl. 1985, 22 ff.

Ermann, Walter (Hrsg.): Handkommentar zum Bürgerlichen Gesetzbuch, 9. Auflage, Münster 1993

Faber, Heiko: Verwaltungsrecht, 4. Auflage, Tübingen 1995

Fahl, Gundolf (Hrsg.): Internationales Recht der Rüstungsbeschränkung, Loseblattkommentar seit 1975, Berlin

Falge, Dieter: Die Entscheidung über den Einsatz Deutscher Nato-Streitkräfte, Diss. Würzburg 1967

Fitting, Karl / *Kaiser*, Heinrich / *Heither*, Friedrich / *Engels*, Gerd: Betriebsverfassungsgesetz, Kommentar, 18. Auflage, München 1996

Forsthoff, Ernst: Wehrbeitrag und Grundgesetz, Rechtsgutachten über die Frage, ob die Verabschiedung des Gesetzes betr. den EVG-Vertrag (Art. 59 Abs. 2 GG) eine Änderung des Grundgesetzes erfordert, in: Den Kampf um den Wehrbeitrag, Das Gutachtenverfahren (30.07.-15.12.1952), Band II, 2. Halbband, von dem Institut für Staatslehre und Politik e.V. in Mainz (Hrsg.), München 1953, S. 312 ff.

- Lehrbuch des Verwaltungsrechts, 3. Auflage, München / Berlin 1953

- Lehrbuch des Verwaltungsrechts, 10. Auflage, München 1973

Frank, Götz: Abwehr völkerfriedensgefährdender Presse durch innerstaatliches Recht - Eine Untersuchung über Inhalt, Voraussetzungen und Erfüllung der Gesetzgebungspflichten aus Art. 26 I 2 GG, Berlin 1974

Frank, Lewis A.: Arms Trade in International Relations, New York / London 1969

Frank von Fürstenwerth, Jörg Freiherr: Ermessensentscheidungen im Außenwirtschaftsrecht, Köln / Berlin / Bonn / München 1985

Franzke, Hans-Georg: Art. 24 II GG als Rechtsgrundlage für den Außeneinsatz der Bundeswehr? in: NJW 1992, 3075 ff.

Friauf, Karl-Heinrich: Grenzen der politischen Entschließungsfreiheit des Bundeskanzlers und der Bundesminister, in: Festgabe für Heinrich Herrfahrdt zum 70. Geburtstag, von Erich Schwinger (Hrsg.), Marburg 1961, S. 45 ff.

- Die Freiheit des Berufes nach Art. 12 Abs. 1 GG, in: JA 1984, 537 ff.

Friauf, Karl Heinrich (Hrsg.): Kommentar zur Gewerbeordnung, Loseblattsammlung (Stand: Dezember 1996), Gewerberechtlicher Teil, Neuwied

Frotscher, Werner: Regierung als Rechtsbegriff, Berlin 1975

- Wirtschaftsverfassungs- und Wirtschaftsverwaltungsrecht, 2. Auflage, München 1994

Geck, Wilhelm Karl: Das Bundesverfassungsgericht und die allgemeinen Regeln des Völkerrechts, in: Christian Starck (Hrsg.), Bundesverfassungsgericht und Grundgesetz, Festgabe aus Anlaß des 25jährigen Bestehens des Bundesverfassungsgerichts, Tübingen 1976, Bd. II S. 125ff.

Gillessen, Günther: Der Kampf gegen die Landminen geht weiter, in: FAZ vom 2. Oktober 1996

Göhler, Erich: Gesetz über Ordnungswidrigkeiten, Kommentar, 11. Auflage, München 1995

Götz, Hansjörg: Der Vorbehaltsbereich der Bundesregierung, Stuttgart 1993 (Diss. iur.)

Götz, Volkmar: Allgemeines Polizei- und Ordnungsrecht, 12. Auflage, Göttingen 1995

Grewe, Wilhelm: Ein neues System kollektiver Sicherheit, in: AöR 78 (1952/53), 243ff.

Grabitz, Eberhard / *Hilf*, Meinhard: Kommentar zur Europäischen Union, Loseblattsammlung (Stand: Oktober 1996), München

Großfeld, Bernhard / *Junker,* Abbo: Das CoCom im internationalen Wirtschaftsrecht, Tübingen 1991

Grote, Joachim: Exportkontrolle und Exportförderung, Bericht über den Außenwirtschaftsrechtstag des Instituts für Wirtschaftsverwaltungsrecht der Westfälischen Wilhelms-Universität Münster in Zusammenarbeit mit dem Europäischen Forum für Außenwirtschaft, Verbrauchssteuern und Zoll e. V. am 25. Oktober 1996 in Münster, in: DVBl. 1997, 108ff.

Günther, Hellmuth: § 39 Abs. 1 Satz VwVfG und die Begründung von Entscheidungen mit Beurteilungsspielraum, in: NWVBl 1991, S. 181 ff.

Gusy, Christoph: Verbot mit Erlaubnisvorbehalt - Verbot mit Dispens-Vorbehalt, in: JA 1981, 80 ff.

Haas-Traeger, Evelyn: Sammeln für den Krieg? - Gedanken zum Urteil des BVerwG vom 23.06.1981, in: DÖV 1983, 105 ff.

Hahn, Volker: Exportkontrolle für "dual-use-waren", deutsche Sicht, in: ZfZ 1993, 314ff.

Hailbronner, Kay: Kontrolle der auswärtigen Gewalt, in: VVDStRL 56 (1997), 7ff.

Hamann, Andreas / *Lenz*, Helmut: Das Grundgesetz, Kommentar, 3. Auflage, Neuwied / Berlin 1970

Hansen-Dix, Frauke: Die Gefahr im Polizeirecht, im Ordnungsrecht und im technischen Sicherheitsrecht, Köln / Berlin / Bonn / München 1982

Hantke, Wolfgang: Die Verschärfung des Außenwirtschaftsrechts, in: NJW 1992, 2389 ff.

Hartmann, Rüdiger/ *Heydrich*, Wolfgang/ *Meyer-Landrut*, Nikolaus: Der Vertrag über konventionelle Streitkräfte in Europa - Vertragswerk, Verhandlungsgeschichte, Kommentar, Dokumentation, Baden-Baden 1994

Hasse, Rolf: Theorie und Politik des Embargos, Köln 1973

Henke, Wilhelm: System und Institute des öffentlichen Rechts der Wirtschaft, in: DVBl. 1983, 982 ff.

Hesse, Konrad: Grundzüge des Verfassungsrechts der Bundesrepublik Deutschland, 20. Auflage, Heidelberg 1995

Herzog, Roman: Verfassungs- und Verwaltungsgerichte - Zurück zu mehr Kontrolldichte?, in: NJW 1992, 2601 ff.

Hinze, Rolf: Beurteilung der Zuverlässigkeit, in: DVBl. 1987, 1190ff.

- Waffenrecht, Loseblattsammlung (Stand: April 1997), Heidelberg

Hirsch, Hans Joachim: Soziale Adäquanz und Unrechtslehre, in: ZStW 74 (1962), 78 ff.

Hocke, Ernst/ *Berwald*, Siegfried / *Maurer*, Heinz Dieter: Außenwirtschaftsrecht: Gesetze, Verordnungen und Erlasse zum Außenwirtschaftsrecht mit Kommentar, Loseblattsammlung (Stand: Oktober 1997), Heidelberg

Högel, Dietmar: Rüstungskontrolle und Völkerrecht: Zur Steuerung rüstungstechnischen Wandels durch völkerrechtliche Verträge, Berlin 1990

Hölscher, Ch.: Rußland blockiert Wassenaar-Regime, in: AwPrax 1996, 148ff.

Holthausen, Dieter: Zum Verhältnis von Kriegswaffenrecht und Waffenrecht bei tragbaren Kriegsschußwaffen (§ 6 III WaffG), in: NStZ 1982, 363 ff.

- Zum Tatbestand des Förderns in den neuen Strafvorschriften des Kriegswaffenkontrollgesetzes (§§ 16 - 21 KWKG), in: NJW 1991, 203 ff.

- Die Strafbarkeit von Auslandstaten Deutscher und das völkerrechtliche Interventionsverbot, in: NJW 1992, 214 ff.

Hoppe, Werner: Gerichtliche Kontrolldichte bei komplexen Verwaltungsentscheidungen, in: Verwaltungsrecht zwischen Freiheit, Teilhabe und Bindung, Festgabe aus Anlaß des 25jährigen Bestehens des Bundesverwaltungsgerichts, München 1978, S. 295 ff.

Hornung, Edmund: Die Zulässigkeit von Einfuhrbeschränkungen nach dem Außenwirtschaftsgesetz und ihre Vereinbarkeit mit dem Europäischen Gemeinschaftsrecht, Würzburg 1982 (Diss. iur.)

Hubbel, Helmut: Neue Waffen in der Dritten Welt und ihre Folgen, in: EA 1990, 453ff.

Huber, Ernst Rudolf: Anmerkungen zu BGH AöR 78 (1952/53), in: AÖR 1952/1953, 113ff.

- Wirtschaftsverwaltungsrecht, Band I, 2. Auflage, Tübingen 1953/54

Hucko, Elmar Matthias: Außenwirtschaftsrecht, Kriegswaffenkontrollrecht, Textsammlung mit Einführung, 6. Auflage, Köln 1997

Hufen, Friedhelm: Heilung und Unbeachtlichkeit grundrechtsrelevanter Verfahrensfehler?, in: NJW 1982, 2160ff.

Hummel: Rüstungsexportbeschränkungen in Japan und der Bundesrepublik Deutschland, Münster / Hamburg 1991

Ikegami-Andersson, Masako: Japan: A latent but large supplier of dual-use-Technology, in Herbert Wulf (Hrsg.), Arms Industry Limited, Oxford 1993, S. 320 ff.

Ipsen, Hans-Peter: Außenwirtschaft und Außenpolitik, Rechtsgutachten zum Rodesien-Embargo, 1967

Ipsen, Knut: Zum Begriff des "Internationalen bewaffneten Konflikts", in: Recht im Dienst des Friedens, Festschrift für Eberhard Menzel zum 65. Geburtstag, von Jost Delbrück, Knut Ipsen, Dietrich Rauschning (Hrsg.), Berlin 1975, S. 405 ff.

- Völkerrecht, 3. Auflage, München 1990

Isensee, Josef / *Kirchhof*, Paul: Handbuch des Staatsrechts

- Band III, Das Handeln des Staates, 2. Auflage, Heidelberg 1996
- Band VI, Freiheitsrechte, Heidelberg 1989
- Band VII, Normativität und Schutz der Verfassung - Internationale Beziehungen, Heidelberg 1992

Jackson, Robert H: Staat und Moral, Zum Werden eines neuen Völkerrechts. Die drei Anklagereden von R. H. Jackson, München 1946

Jakobs, Michael Ch.: Der Grundsatz der Verhältnismäßigkeit, in: DVBl. 1985, 97 ff.

Jarass, Hans D.: Die Genehmigungspflicht für wirtschaftliche Tätigkeiten - ein systematischer Überblick, in: GewArch 1980, 177 ff.

- Wirtschaftsverwaltungsrecht und Wirtschaftsverfassungsrecht, 2. Auflage, Frankfurt am Main 1984

Jarass, Hans D. / *Pieroth*, Bodo: Grundgesetz für die Bundesrepublik Deutschland, Kommentar, 4. Auflage, München 1997

Kampf, Roger: Art. 113 EWG Vertrag als Grundlage für Embargo-Maßnahmen seitens der EWG, in: RIW 1989, 792 ff.

Kienzle, Werner: Die Gewerbeuntersagung nach der Neufassung des § 35 Gewerbeordnung, in GewArch. 1974, S. 253 ff.

Klein, Friedrich: Tragweite der Generalklausel im Art. 19 IV des Bonner Grundgesetzes, in: VVDStRl. Bd. 8 (1950), 67 ff.

Kleinknecht, Theodor / *Meyer-Goßner*: Strafprozeßordnung, Kommentar, 42. Auflage, München 1995

Kopp, Ferdinand O.: Verwaltungsgerichtsordnung, Kommentar, 10. Auflage, München 1994

- Verwaltungsverfahrensgesetz, Kommentar, 6. Auflage, München 1996

Krause, Joachim: Trendwende in der Deutschen Rüstungsexportpolitik, in: EA 1982, 527 ff.

Kröning, Volker: Hidden Killers, in: FAZ vom 27. Februar 1997, S. 16

Krüger, Herbert: Der Regierungsakt vor den Gerichten, in: DÖV 1950, 536 ff.

Kunig, Philip: Völkerrecht und staatliches Recht, in: Graf Vitzthum (Hrsg.), Völkerrecht, Berlin/New York 1997

Kuss, Klaus-Jürgen: Gesetzestechnische Mängel und Rechtsschutzlücken im Außenwirtschaftsrecht, in: Die Verwaltung 1989, 66 ff.

Laforet, Wilhelm: Deutsches Verwaltungsrecht, München 1937

Landmann, Robert von / *Rohmer*, Gustav: Gewerbeordnung und ergänzende Vorschriften, Kommentar, Band I, Loseblattsammlung (Stand: August 1996), München

Langer, Stefan: Strukturfragen der Berufsfreiheit, in: JuS 1993, 203 ff.

Larenz, Karl: Methodenlehre der Rechtswissenschaft, 6. Auflage, Berlin / Heidelberg / New York / London / Paris / Tokyo / Hong Kong / Barcelona / Budapest 1991

Lindemeyer, Bernd: Das Handelsembargo als wirtschaftliches Zwangsmittel der staatlichen Außenpolitik, in: RIW 1981, 10 ff.

Loewenstein, Karl: Erfordert der Eintritt der Deutschen Bundesrepublik in die Europäische Verteidigungsgemeinschaft gemäß dem Vertrag vom 27. Mai 1952 eine Änderung oder Ergänzung des Wortlauts des Grundgesetzes vom 23. Mai 1949?, in: Der Kampf um den Wehrbeitrag, Das Gutachtenverfahren (30.07.-15.12.1952), Band II, 2. Halbband, von dem Institut für Staatslehre und Politik e.V. in Mainz (Hrsg.), München 1953, S. 337 ff.

Lutz, Dieter S.: Seit dem 12. Juli 1994 ist die NATO ein System kollektiver Sicherheit! Eine Urteilsschelte, in: NJ 1994, 505

Marauhn, Thilo: Der Deutsche Chemiewaffen-Verzicht - Rechtsentwicklungen seit 1945, Berlin / Heidelberg / New York / London / Paris / Tokio / Hong Kong / Barcelona / Budapest 1994

Marx, Reinhard: Schutz der Menschenrechte durch kollektive Sicherheit?, in: KJ 1996, 307 ff.

Maunz, Theodor: Die innerstaatliche Sicherung des äußeren Friedens durch das Grundgesetz der Bundesrepublik Deutschland, in: Hans Barion, Ernst-Wolfgang Böckenförde, Ernst Forsthoff und Werner Weber (Hrsg.), Epirrhosis, Festgabe für Carl Schmitt, 1. Teilband, Berlin 1968, S. 285 ff.

- Verfassungsaufträge an den Gesetzgeber, in: BayVbl 1975, 601 ff.

Maunz, Theodor/ *Dürig*, Hans / *Herzog*, Roman / *Scholz*, Rupert: Kommentar zum Grundgesetz, Loseblattsammlung (Stand: Oktober 1996), München
zitiert: *MD*

Maurer, Hartmut: Allgemeines Verwaltungsrecht, 11. Auflage, München 1997

Mayer, Otto: Deutsches Verwaltungsrecht, 3. Auflage, München /Leipzig 1924

Meng, Werner: Die Kompetenz der EG zur Verhängung von Wirtschaftssanktionen gegen Drittländer, in: ZaöRV 42 (1982), 780 ff.

Menzel, Eberhard: Völkerrecht, 1. Auflage, München/Berlin 1962

Merten, Detlef: Zur Verfassungsmäßigkeit eines Rückrufgesetzes, in: MDR 1964, 806 ff.

Meyer-Landrut, Nikolaus: Die Entstehung des Vertrages über konventionelle Streitkräfte in Europa und die Herstellung der Deutschen Einheit, in: Forschungsinstitut der Deutschen Gesellschaft für auswärtige Politik e.V., Arbeitspapiere zur internationalen Politik, 69, Bonn 1992

Mösbauer, Heinz: Staatsaufsicht über die Wirtschaft, Köln / Berlin / Bonn / München 1990

Monar, J.: Die gemeinsame Außen- und Sicherheitspolitik der Europäischen Union, in: Hummer, W. (Hrsg.), Die Europäische Union und Österreich, Wien 1994, S. 124 ff.

Moritz, Günther: Die Begriffe "Krieg" und "Bewaffneter Konflikt" in der Gesetzgebung der Bundesrepublik Deutschland, in: NZWehrR 1970, 55 ff.

Mrusek, Konrad: Womit ein Minen-Verbot verknüpft wird, in: FAZ vom 13. Februar 1997, S. 12

Müller, Michael H.: Die innerstaatliche Umsetzung von einseitigen Maßnahmen der auswärtigen Gewalt, Berlin 1994

Müller-Ibold, Till: Die Begründungspflicht im Europäischen Gemeinschaftsrecht und im Deutschen Recht: Eine rechtsvergleichende Untersuchung, Frankfurt am Main / Bern / New York / Paris 1990

Münch, Ingo von: Rechtsfragen der Raketenstationierung, in: NJW 1984, 577 ff.

- Äußerer und Innerer Friede im Grundgesetz, in: Dieter S. Lutz (Hrsg.), Im Dienst für Frieden und Sicherheit, Festschrift für Wolf Graf von Baudissin, Baden-Baden 1985, S. 39ff.

Münch, Ingo von/*Kunig*, Philipp: Grundgesetz-Kommentar

- Band I (Präambel bis Art. 20), 4. Auflage, München 1992

- Band II (Art. 21 - Art. 69), 3. Auflage, München 1995

Mussgnug, Reinhard: Der Dispens von gesetzlichen Vorschriften, Heidelberg 1964

NATO-Handbuch: NATO Presse- und Informationsdienst, Brüssel 1995

Nierhaus, Michael: Zur gerichtlichen Kontrolle von Prognoseentscheidungen der Verwaltung, in: DVBl. 1977, 19 ff.

- Die Versetzung politischer Beamter in den Ruhestand - BVerwGE 52, 33, in: JUS 1978, 596 (600).

Nowlan, Jacqueline: Der Begriff der Friedensbedrohung bei innerstaatlichen Konflikten in der jüngsten Praxis des Weltsicherheitsrates, in: Beiträge zum humanitären Völkerrecht, zur völkerrechtlichen Friedenssicherung und zum völkerrechtlichen Individualschutz, Festgabe des Instituts für Friedenssicherungsrecht und Humanitäres Völkerrecht für Georg Bock zum 70. Geburtstag, Bochum 1993, S. 165 ff.

Oeter, Stefan: CoCom und das System der koordinierten Exportkontrollen, in: RabelsZ 55 (1991), 436 ff.

- Neue Wege der Exportkontrolle im Bereich der Rüstungsgüter, in: ZRP 1992, 49 ff.

- Neutralität und Waffenhandel, Berlin / Heidelberg / New York / London / Paris / Tokio / Hong Kong / Barcelona / Budapest 1992

Ossenbühl, Fritz: Tendenzen und Gefahren der neueren Ermessenslehre, in: DÖV 1968, 618 ff.

- Die Kontrolle von Tatsachen, Feststellungen und Prognoseentscheidungen durch das Bundesverfassungsgericht, in: Bundesverfassungsgericht und Grundgesetz, Festgabe aus Anlaß des 25jährigen Bestehens des Bundesverfassungsgerichtes, von Christian Starck (Hrsg.), Tübingen 1976, 1. Band, S. 458 ff.

- Die richterliche Kontrolle von Prognoseentscheidungen der Verwaltung, in: Festschrift für Christian-Friedrich Menger, Köln / Berlin / Bonn / München 1985, S. 731 ff.

Palandt, Otto: Bürgerliches Gesetzbuch, 56. Auflage, München 1997

Pearson, Fredric S.: Political Change and World Arms Export-Markets: Impact on the Structure of West European Arms Industries, in: Brzoska, Michael und Lock, Peter (Hrsg.), Restructuring of Arms Production in Western Europe, in S. 44 ff.

Petersmann, Ernst Ulrich: Internationale Wirtschaftssanktionen als Problem des Völkerrechts und des Europarechts, in: ZVgl RWiss 80 (1981), S. 1ff

Pieroth, Bodo / *Schlink*, Bernhard: Grundrechte, Staatsrecht II, 13. Auflage, Heidelberg 1997

Pietsch, Dietmar: Die Bekämpfung illegaler Rüstungsexporte, in: KJ 1991, 475 ff.

Philippi, Klaus-Juergen: Tatsachenfeststellungen des Bundesverfassungsgerichts, Köln / Berlin / Bonn / München 1971

Potrykus, Gerhard: Kommentar zum Gesetz über die Kontrolle von Kriegswaffen, Köln / Berlin / Bonn / München 1962

- Zur rechtlichen Würdigung der Tätigkeit Deutscher Waffenfachleute in Ägypten, in: NJW 1963, 941 ff.

Pottmeyer, Klaus: Kriegswaffenkontrollgesetz (KWKG), Kommentar, 2. Auflage, Köln / Berlin / Bonn / München 1994

- Freispruch für Manager, in: AwPrax 1995, 174ff.

- Restriktive Exportpolitik der Bundesrepublik bestätigt, in: AwPrax 1996, 15ff.

- Der Ausfuhrverantwortliche, Köln 1997

Pottmeyer, Klaus/*Sinnwell*, Wolfram A.: Der Ausfuhrverantwortliche im Außenwirtschafts- und Kriegswaffenkontrollrecht, in: DWiR 1991, 133 ff.

Püttner, Günter: Wirtschaftsverwaltungsrecht, Stuttgart / München / Hannover 1989

Puttler, Adelheid: Völkerrechtliche Grenzen von Export- und Reexportverboten - Eine Darstellung am Beispiel des Rechts der Vereinigten Staaten von Amerika und der Bundesrepublik Deutschland, Baden-Baden 1989

Putzier, Eckhart: Die Ermächtigungen des Außenwirtschaftsgesetzes, Stuttgart 1987

Rauser, Karl Th: Die Übertragung von Hoheitsrechten auf ausländische Staaten, München 1991

Rebmann, Kurt / *Säcker*, Franz Jürgen: Münchener Kommentar zum Bürgerlichen Gesetzbuch, 3. Auflage, München 1993

Rebmann, Kurt / *Uhlig*, Sigmar: Bundeszentralregistergesetz, Kommentar, München 1985

Redeker, Konrad: Fragen der Kontrolldichte verwaltungsgerichtlicher Rechtsprechung, in: DÖV 1971, 757 ff.

Redeker, Konrad / *Oertzen*, Hans-Joachim von: Verwaltungsgerichtsordnung, Kommentar, 11. Auflage, Stuttgart / Berlin / Köln 1994

Rengier, Rudolf: Die öffentlich-rechtliche Genehmigung im Strafrecht, in: ZStW 101 (1989), 875 ff.

Reuter, Alexander: Grenzen nationalen Exportkontrollrechts im gemeinsamen Markt, in: RIW 1993, 88 ff.

- Außenwirtschafts- und Exportkontrollrecht Deutschland / Europäische Union, Systematische Darstellung mit Praxisschwerpunkten, München 1995

- Exportkontrolle bei Gütern mit doppeltem Verwendungszweck: Die neue dual-use-Verordnung der EU, in: NJW 1995, 2190 ff.

Roeser, Thomas: Völkerrechtliche Aspekte des internationalen Handels mit konventionellen Waffen, Berlin 1988

Rosiny, Stephan: Außenwirtschaftsrechtliche Beschränkungen des Technologie-Transfers, in: RIW 1990, 702 ff.

Sachs, Michael (Hrsg.): Grundgesetz, Kommentar, München 1996

Schaeffer, Klaus: Der Begriff der Unzuverlässigkeit in § 35 Abs. 1 GewO, in: Wirtschaft und Verwaltung 1982, S. 100 ff.

Schenck, Dedo von: Das Problem der Beteiligung der Bundesrepublik Deutschland an Sanktionen der Vereinten Nationen, besonders im Falle Rodesiens, in: ZaöRV 1969, 257 ff.

Scheuner, Ulrich: Beitritt der Bundesrepublik zur Europäischen Verteidigungsgemeinschaft und Grundgesetz, in: Der Kampf um den Wehrbeitrag, Das Gutachtenverfahren (30.07.-15.12.1952), Band II, 2. Halbband von dem Institut für Staatslehre und Politik e.V. in Mainz (Hrsg.), München 1953, S. 94 ff.

Schick, Walter: Notwendigkeit und Funktion der Begründung bei Verwaltungsakten, in: JUS 1971, S. 1 ff.

Schlabrendorff, Fabian von: Friedensgebot und Gewissen, zur Auslegung des Art. 26 GG, in: Festschrift für Gebhard Müller zum 70. Geburtstag, von Theo Ritterspach und Willi Geiger (Hrsg.), Tübingen 1970, S. 403 ff

Schmidt, Reiner: Öffentliches Wirtschaftsrecht - Allgemeiner Teil, Berlin / Heidelberg / New York / London / Paris / Tokyo / Hong Kong 1990

Schmidt-Aßmann, Eberhard: Verwaltungsverantwortung und Verwaltungsgerichtsbarkeit, in: VVDStRL 34 (1975), 221ff.

Schmidt-Bleibtreu, Bruno / *Klein*, Fritz: Kommentar zum Grundgesetz, 8. Auflage, Neuwied 1995

Schneider, Hans-Peter: Gerichtsfreie Hoheitsakte, in: Recht und Staat 1951.

- Das Grundgesetz als Verfassung des Völkerfriedens, in: Recht und Politik 1985, S. 138 ff.

Scholz, Rupert: Die Koalitionsfreiheit als Verfassungsproblem, München 1971

Schön, Michael: Die Rüstungsexportpolitik in der Bundesrepublik Deutschland. Ein Stiefkind parlamentarischer Kontrolle, in: ZParl 1986, 158 ff.

Schönke, Adolf / *Schröder*, Horst: Strafgesetzbuch, Kommentar, 25. Auflage, München 1997

Schünemann, Bernd: Kriegswaffenkontrollgesetz, in: Krekeler, Wilhelm / Tiedemann, Klaus / Ulsenheimer, Klaus / Weinmann, Günther, Handbuch des Wirtschafts- und Steuerstrafrechts, Köln 1985

Schulz, Burkhard: Verschärftes Waffenrecht, in: NJW 1978, 1510 ff.

Schwabe, Jürgen: Das Verbot mit Erlaubnisvorbehalt, in: JuS 1973, 133 ff.

Schwarz, Henning: Die verfassungsgerichtliche Kontrolle der Außen- und Sicherheitspolitik - Ein Verfassungsvergleich Deutschland/USA, Berlin 1995

Schuppert, Folke: Die verfassungsgerichtliche Kontrolle der Auswärtigen Gewalt, Baden Baden 1973

Schweitzer, Michael: Staatsrecht III, Staatsrecht, Völkerrecht, Europarecht, 5. Auflage, Heidelberg 1996

Schweitzer, Michael / *Hummer*, Waldemar: Europarecht, 5. Auflage, 1996

Seidl-Hohenveldern, Ignatz: Völkerrecht, 6. Auflage, München 1987

Simon, Gunnar: Deutsch-Französische Rüstungszusammenarbeit, in: Wehrtechnik, Heft 2 1997, 13 ff.

Sinnwell, Wolfram A.: Die Aufgaben des Ausfuhrverantwortlichen im Unternehmen, in: Hartmut Bebermeyer (Hrsg.), Deutsche Ausfuhrkontrolle 1992, Bonn 1992, S. 121 ff.

Sköns, Elisabeth: Western Europe: Internationalisation of the Arms Industry, in: Wulf, Herbert (Hrsg.), Arms Industry Limited, Oxford, S. 160 ff.

Soergel, Thomas (Hrsg.): Bürgerliches Gesetzbuch, Kommentar, 12. Auflage, Stuttgart / Berlin / Köln / Mainz 1988

Sohm, Stefan: Strukturen des Deutschen Rüstungsexportrechts, in: NZWehrr 1994, 99 ff.

Sprögel, Günther: Genehmigungspolitik für Kriegswaffen nach dem Kriegswaffenkontrollgesetz (KWKG), in: Hartmut Bebermeyer (Hrsg.), Deutsche Ausfuhrkontrolle 1992, Bonn 1992, S. 21 ff.

Stein, Ekkehart: Staatsrecht, 15. Auflage, Tübingen 1995

Steinberg, Rudolf: Abrüstungs- und Rüstungskontrollverwaltung in der Bundesrepublik Deutschland, Berlin 1982.

Steindorf, Joachim: Waffenrecht, Kommentar, 6. Auflage, München 1995

Stenger, Gernod: Das Handelsembargo im Außenwirtschaftsrecht - Praxis und Zulässigkeit, Gießen 1988

Stelkens, Paul / *Bonk*, Heinz Joachim / *Sachs*, Michael: Verwaltungsverfahrensgesetz, Kommentar, 4. Auflage, München 1993

Stern, Klaus: Das Staatsrecht der Bundesrepublik Deutschland, Band I, Grundbegriffe und Grundlagen des Staatsrechts, Strukturprinzipien der Verfassung, 2. Auflage, München 1984

Stober, Rolf: Handbuch des Wirtschaftsverwaltungs- und Umweltrechts, Berlin / Köln 1989

- Wirtschaftsverwaltungsrecht, Studienbuch, 10. Auflage, Stuttgart / Berlin / Köln 1996

Stratmann, Jürgen: Das grundgesetzliche Verbot friedensstörender Handlungen, Würzburg 1971 (Diss. iur.)

Süsterhenn, Adolf: Gutachtliche Äußerung zur Frage, ob ein deutscher Wehrbeitrag im Rahmen eines kollektiven Sicherheitssystems eine

Änderung des Grundgesetzes erfordert, in: Der Kampf um den Wehrbeitrag, Die Feststellungsklage, Band II, 1. Halbband, von dem Institut für Staatslehre und Politik e.V. in Mainz (Hrsg.), München 1952, S. 260 ff.

- Verbote und behördliche Gestattungen im deutschen Waffenrecht, in: Straf- und Strafverfahrensrecht, Recht und Verkehr, Recht und Medizin, Festschrift für Hannskarl Salger, Köln / Berlin / Bonn / München 1995

Tettinger, Peter J.: Rechtsanwendung und gerichtliche Kontrolle im Wirtschaftsverwaltungsrecht, München 1980.

- Überlegungen zu einem administrativen "Prognosespielraum", in: DVBl. 1982, 421 ff.

- Das Grundrecht der Berufsfreiheit in der Rechtsprechung des Bundesverfassungsgerichts, in: AöR 108 (1983) 92 ff.

Thoma, R.: Bemerkungen zur Entscheidung des III. Senats des Preußischen Oberverwaltungsgerichts vom 29. Oktober 1925, in: VerwArch 32 (1927), 248 ff.

Treviranus, Hans D.: Außenpolitik im demokratischen Rechtsstaat, Tübingen 1966.

Ule, Carl Hermann: Probleme des Verwaltungsverfahrensrechts in der Bundesrepublik, in: Verwaltung und Verwaltungsgerichtsbarkeit, Gesammelte Aufsätze und Vorträge 1949-1979, Berlin / Bonn / München 1979.

Vollbrecht, Andre: Warenverkehrslenkung nach dem Außenwirtschaftsgesetz im Rahmen des Europäischen Gemeinschaftsrechts, Heidelberg 1987

Wahl, Rainer: Risikobewertung der Exekutive und gerichtliche Kontrolldichte - Auswirkungen auf das Verwaltungs- und das gerichtliche Verfahren, in: NVwZ 1991, 409 ff.

Wahrig, Gerhard / *Krämer*, Hildegard / *Zimmermann*, Harald: Brockhaus Wahrig, Deutsches Wörterbuch, Stuttgart 1984

Wamers, Paul: Illegaler Technologietransfer, in: Der Kriminalist 1994, 338 ff.

Wassermann, Rudolf: Kommentar zum Grundgesetz der Bundesrepublik Deutschland (Reihe Alternativkommentare), Band I und II, 2. Auflage, Neuwied 1989
zitiert: *AK*

Weber, Karl-Heinz: Die Genehmigungspflicht nach dem neuen KWKG, in: NJW 1979, 1282 ff.

Weber, V.: Illegale Rüstungsexporte sollen wirksamer verhindert werden, in: DRiZ 1991, 181ff.

Weber, Werner: Die Vereinbarkeit des Verteidigungsbeitrages mit dem Grundgesetz, in: Den Kampf um den Wehrbeitrag, Das Gutachtenverfahren (30.07.-15.12.1952), Band II, 2. Halbband, von dem Institut für Staatslehre und Politik e.V. in Mainz (Hrsg.), München 1953, S. 177 ff.

Werner, Walter: Das Wassenaar Arrangement - Ein neues Exportkontrollregime: in AwPrax 1996, 49ff.

Wessels, Johannes: Strafrecht, Allgemeiner Teil, 27. Auflage, Heidelberg 1997

Wieland, Christiane: Genehmigungsverfahren für Kriegswaffen nach dem Kriegswaffenkontrollgesetz (KWKG), in: Hartmut Bebermeyer (Hrsg.), Deutsche Ausfuhrkontrolle 1992, Bonn 1992, S. 29 ff.

Wieland, Joachim: Verfassungsrechtliche Grenzen für einen Einsatz der Bundeswehr, in: DVBl. 1991, 1174ff.

Wolf, Hans J. / *Bachof*, Otto / *Stober*, Rolf: Verwaltungsrecht I, 10. Auflage, München 1994

Wolfrum, Rüdiger: Kontrolle der auswärtigen Gewalt, in: VVDStRL 56 (1997) S. 38ff.

Wulf, Herbert (Hrsg.): Arms Industry Limited, Oxford 1993.

Wulf, Herbert: Waffenexport zu Beginn der 90er Jahre, in: EA 1992, 313 ff.

- Western Europe: Facing over-capacities, in: Wulf, Herbert (Hrsg.), Arms Industry Limited, Oxford 1993, S. 143 ff.

Würtenberger, Thomas: Staatsrechtliche Probleme politischer Planung, Berlin 1979

- Polizei- und Ordnungsrecht, in: Achterberg/ Püttner (Hrsg.), Besonderes Verwaltungsrecht, Band. II, Heidelberg 1992, S. 329ff.

Würtenberger, Thomas / *Heckmann*, Dirk / *Riggert*, Reiner: Polizeirecht in Baden-Württemberg, 3. Auflage, Heidelberg 1997